내 몸 지키는

천연 양념

216선

내 몸 지키는
천연양념 216선

지은이   김 현 희
펴낸이   배 기 순
펴낸곳   하남출판사

초판1쇄 발행   2012년 3월 31일
초판5쇄 발행   2019년 4월 30일

등록번호   제10-0221호

주소   서울시 종로구 관훈동 198-16 남도B/D 302호
전화번호   (02)720-3211(代) / 팩스 (02)720-0312
e-mail   hanamp@chol.com

ⓒ 김현희, 2012

ISBN   978-89-7534-221-9(13590)

※ 잘못된 책은 교환하여 드립니다.
※ 이 책의 무단 전재와 무단 복제를 금합니다.

내 몸 지키는

천연 양념 216선

김현희 지음

저자 서문

생각과 그 흔적에 대해

　풍요하고 편리한 시대를 사는 현대인들에게 필요한 진정한 마음의 안식처는 어디일까? 앞만 보고 쉼 없이 달려오던 지난 날들을 한번에 보상받을 수는 없겠지만, 이제라도 나를 돌보며 나를 위해 살아보고 싶다는 생각을 한다. 청소년기에 조금하다 그만두었던 기타도 다시 배워 보고, 친구들이 부러워했던 손재주를 살려 손바느질도 다시 시작해 본다. 바쁜 와중에도 틈틈이 아름다운 여행을 꿈꾸고, 쉬는 날이면 너나없이 현관문을 열고 가까운 자연의 품으로 나선다. 이런 일들은 모두 그동안 애써 잊은 척 했지만, 사실 우리의 몸의 세포와 무의식이 자연을 원하고 있기 때문에 일어나는 일이다.

　인체는 하나의 소우주라고 했던가? 수천억 개의 별로 구성된 우주만큼이나 복잡하고 유기적으로 결합된 인체의 세포들은 흙·풀·물·바람·빛·공기 등 자연을 통하여 생명을 유지하는데 필요한 모든 에너지를 만들어 낸다. 우리는 본디 자연에서 왔기 때문에 자연과 함께 살아가고 또 자연으로 돌아가는 일은 지극히 자연스럽다. 이것이 아름다움의 가치를 '자연스러움'에 두는 연유이다.

삶의 새싹을 시골에서 키워 온 사람들은 안다. 온종일 흙을 밟으며 나비따라 나물을 캐다가 돌돌 시냇물을 한 움큼 마시고 아무렇게나 누워 낮잠을 자던 어린 날들이 살수록 얼마나 그리워지는지를.

직장에서도 큰 병원에서도 더 이상 돌볼 수 없다 한 이들이 자연을 통해 소중한 생명을 되찾는 일이 점점 늘고 있다. 도시 사람들은 이를 '기적'이라 부르지만 자연의 입장에서 이는 '회귀(回歸)'이다. 이렇게 절망의 늪에서 피안(彼岸)을 찾은 새 삶은 얼마나 소중한가?

자연을 찾는 사람들이 늘어나면서 농촌을 살리려는 정부와 지자체의 노력 또한 분주해지고 있다. 지역주민과 귀농, 귀촌인을 상대로 하는 농촌지역 활성화에 대한 여러 지원방침이 제시되면서 토종 농산물을 특화재배하고, 지역 산야초를 활용한 건강상품을 개발하며 약초 밭을 일구는 등 농촌에서의 꿈들이 봇물처럼 일렁이고 있다.

여전히 농촌의 살림은 어렵지만, 지금 일고 있는 농촌의 꿈들이 영글어지면 우리 농촌도 잘 익은 사과와 같은 결실을 맺을 수 있을 것이다. 그리고 이 같은 일은 단지 농촌을 살리기 위함만이 아니라 우리 모두가 사는 길이 될 것이라 믿는다.

대도시에서 음식에 관련된 연구단체 활동을 하면서 분주하지만 나름 안정적인 생활을 하던 어느 날, 문득 커다란 바위 틈을 뚫고 나온 속살 가녀린 풀꽃을 보고 가던 길을 멈추게 되었다. 그리고 어머니가 보고 싶은 마음이 솟구쳐 바로 돌아서 어머니가 계시는 시골로 내려갔다.

나이 사십이 넘어 찾아 간 어머니는 많이 야위어 있었다. 그 어머니와 함께 어릴 때처럼 무작정 풀과 꽃, 약초들을 찾아 산과 들을 헤집고 다녔는데, 어머니와 함께 하니 풀꽃 하나하나가 더욱 새롭고 귀하게 느껴졌다. 이때 생긴 자연에 대한 애정은 나의 삶에 또 다른 전환점이 되었고, 도심 생활에서의 힘들었던 기억들도 봄 아지랑이처럼 점점 사라져 갔다.

사시사철 저마다 어여쁘게 피어나는 풀꽃들을 보다보니 예전 같지 않게 사람들도 좋아졌다. 그래서 지인들을 불러다 정담이나 나눌 요량으로 시골에 조그만 꽃요리 가게를 열고 꽃전을 지지며 장을 담그고 요리를 하다가 어느새 양념에 대한 깊은 상념에 빠지게 되었다.

건강을 위한 식재료에 대한 관심은 날이 갈수록 높아지는 반면, 식재료만큼 인체에 영향을 주는 양념에 대한 관심은 너무나 초라했던 것이다. 또 전통 장류를 담그고 먹는 것이 몸에 좋다는 것은 다 알고 있었지만, 현대사회에는 걸맞지 않다고 생각들 하여 그저 '향수로 남겨둔 맛' 정도로 치부하기도 했다. 때문에 "주방의 양념을 바꾸자"와 "풀 농사를 짓자"라는 나만의 슬로건을 세우고 기회가 주어질 때마다 사석이나 강단을 통해서 지금 주방에 있는 모든 양념을 버리라고 외치고 다녔다.

복합화학 조미료, 왜간장, 맛소금, 화학기름, 수입산 향신료나 외국양념 소스 등으로 채워진 주방양념의 대안에 대해 당시 사람들은 의아해하였다. 깨나 콩을 볶아 가루양념을 만들고, 기름을 짜내어 사용하던 전통이 한동안 단절된 탓이었다.

그 후 필자는 본격적으로 전국을 돌면서 풀 농사에 도움을 주고, 자연양념 만드는 일을 도우며 지냈다. 그리고 불과 몇 년이 흐르지 않은 지금은 천연양념에 대한 사람들의 인식이 높아지고 다양한 응용법과 활용법이 회자되고 있다.

물론 나 혼자가 아닌 여러 선생님들의 노력이 합쳐진 결과이지만, 누구의 삶에 진정 도움이 되는 일을 직업삼아 하고 싶었던 내게는 큰 보람이 되는 시간이었다.

    지금도 농촌에는 우리의 어머니들이 힘겹게 살아가고 있다. 그래서 난 그들의 딸이 되기로 했다. 지난 해에는 조그마하고 따스한 한 시골 마을에 '산들엄니 밥상'이라는 어머니들의 놀이터를 만들어 드렸다.

    그동안 잡초로 취급받거나 봐도 못 본 척 지나치던 우리 산야초들로 밥과 찬을 짓고, 수십 년 동안 장을 담그고 장아찌를 익히시던 어머니들의 손맛을 보태 도시인들을 위한 자연밥상을 차려 놓으니 농촌과 도시가 모두 즐거운 식탁이 만들어졌다. 이에 우리를 벤치마킹하는 이들도 늘어가고 있다.

    이 책을 쓰기 시작하면서 그간 손대중, 눈대중으로 해왔던 일부 음식들의 조리 과정을 계량 표현하는데 어려움이 많았지만, 보통 가정에서 통상적으로 사용하는 양념 활용방법과 외식사업을 하는 분들을 대상으로 진행해 온 교육을 기초로 하여 자료를 정리하는 노력을 기울였다.

    늘 그렇지만 작업 끝 무렵, 부족한 부분들은 더 크게 보이고 눈에 가시가 되어 거슬린다. 이 책에 제시된 내용은 필자가 경험하고 연구해서 얻은 하나의 예시이다. 이 예시를 참고 삼아 각자의 환경이나 상황에 맞는 더 좋은 결과물을 만들어 내는 것은 독자들의 몫이다. 나름대로 큰 사명감을 가지고 일을 하면서 얻은 생각과 그 과정을 기록한 흔적에 많은 애정을 가져 주시기를 바라는 마음으로 글을 마친다.

2012년 2월

김 현 희

Contents

저자 서문 생각과 그 흔적에 대해 4
천연 양념 음식은 시대를 대변하는 문화이다 12

01
음식에 맛과 향을 입히는 자연 재료 **천연 맛가루**

뿌리 재료 18 / 잎 재료 19 / 견과류와 씨앗 재료 20 /
꽃 재료 21

검은콩 맛가루 22 / 겨자씨 맛가루 23 / 금잔화꽃 맛가루 24 /
꽃다지 맛가루 25 / 냉이 맛가루 26 / 달맞이씨 맛가루 27 /
당귀잎 맛가루 28 / 당근 맛가루 29 / 더덕 맛가루 30 /
돼지감자 맛가루 31 / 들깨씨 맛가루 32 / 들깨잎 맛가루 33 /
땅콩 맛가루 34 / 민들레 맛가루 35 / 배초향 맛가루 36 /
보리순 맛가루 37 / 비트 맛가루 38 / 뽕잎 맛가루 39 /
산마 맛가루 40 / 산초씨 맛가루 41 / 산초잎 맛가루 42 /
생강 맛가루 43 / 솔잎 맛가루 44 / 송이버섯 맛가루 45 /
쇠무릎지기 맛가루 46 / 시금치 맛가루 47 / 쑥 맛가루 48 /
녹차 맛가루 49 / 야관문씨 맛가루 50 / 양파 맛가루 51 /
연근 맛가루 52 / 연잎 맛가루 53 / 연자(연밥) 맛가루 54 /
울금 맛가루 55 / 원추리꽃 맛가루 56 / 인삼 맛가루 57 /
장미꽃 맛가루 58 / 제피잎 맛가루 59 / 조릿대 맛가루 60 /
차즈기(자소)잎 맛가루 61 / 찹쌀 맛가루 62 /
파슬리잎 맛가루 63 / 파프리카 맛가루 64 /
표고버섯 맛가루 65 / 풋고추 맛가루 66 / 풋마늘 맛가루 67 /
(백)하수오 맛가루 68 / 함초 맛가루 69 / (단)호박 맛가루 70 /
호박꽃 맛가루 71 / 호박씨 맛가루 72 / 홍합살 맛가루 73

02
요리에 필수적인 맛내기 양념 **천연 맛소금**

맛소금 77 / 혼합 맛소금 78 / 숙성 소금 ① 79 /
숙성 소금 ② 80 / 숙성 소금 ③ 81 / 볶은 소금 ① 82 /
볶은 소금 ② 83

검은콩 맛소금 84 / 녹차 맛소금 85 /
다시마 맛소금 86 / 돼지감자 맛소금 87 /
(거피)들깨 맛소금 88 / 들깨 맛소금 89 /
멸치 맛소금 90 / 무 맛소금 91 /
새우 맛소금 92 / 생강 맛소금 93 /
양파 맛소금 94 / 연근 맛소금 95 /
연잎 맛소금 96 / 인삼 맛소금 97 /
참깨 맛소금 98 / 표고버섯 맛소금 99 /
풋마늘 맛소금 100 / 해바라기씨 맛소금 101 /
호박씨 맛소금 102 / 홍합 맛소금 103

천연 맛소금 응용 요리 1 오행채소 쌈 104
천연 맛소금 응용 요리 2 음양채소 김밥 106

03
인체의 신진대사를 돕는 효소발효액

산야초 제조 효소발효액 110 / 재료 채취와 전처리 114 /
용기의 선택 116 / 침장원(설탕)의 선택과 활용 117 /
산야초 효소발효액 만들기 121 / 발효 관리와 거르기 128 /
발효와 부패 129 / 양념 발효액 130 /
환절기 건강을 위한 발효액 131 / 효소식품의 정의 133

느타리버섯 발효액 134 / 영지버섯 발효액 136 /
팽이버섯 발효액 138 / 표고버섯 발효액 140 / 갈치 발효액 142 /
멸치 발효액 144 / 새우 발효액 146 / 전어 발효액 148 /
조기 발효액 150

효소 발효액 응용 요리 1 젓갈 비빔밥 152
효소 발효액 응용 요리 2 젓갈 주먹밥 154
효소 발효액 응용 요리 3 배추김치 156

04
미용과 건강식품으로 두루 이용되는 천연 식초

누룩 161 / 누룩 만드는 과정 161

산야초 모듬 식초 162 / 솔잎 식초 163 / 아카시아 식초 164 /
엉겅퀴 식초 165 / 매실 식초 166 / 사과 식초 167 /
포도 식초 168 / 보리 식초 169 / 현미 식초 170 / 초란 171 /
레몬 식초 172 / 배초향(방아풀) 식초 173

05
간편하게 맛있는 요리를 만들어 주는 국물양념 약수와 채수 · 육수

채소와 육수 내기 176 / 생선 육수 내기 177

검은콩 약수 178 / 겨우살이 약수 179 /
구기자 · 하수오 약수 180 / 꿀풀(하고초) 약수 181 /
능이버섯 약수 182 / 당귀 약수 183 /
산수유 약수 184 / 연잎 약수 185 /
오미자 · 인삼 약수 186 / 조릿대 약수 187 /
청미래덩굴 약수 188 / 표고버섯 약수 189 /
하수오(큰조롱) 약수 190 / 환삼덩굴 약수 191

06
식용과 약용으로 사용되던 당(糖) 청과 조청

청 194 / 조청 195

귤 청 196 / 딸기 청 197 / 레몬 청 198 / 배 청 199 /
복분자 청 200 / 복숭아 청 201 / 사과 청 202 /
살구 청 203 / 생강 청 204 / 유자 청 205 /
토마토 청 206 / 포도 청 207 / 돼지감자 조청 208 /
사물탕 조청 210 / 쑥 조청 212 / 산야초 조청 214 /
현미오곡 조청 216 / 현미찹쌀 조청 218

조청 응용 요리 1 사과 한과 220
조청 응용 요리 2 약초 식혜 222

Contents

07
음식의 향취를 돋우는 천연 기름(Oil)

허브오일의 맛과 향 226 / 식용 기름 227

달맞이 씨앗 기름 228 / 들깨 씨앗 기름 229 /
산초 씨앗 기름 230 / 야관문 씨앗 기름 231 /
유채 씨앗 기름 232 / 참깨 씨앗 기름 233 /
레몬 오일 234 / 배초향(허브) 오일 235

08
염분과 미네랄의 보급처 장류

독성 없는 발효장, 간장 238

전통 발효 간장 비율표 239 / 간장의 종류 240 /
소금물(간수) 내리기 241

전통 발효 간장 242
아카시아꽃 맛간장 244
엉겅퀴 맛간장 246
조릿대 맛간장 248
옻 간장 250
엿 간장 252
현대 발효 간장 254
덧간장(진간장) 256

어(魚) 간장 258
어육(魚肉) 간장 260

간장 응용 요리 개망초 나물 간장 볶음 262

한국 음식의 대표 양념, 된장 264

간장에서 된장 가르기 264 /
장독과 관련된 재료들(오행과 장독) 265

된장 266
냉이 맛된장 268
녹차 맛된장 268
쑥 맛된장 269
북어 맛된장 269
돼지감자 맛된장 270
연근 맛된장 271

고유의 전통발효식품, 고추장 272

고추장 담그기 272

찹쌀 고추장 274
오복 고추장 274
아카시아 고추장 276
진달래 고추장 276

고추장 응용 요리 자리공순 고추장 볶음 278

09
제철의 신선한 재료를 사철 즐기게 하는
장아찌

장아찌를 응용한 소스 283

곰취 장아찌 284
돼지감자(뚱단지) 장아찌 286
뽕잎 장아찌 288
산초 장아찌 290
새삼 장아찌 292
아카시아꽃 장아찌 294
어성초 장아찌 296
함초 장아찌 298
조기 젓갈 고추 장아찌 300
두부 장아찌 302

수향 자연 음식 문화원에 대하여 304

음식은 시대를 대변하는 문화이다
천연양념

웰빙으로 가는 양념

요즘 건강한 식생활에 대한 관심이 높아지면서 안전하고 건강한 먹을거리를 찾는 사람이 많아지고 있다. 건강상태나 체질을 고려해 증상별로 먹는 약선음식이나 계절음식, 자연산채요리 등은 인체의 독을 풀고 소화를 도와 속을 편안하게 하며 인체의 균형을 잡아 조화롭게 해주는데, 이렇게 인체에 유익한 건강식을 만드는 과정에서 식재료 이상으로 중요한 것이 바로 양념이다.

아무리 건강에 좋은 유기농 재료, 고급 재료를 사용한다고 해도 근본적으로 좋은 양념을 쓰지 않는다면 크게 달라지는 것이 없다는 것이다. 그 과정에는 우리의 전통 발효음식과 자연양념에 대한 응용의 폭을 더욱 넓히는 작업이 필요하다.

맛의 숨은 조력자

육체의 건강을 지키는 방법에는 운동요법과 식이요법이 있다. 이 중 식이요법에 해당하는 것이 음식이다. 동물성 또는 식물성의 음식들이 인체 내에서 서로 균형과 조화를 이루어 내려면 개인의 건강 상태에 맞춰 인체에서 흡수되기 좋은 상태로 조리해 먹어야 하는데, 여기에 바로 양념의 역할이 있다.

우리가 흔히 사용하는 양념으로는 짠맛을 내는 간장·된장·소금, 단맛을 내는 설탕·물엿·조청·꿀, 향신 효과가 있고 매운맛을 내는 고춧가루·고추장·후추·생강·마늘·파·산초, 신맛을 내 주는 식초, 쓴맛에 관여하는 술, 그리고 기름 등을 생각해 볼 수 있다.

양념은 요리의 맛과 영양을 높여 주며 식욕을 증진시키고, 조리 시에 재료가 서로 잘 조화되게 하는 역할을 한다. 생 채소에 참기름을 조금 넣어 무치면 채소의 조직을 부드럽게 해 소화를 돕고 채소에 붙어 있는 각종 유해물질을 해독하여 부작용 없이 음식을 섭취할 수 있도록 도와준다. 소금은 조직 속의 수분을 조절하여 독을 풀어 주며, 식초는 재료를 신선하게 유지시켜 주고 음식을 살균한다. 또한 설탕 등의 단맛은 음식 맛을 부드럽게 하고 재료를 서로 조화롭게 만들어 준다.

이러한 여러 양념들을 혼합해서 음식을 만들 경우에는 단맛 ⇨ 신맛 ⇨ 짠맛 순으로 넣어야 재료에 단맛이 잘 배어 조화롭게 맛을 내는데 도움이 된다.

맛의 조화와 오미(五味)

함미·산미·감미·고미·신미로 대표되는 오미(五味)는 맛을 조화롭게 하는 기본원칙이며, 각각 인체 내부의 장기에도 영향을 미친다.

- 함미(鹹味)는 짠맛으로 뼈와 골수를 만들고 신장을 관장하며, 무기염류 또는 유기염류에 의한 작용으로 건조한 것을 촉촉하게 하고 신장을 보호한다.
- 산미(酸味)는 신맛으로 근육과 인대를 만들고 간을 관장하며, 땀을 거두어 주고 기를 안정시킨다. 또 설사를 멈추게 하고 유익한 체내 물질이 유실되는 것을 방지한다.
- 감미(甘味)는 단맛으로 살·근육·비장을 관장하며, 인체에서 에너지원으로 사용되고 있다. 몸의 균형을 잡아 몸을 보하고 통증을 완화하며 건조한 피부를 윤택하게 한다.
- 고미(苦味)는 쓴맛으로 혈관을 만들고 심장을 관장하며, 몸의 습과 열을 조절하고 변을 원활하게 하며 위를 튼튼하게 한다.
- 신미(辛味)는 매운맛으로 피부와 털을 만들고 폐장을 관장하며, 피와 기를 잘 돌게 하고 피로회복과 감기 치료에 효과가 있다.

재료의 음양(陰陽)

모든 음식 재료에는 본디 가진 고유의 성질이 있다. 이들은 우리 몸에서 각각 뜨겁게, 따뜻하게, 서늘하게, 혹은 차갑게 작용한다. 여기서 말하는 '뜨겁다', '차갑다'라는 것은 입에서 느끼는 온도의 변화가 아니라 식재 또는 약재를 섭취했을 때 몸에서 나타나는 작용을 말한다. 이러한 음식 재료의 성질을 이용하여 질병을 예방할 수 있다.

예를 들면 성질이 따뜻한(양) 부추는 닭고기보다는 성질이 찬(음) 오리고기와 궁합을 맞추어 먹고, 몸이 냉하고 소화가 안 될 때에는 양의 식품인 쇠고기와 찹쌀을 이용하여 죽을 쑤어 먹는 것이다.

채소의 뿌리와 잎도 음과 양이 있으니, 다음 내용을 참고하여 우리가 섭취하는 채소들의 음양을 살펴 궁합에 맞게 다양한 채소를 섭취하는 것이 건강에 이롭다.

색과 맛으로 본 재료

☯ **음** 청색과 흑색(성질은 서늘하다). 신맛과 짠맛. 잎 채소류 등. 열을 내려준다.
- **청색** : 신맛과 떫은맛 뽕잎, 매실, 미나리, 부추, 감, 물고기, 오이, 돼지고기 등
- **흑색** : 짠맛 보리, 김, 미역, 다시마, 표고버섯, 질경이, 게, 해산물, 오리고기 등

☯ **양** 황색·적색·백색(성질은 따뜻하다). 단맛·쓴맛·매운맛. 잎뿌리 채소류 등. 열을 올려준다.
- **황색** : 단맛 호박, 콩, 찹쌀, 율무, 견과류, 옥수수, 두부, 미꾸라지, 쇠고기 등
- **적색** : 쓴맛 쑥, 도토리, 겨자, 깻잎, 더덕, 민들레, 씀바귀, 고사리, 양고기 등
- **백색** : 매운맛 무, 생강, 도라지, 파, 고추, 산초, 우엉, 밀, 가지, 달래, 닭고기 등

■ 종류별 양념 계량표 (계량 단위)

구분	단위
1작은술, 1ts	5ml
1큰술, 1Ts	15ml
1컵, 1C	200ml

■ 재료별 양념 계량표 (계량 단위)

구분	1작은술	1큰술	1컵	1L	1말(20L)
물·청주	5g	15g	200g	1kg	20kg
설탕	5g	15g	200g	1kg	20kg
천일염(3년 이상)	3g	9g	120g	600g	12kg
식초	5g	15g	200g	1kg	20kg
천일염(발효 간장)	5g	15g	200g	1kg	20kg
고춧가루	3g	8g	120g	600g	12kg
된장	6g	18g	240g	1.2kg	24kg
고추장	6g	18g	240g	1.2kg	24kg
물엿	6g	18g	240g	1.2kg	24kg

* 음식에 첨가하는 양념의 계량에 따라 맛이 큰 차이를 보인다.

■ 필수 염분

식생활 변화에 따른 신진대사 장애로 인해 인체의 균형은 깨지게 되고 혈액은 탁해지며 면역력은 떨어지고 있다. 때문에 고혈압과 피부병 등이 늘어나게 되었는데, 그 요인이 소금이라 하여 '무조건 싱겁게 먹어야 건강하다'는 관념까지 생겨나게 되었다.

이러한 분위기는 우리 전통양념의 자리까지 흔들어 놓았다. 하지만 예부터 채식을 주로 했던 우리 민족은 대장의 길이가 길어 소화시간이 많이 소요되므로, 식이섬유질의 분해를 도와주는 일정량의 염분 섭취가 반드시 필요하다는 점을 기억해야 한다.

01

음식에 맛과 향을 입히는 자연 재료

천연 맛가루

맛가루양념은 자연의 재료들을 건조하여 곱게 분쇄한 가루양념을 가리킨다.
각종 분말 형태의 양념들은 음식 주재료의 특성에 맞춰 편리하게 혼합하여 사용할 수 있다.
재료에 섞인 맛가루양념은 음식의 맛을 부드럽게 해줄 뿐 아니라
주재료의 해독작용을 돕고 영양성분을 강화하거나 소화를 촉진시키기도 한다.

음식에 맛과 향을 입히는 자연 재료
천연 맛가루

맛가루양념은 자연의 재료들을 건조하여 곱게 분쇄한 가루양념을 가리킨다. 각종 분말 형태로 만들어진 이 양념들은 음식 주재료의 특성에 맞추어 편리하게 혼합하여 사용할 수 있다.

주재료에 섞인 맛가루양념은 음식의 맛을 부드럽게 해줄 뿐 아니라, 주재료의 해독작용을 돕고 영양성분을 강화하거나 소화를 촉진시키기도 한다. 분말 형태로 양념을 만들어 두면 언제나 즉시 사용이 가능한데, 재료의 특성에 따라 냉장 저장하거나 냉동 보관한다. 보존 기간은 대략 5~6개월 정도다. 간편하게 요리할 수 있는 떡·죽·전·차·밥·과자·튀김·혼합 소스 등에 주로 활용한다.

뿌리 재료

산야초의 뿌리를 채취할 때는 뿌리의 일부분만을 채취한다. 채소나 산야초 등의 알뿌리 재료들은 상처난 부위를 도려내고 껍질째 솔로 닦아 낸다. 이물질이 많을 때는 소쿠리에 비벼 먼지와 흙을 씻어내고 잠시 냉수에 담가 두었다가 다시 문질러 주면 깨끗이 잘 씻긴다.

전분이나 당분이 많은 양파·돼지감자·고구마·감자 등은 깨끗이 씻어서 잘게 썰어 물에 헹궈낸 후 쪄서 햇볕이 잘 드는 비닐하우스나 건조기에 건조한다. 소량일 경우에는 끓는 물 위에 스테인리스 쟁반을 올려놓고 완전히 말리기도 하며, 야외 건조 시에는 재료에 따라 5~7일 이상이 소요되기 때문에 먼지 등 이물질에 신경을 써야 하고 볕이 좋은 날 한 번씩 뒤집어 줘야 한다.

양파 등은 건조 후에 금방 눅눅해지기 때문에 바로 분쇄한다. 분쇄 후 상온에서 보관하면 끈끈하거나 단단한 덩어리가 생길 수 있으므로 밀폐용기에 담아 냉동 보관한다. 건조된 재료들은 주변의 수분을 잘 흡수하므로 용도에 따라 조금씩 밀봉하여 습기가 없고 건조한 곳에 저장하고, 가루를 낸 재료는 밀봉하여 건조한 곳에 저온 또는 냉동 보관한다. 특별한 향 등이 있어 방부효과가 있는 분말은 그대로 밀봉하여 저온 저장해도 된다.

잎 재료

산야초의 잎을 채취할 때는 가지를 꺾거나 자르지 말고 잎만 솎아 딴다. 각각의 재료들은 잎과 줄기를 구분하여 먼지를 깨끗이 씻어 찌거나 생으로 건조기에 건조하며, 연잎·솔잎·시금치·찻잎·당귀잎·양배추 등의 잎채소들을 냉수에 씻은 다음 손으로 뜯거나 굵게 채 썰어 물기를 빼고 건조기에 건조한다. 빠른 시일 내에 말려야 재료의 색감이 곱게 보존된다.

색이 선명한 잎채소들을 데치거나 쪄서 볕에 오래 말리면 거무스름하게 변하는데, 이는 보통 묵나물을 가공하는데 사용하는 방법이다. 반면, 생으로 말리는 무청 같은 두꺼운 재료들은 장기간 볕에 노출이 되면 수분이 증발해 녹색이 갈변하고 곰팡이가 생길 수 있으므로 지푸라기로 엮어서 걸어두고 공기가 잘 통하게 건조한다.

냉장고에서 음식 냄새가 많이 날 때에는 밤나무나 떡갈나무, 쑥·당귀·연잎·녹차의 잎을 단시간 햇볕에 말려 조금씩 망에 넣고 냉장고 한쪽에 넣어 두면 냄새를 흡수한다. 또한 건조된 쑥·당귀·연잎·녹차잎 등을 물에 우려내어 목욕을 하면 피로가 풀린다.

재료를 건조한 후에는 습기를 재흡수하지 않도록 신속히 가루를 내는 것이 좋다. 잎채소는 건조시켜 장기간 보관하게 되면 습기를 재흡수하는 속도가 빠르므로 쉽게 눅눅해지고 좋지 않은 냄새를 흡수하기도 해 맛과 향이 떨어질 수 있다. 특히 여름철에는 높은 습도와 온도로 곰팡이 등의 미생물이 번식할 수도 있으니, 되도록 적은 양을 밀봉하여 습기가 없고 건조한 곳에 냉동 보관한다.

견과류와 씨앗 재료

견과류나 자잘한 씨앗 종류는 통째로 요리에 넣으면 소화가 잘 되지 않는다. 때문에 가루를 내어 이용하는 것이 좋다. 땅콩과 같은 견과류는 겉껍질이 있는 것이 저장성이 좋으며 사용하고자 할 때 겉껍질을 벗겨 낸다.

땅콩·은행·콩·깨 등 견과류는 대부분 속껍질에 싸여 있는데, 두꺼운 솥을 뜨겁게 달군 뒤에 그대로 볶아서 뜨거울 때 마른 행주나 면장갑으로 살살 비벼주면 쉽게 속껍질을 벗길 수 있다.

씨앗이나 견과류들은 유분이 많으므로 볶아 두고 필요에 따라 조금씩 가루내어 사용해야 맛과 향을 유지할 수 있다. 견과류로 만든 맛가루를 공기가 많이 들어간 상태로 오래 보관하면 찌든 기름 냄새가 나고 맛의 질이 떨어지며 인체에 해로운 독소가 생성될 수 있으므로 저장에 주의한다.

시금치 맛가루

꽃 재료

꽃잎이 큰 꽃들은 수술을 떼어내고 사용해야 쓴맛이 없으나, 작은 꽃들은 그대로 사용해도 무방하다. 그러나 작은 꽃이라도 국화처럼 향이 강한 꽃들은 수술을 떼어내고 꽃잎만 사용해야 맛과 향이 부드럽다.

꽃을 사용하고자 할 때에는 텃밭에서 직접 기른 것이 좋으며, 재배 꽃의 경우에는 농약 등에 많이 노출되지 않았는지 농장 주변의 환경에 유의한다. 또 꽃잎은 꽃가루가 많이 붙은 만개한 꽃송이보다는 꽃가루가 묻지 않은 신선한 꽃잎을 사용하는 것이 좋다.

검은콩 맛가루

콩은 '밭에서 나는 고기'라고 칭송할 정도로 단백질이 풍부하다. 때문에 예부터 간장에 졸여 장조림을 만들거나 볶아 내어 간식으로 이용하였으며, 간장물을 부어 된장을 만들기도 하였다.

재료 : 검은콩(또는 쥐눈이콩) 600g

1. 검은콩이나 쥐눈이콩을 준비해 벌레 먹은것은 골라내고 먼지를 비벼 씻는다.
2. 씻어낸 검은콩의 물기를 말리고 두꺼운 솥에 넣어 콩이 익을 때까지 나무주걱으로 고루 저어 타지 않게 볶는다.
3. 완전히 익어 고소하게 볶아진 콩을 소쿠리에 넣고, 면장갑을 끼고 살살 비벼 껍질을 벗긴다.
4. 분쇄기에 껍질 벗긴 콩을 1/3 정도 넣는다.
5. 덩어리가 생기지 않게 순간 분쇄하여 곱게 가루를 낸다.

검은콩 맛가루는 쑥과 시래기 등으로 된장국을 끓이거나 생선탕을 끓일 때, 양념 된장에 넣어 맛을 낼 때 이용한다. 또 칼국수나 수제비를 만들 때 밀가루 1컵에 맛가루 1~2큰술 정도를 혼합하여 기호에 맞게 이용한다. 조금씩 덜어 죽, 샐러드에 첨가하거나 나물을 무칠 때 사용하여도 좋다.

대표 요리 닭가슴살양상추샐러드, 고구마샐러드, 콩가루쌈장, 감초두유차, 오이냉콩국수, 율무콩죽, 잉어탕, 황기붕어찜

1. 완성된 맛가루에 습기가 스미지 않도록 밀폐용기에 넣어 냉동 보관한다.
2. 콩류는 너무 오랫동안 분쇄하면 유지방이 나와 끈적거리며 덩어리가 생긴다. 때문에 덩어리가 생기지 않게 주의 깊게 관찰해 분쇄기를 순간 작동하여야 한다. 또한 콩가루에는 유분이 있으므로 오래 저장할 때는 콩가루 600g에 볶은 소금 가루나 숙성 소금 가루 200g을 혼합하여 저장성을 높인다.
3. 검은콩의 껍질을 이용할 때는 팩에 넣어 습기가 스미지 않도록 하고 실온에 보관하다가 맛간장을 만들 때 끓여 넣어 맛을 내고, 음료수 대용으로 마시면 음식을 해독하여 속이 편해진다.

겨자씨 맛가루

봄에 가냘픈 줄기에 엉성하게 피어 있는 노란 겨자꽃을 자세히 보면, 까만 모래 같은 씨앗을 볼 수 있다.
겨자꽃은 무척 쓰고 매운맛이 있으며, 씨앗에도 강한 쓴맛이 있다. 이 씨앗을 가루내어 더운 물에 걸쭉하게 개어 숙성시키면 매운맛으로 변하는데, 겨자 특유의 쓰고 매운맛은 인체에서 열을 내고 독을 풀어 주는 역할을 한다.

재료 : 겨자의 씨앗(과 줄기) 600g

1. 겨자의 씨앗(과 줄기)을 채집해 비닐을 깔고 햇볕에 바싹 말린다.
2. 말린 씨앗을 분리하여 다시 햇볕에 2~3일 정도 건조시켜 밀폐용기에 보관한다.
3. 보관한 씨앗은 사용하기 전에 먼지를 씻어 내고 고운 체에 밭쳐 물기를 제거한다.
4. 남아 있는 수분은 햇볕을 다시 한 번 쬐어 바싹하게 말린다.
5. 재료를 솥에 넣은 후, 나무주걱으로 고루 저어 가며 살짝 볶는다.
6. 분쇄기를 이용하여 곱게 가루를 낸다.

겨자씨 맛가루는 따뜻한 물에 개어서 간장과 혼합한 후 육류 요리에 곁들일 소스를 만들면, 특유의 매운맛과 단맛·신맛 등이 어우러져 요리에 맛을 더한다.

대표 요리 황태회비빔국수, 해파리해물냉채, 소고기안심냉채, 양파족편냉채, 두부방풍전, 돼지고기두부전, 갓김치

1. 완성된 맛가루에 습기가 스미지 않도록 밀폐용기에 넣어 냉동 보관한다.
2. 겨자는 씨앗이 작으므로 볶을 때 타지 않도록 주의한다.

금잔화꽃 맛가루

금잔화는 봄이 되면 노란색으로 화려하게 치장하고 곱게 피는 꽃이다. 금잔화의 꽃송이를 줄기와 함께 채집하여 튀김 가루를 입혀 튀겨 내면 고운 색을 내고 맛도 좋다.
이렇게 색이 곱고 높은 온도에서도 그 색을 보존하는 금잔화는 꽃이 귀한 겨울철에 사용하면 더 빛을 발한다.

재료 : 금잔화꽃 50송이

1 봄에 금잔화의 노란 꽃이 만개하면 송이째 채취한다.
2 채취한 꽃송이에서 꽃잎을 떼어내고 수술은 제거한다.
3 손질한 꽃잎을 가정용 건조기나 솥에 넣고 건조시킨다.
4 건조된 꽃잎을 곧바로 분쇄기에 1/2 정도 넣고 곱게 가루낸다.

금잔화꽃 맛가루는 전을 만들 때 찹쌀 가루나 밀가루와 혼합하여 사용하거나 샐러드에 직접 뿌리기도 한다. 또는 육류 요리의 마지막에 고명으로 사용한다. 금잔화꽃은 색감이 좋고 열에 강하여 가열해도 그 색을 유지한다. 때문에 튀김재료로 사용하기도 하는데, 막 피어난 꽃송이를 따서 소금물에 씻은 후 튀김 가루를 묻히고 쪄서 말려 두었다가 기름에 튀겨서 이용한다.

대표 요리 황태탕수어, 금잔화꽃튀김, 싸리꽃튀김, 수삼튀김, 화전, 소간전, 감초금잔화밀쌈, 찹쌀경단

1 완성된 맛가루에 습기가 스미지 않도록 유리용기에 넣어 서늘한 곳에 보관한다.
2 한꺼번에 너무 많은 양을 사용하지 않도록 한다.

꽃다지 맛가루

꽃다지는 밭둑 가장자리에서 작고 귀여운 모습으로 푸른색을 띠며 자란다. 잎은 부드러운 솜털로 싸여 있어서 차가운 바람으로부터 스스로를 보호한다.
예부터 나물로 이용하였는데, 된장을 풀고 국을 끓여 먹으면 제법 맛이 좋아 인기가 있는 봄나물이다.

재료 : 꽃다지의 전초 1kg

1. 꽃이 피기 시작하면 뿌리째 채취한다.
2. 채취한 꽃다지의 짧고 가는 뿌리에 묻은 흙과 모래를 털어낸다.
3. 냉수에 씻어서 누런 잎을 떼어내고 깨끗이 손질한다.
4. 손질한 꽃다지를 소쿠리에 담아서 물기를 제거하고, 채반에 넓게 펼쳐서 반그늘에서 바람에 말린다.
5. 솥에 넣어 타지 않도록 고르게 뒤집어 가며 덖어서 바싹 건조시키거나 가정용 건조기에 건조시킨다.
6. 건조 후 곧바로 분쇄기에 1/3 정도를 담아 분쇄하여 고운 가루를 만들어 낸다.

꽃다지 맛가루는 된장찌개, 여러 가지 채소국, 초밥 등에 조금씩 넣어 양념으로 이용한다.

대표 요리 된장, 맛쌈장, 뿌리채소튀김, 닭튀김감자전, 당근주먹밥, 질경이밥, 오이초밥, 냉이된장국

1. 완성된 맛가루는 밀폐 용기에 넣어 저온 냉장 보관한다.
2. 꽃다지를 볶을 때는 타지 않도록 주의해야 하는데, 너무 오래 볶으면 쓴맛이 나며 색이 누렇게 된다.

냉이 맛가루

매운향이 나는 냉이는 땅속 깊게 뿌리를 내려서 충분한 수분을 흡수하기 때문에 봄이 오면 순식간에 꽃대를 올리고 서둘러서 꽃을 피운다.
냉이는 종 모양의 작은 열매를 매단 후에 바람결에 여문 씨앗을 날려 여름부터 싹을 틔운다. 또 겨울 차비를 하여 땅심을 믿고 터를 잡아 앉는다. 이를 보면 참으로 부지런하고 끈기가 있는 강한 생명체라고 할 수 있다.

재료 : 냉이의 전초 10kg

1 꽃이 피지 않은 이른 봄이나 늦가을에 새로 나와 자란 냉이를 뿌리째 캐낸다.
2 흙과 모래 등의 이물질을 제거하여 냉수에 깨끗이 씻는다.
3 손질한 냉이의 뿌리와 잎을 분리하여 물기를 제거한다.
4 굵은 뿌리를 길게 찢어 뿌리는 그대로 양건(햇볕에 건조)하고, 잎은 채반에 넣어 물기를 뺀 후 건조기에 넣어 건조시킨다.
5 건조시킨 뿌리와 잎을 각각 곱게 분쇄한 후 뿌리 가루와 잎 가루를 함께 혼합한다.

냉이 맛가루는 된장 맛내기나 국과 찌개에 풍미를 더할 때 이용한다. 이른 봄의 냉이는 잎에 푸른색이 선명하고 연하여 부드러운 맛이 있으며, 가을과 겨울의 냉이는 잎이 짙은 붉은 색을 띠며 질기고 두꺼워지는데 이때의 냉이가 뿌리가 굵고 향도 진하여 맛이 좋다.

대표 요리 냉이맛된장, 멸치튀김, 꿀풀튀김, 홍합미나리전, 냉이찹쌀죽, 감자수제비, 채소밥, 민들레김치, 해물샤브샤브, 꽃게무침, 무전, 화전

1 완성된 맛가루를 밀폐용기에 넣어 건조하고 서늘한 곳에 저온 저장한다.
2 냉이와 같은 푸른색 채소들은 건조 과정에서 색이 누렇거나 검게 변해서 식감이 떨어지기도 한다. 맛가루에 재료의 푸른색을 유지시키려면 가정용 건조기를 이용하여 단시간에 말리고, 건조기가 없을 때는 따뜻한 전기장판에 재료를 넣어 선풍기를 틀고 방 안의 공기를 건조시켜 말린다.

달맞이씨 맛가루

가을날 들녘이나 언덕을 보면, 씨앗을 싸고 있는 모양이 마치 참깨 주머니처럼 생긴 식물을 볼 수 있는데, '참깨일까?' 해서 열어보면 아주 작은 씨앗들이 가루처럼 가득 쏟아진다. 이것이 바로 달맞이의 씨앗이다.

재료 : 달맞이의 씨앗 1kg

1. 가을날 잘 여문 달맞이의 씨앗이 터지기 전에 줄기를 베어낸다.
2. 바닥에 두꺼운 비닐을 깔고 베어낸 달맞이 줄기를 서로 엮어 묶는다.
3. 달맞이 줄기를 검은 망으로 덮은 후, 건조시키면 씨앗 주머니가 마르면서 까맣게 익은 씨앗이 터져 나온다.
4. 씨앗을 모아 자루에 담아 보관한다.
5. 씨앗에 묻은 먼지를 깨끗이 씻어내고 고운 체나 조리로 돌이나 모래 등을 제거한다.
6. 두꺼운 솥이나 팬을 뜨겁게 달궈 타지 않도록 나무주걱으로 고르게 섞어가며 볶는다 (너무 오래 볶지 않도록 한다).
7. 손으로 비벼 보아 부서지면 완성된 것이다.

달맞이씨 맛가루는 삶아 말린 묵은 나물을 무칠 때나 겉절이를 할 때 이용된다. 특히 나물을 볶을 때 해당 나물에 달맞이씨 맛가루를 넣고 간을 한 뒤 기름을 조금 넣어 볶으면 고소한 맛이 일품이다.

대표 요리 가지나물무침, 뽕잎나물무침, 달맞이나물볶음, 망초나물볶음, 말린호박볶음, 무청볶음, 개미취나물볶음

1. 완성된 맛가루는 뜨거운 온기를 식혀서 밀폐용기에 넣어 저온 저장한다.
2. 장기간 보관하려면, 볶은 소금이나 숙성된 소금을 가루내어(3g) 달맞이 씨앗 가루(7g)와 혼합하여 밀폐용기에 넣고 냉동 보관한다. 이렇게 하면 기름이 산화되는 속도가 느려져 보관성이 높아진다.
3. 씨앗을 분쇄기나 절구에 1/3 정도를 넣고 곱게 가루로 빻는데, 너무 오래 분쇄하면 유분이 나와 덩어리가 생기므로 주의한다. 필요할 때마다 소량씩 빻아 사용하는 것이 고소하고 맛이 좋은 양념을 만드는 방법이다.

당귀잎 맛가루

당귀는 방향성이 높아 주로 향신채로 이용하며, 혈을 보하는데 흔히 사용하는 약재이다. 사물탕에 넣어 복용하면, 여성의 혈과 몸을 데워 주기 때문에 예부터 산후에 몸을 보신하던 귀한 약재로 쓰였다.
요즘은 당귀의 어린 싹을 생으로 쌈이나 샐러드로 이용하거나, 크게 자란 잎들을 소금이나 간장에 절여 장아찌를 담그기도 한다. 또한 발효시켜 음료로 마시기도 한다.

재료 : 당귀의 잎 1kg

1. 봄에 당귀 순을 채취하여 줄기를 떼어내고 잎은 따서 냉수에 씻는다.
2. 세척한 잎을 채반에 널어 반그늘에서 1시간 가량 물기를 말린다.
3. 가정용 건조기에 넣어 건조시킨다.
4. 건조 후에는 분쇄기를 이용하여 즉시 곱게 가루를 낸다.

당귀잎 맛가루는 주로 육류를 조리할 때 향신료로 사용한다. 또한 수제비를 만들 때 밀가루, 찹쌀과 혼합하거나 떡을 만들 때 쌀가루와 혼합하여 사용한다. 당귀의 뿌리를 이용할 때는 흙을 털어내고 잔뿌리 그대로 깨끗이 씻어 얇게 썬 후 쪄서 햇볕에 말린다. 이것을 습기가 없이 밀폐용기에 담고 냉동보관하여 차를 끓이거나 간장 맛내기에 이용한다.

대표 요리 제비꽃잎샐러드, 황기찹쌀죽, 닭매운탕, 당귀계탕, 소갈비탕, 소고기장조림, 당귀소간지짐이

1. 완성된 맛가루에 습기가 스미지 않도록 유리용기에 넣어 저온 저장한다.
2. 당귀는 뿌리에 전분이 많아 실온에 오래 보관하면 벌레가 생기므로 냉동이나 저온 저장한다.
3. 향이 강하므로 한번에 많은 양을 사용하지 않도록 한다.

당근 맛가루

당근은 익히지 않고 먹으면 소화가 잘 되지 않기 때문에 기름에 볶아서 섭취하는 것이 좋다. 단맛과 담백한 맛이 있어 음식의 흡수를 돕기 때문에 잘 말려서 가루양념으로 사용하면, 음식의 풍미를 좋게 한다.
또한 당근은 좋은 색감을 가지고 있는데, 당근에 함유된 베타카로틴 색소는 소화를 촉진시키는 작용을 한다.

재료 : 당근 1kg

1. 당근을 준비하여 흙이 묻은 부분을 솔로 문질러 흙과 이물질을 깨끗이 씻어낸다.
2. 껍질째 굵게 채 썰거나 얇게 저민다.
3. 채반에 얇게 펼쳐 넣어서 햇볕이 좋은 날에 3~4일 가량 건조시킨다(건조기에 넣어 건조시키면 더욱 고운 색을 띤다).
4. 건조시킨 당근을 바로 분쇄기의 1/3 정도 채워 넣고 곱게 가루를 낸다.

건조시킨 당근은 거칠게 빻아서 죽을 끓일 때 쌀과 혼합하여 사용하고, 당근 맛가루는 밀가루나 찹쌀을 혼합하여 수제비나 칼국수, 전을 부칠 때 사용한다. 또한 떡을 만들 때 쌀가루와 혼합하여 사용하기도 한다. 스프나 죽을 끓일 때 마지막에 맛가루를 첨가하면 본래의 색을 더욱 곱게 유지시켜 준다.

대표 요리 당근찹쌀경단, 간찹쌀구이, 소불고기, 닭강정, 감자닭수제비, 당근송편, 명태전, 화전

1. 건조시킨 당근은 팩에 담아 저온 저장하고, 분쇄하여 가루낸 것은 밀폐용기에 담아 저온 저장한다.
2. 한꺼번에 많은 양을 분쇄기에 넣으면 분쇄가 곱게 되지 않으니 주의한다.
3. 당근의 색소는 열에 강하여 쉽게 변색하지 않으나 햇볕에 너무 오래 두면 탈색된다.

더덕 맛가루

산길을 걷다보면 바람결에 느껴지는 쓴 향기가 무척이나 신선하고 향기롭게 느껴질 때가 있다. 이때 주변을 두리번거리면 어김없이 발밑에 더덕 줄기가 밟힌다. 이처럼 더덕의 향기는 온 산을 진동하게 한다.

더덕에 조청을 넣은 고추장을 발라서 참숯에 구운 더덕구이나 더덕 고추장 장아찌와 같은 음식은 귀한 재료를 오래 두고 먹으려는 우리 어머니의 손맛과 정성이 담긴 음식이라 할 수 있다.

재료 : 더덕 1kg

1. 더덕을 준비하여 2~3일 정도 말려서 꾸덕꾸덕해지면, 흙을 털어내고 껍질째 씻는다.
2. 소금물에 씻어 더덕 특유의 끈적거리는 맛을 제거한다.
3. 깨끗이 세척한 더덕의 뇌두(잎의 싹이 자란 부분)를 자르고 칼끝으로 돌려가며 껍질을 벗겨 낸다.
4. 껍질은 그대로 채반에 널어 햇볕에 말리고, 살은 손으로 찢거나 얇게 저민다.
5. 손질한 더덕을 가정용 건조기나 햇볕에 4~5일간 바싹 건조시킨다.
6. 건조 후에 사용처에 따라 약수용은 지퍼 팩 등에 넣어 습기가 통하지 않도록 저온 저장하고, 양념용은 분쇄기에 1/3 정도 넣은 후 곱게 가루를 낸다.

더덕 맛가루는 고추장을 만들 때 혼합하여 3달 이상 숙성시킨 후 양념으로 사용하거나, 고추장 또는 고춧가루와 소량 혼합하여 닭볶음 등의 요리에 양념장으로 이용한다.

대표 요리 더덕고추장, 더덕찹쌀구이, 더덕북어무침, 더덕봄나물비빔밥, 무설기떡, 닭매운탕, 열무물김치, 얼갈이겉절이

1. 더덕에는 전분이 있어 쉽게 덩어리가 지므로 장기간 보관 시에는 팩에 넣어 냉동실에 보관하는 것이 좋다.
2. 닭고기에는 좋은 맛을 주는 양념이 되지만, 더덕 특유의 쓴맛은 돼지고기와 서로 조화롭지 않다.

돼지감자 맛가루

돼지감자는 삶거나 졸여서 먹기에 그다지 맛이 좋지 않아 예부터 가축의 사료로 쓰였지만, 지금은 당뇨환자에게 좋은 성분이 함유되어 있다고 하여 약용식물로서 그 가치를 인정받고 있다. 세상이 바뀌어 출세를 한 식물 중에 하나이다.

재료 : 돼지감자 10kg

1. 땅이 얼기 전인 12월 초 겨울에서 이른 봄인 3월에 걸쳐 돼지감자를 채집한다.
2. 채집한 돼지감자를 겉껍질째 세척한다.
3. 돼지감자를 얇게 썬 후에 다시 한 번 세척하여 끈적이는 당분의 녹말을 씻어낸다.
4. 가정용 건조기에 건조하거나 햇볕에 널어 4~5일간 건조시킨다.
5. 건조된 돼지감자를 분쇄기에 1/3 정도 넣고 곱게 가루를 낸다.

건조 후 분쇄하지 않은 돼지감자는 팬에 타지 않게 볶아서 찻물을 끓여 우려 마시거나 가루내어 선식을 만들 때 혼합하기도 한다. 또한 맛가루 1kg : 가루소금 300g 비율로 섞으면 담백하고 구수한 맛이 나는데, 나물을 볶을 때나 고기 요리용 맛소금으로도 사용한다.
돼지감자 맛가루는 밥을 지을 때 사용하거나 부침이나 떡 등에 넣어 사용한다. 생 된장에 넣어 6달가량 숙성시키기도 하며, 맛된장을 만들 때 소량씩 사용하기도 한다.

대표 요리 된장, 율무죽, 봄나물샐러드, 돼지감자밥, 감자튀김, 명태전, 고사리조기찜, 고구마순김치, 산약오골계탕, 쇠무릎지기나물볶음

1. 건조시킨 돼지감자는 가루를 내기 전에 솥에 타지 않도록 잘 볶아서 밀폐하여 보관한다.
2. 돼지감자를 가루내어 상온에 오래두고 사용하면 돼지감자의 전분이 굳어서 덩어리가 생기므로, 팩에 담아 저온 저장하고 조금씩 가루를 내어 밀폐 용기에 담아 사용한다.
3. 돼지감자는 소화가 잘 되지 않으므로 생으로 섭취할 때는 껍질을 제거하고 얇게 썰어 냉수에 담근 후 전분을 빼고 이용한다. 양배추나 여러 가지 채소 등과 혼합하여 소스를 곁들여 샐러드로 이용한다.

들깨씨 맛가루

들깨는 새싹이 자라면 연한 싹을 뿌리째 솎아 쌈으로 먹거나, 누리고 비린 맛이 나는 탕에 넣어 냄새를 제거하는데 이용한다.

들깻잎이 커지는 여름철에는 윗순을 잘라 장아찌나 김치 등으로 이용하였으며, 가을에는 덜 여문 열매를 송이째 따서 찹쌀을 입혀 부각을 만들기도 하였다.

들깨의 잘 여문 씨앗은 기름을 짜서 병이나 소금 주머니에 저장하여 두고 밥을 비벼 먹거나 여러 가지 채소 요리에 사용한다.

재료 : 들깨의 씨앗 1kg

1 들깨를 준비하여 먼지를 잘 씻는다.
2 모래가 들어가지 않도록 조리로 잘 일어서 고운 소쿠리에 밭쳐 물기를 제거한다.
3 손질한 들깨를 두꺼운 솥에 넣고 타지 않도록 나무주걱으로 잘 볶는다(손으로 비벼서 가루가 날 때까지 볶는다).
4 잘 볶아진 들깨는 맛이 쓰지 않고 비린 맛이 없으며 고소한 맛이 난다. 반면 너무 많이 볶게 되면 맛이 쓰고 색이 진해진다.
5 분쇄기에 볶은 들깨를 1/3 정도 넣어 곱게 가루낸다(분쇄 시간이 길어지면 기름이 나와 덩어리가 생기게 되므로, 분말상태를 확인하며 순간 작동하는 것이 좋다).

들깨 맛가루는 데친 나물이나 생 채소를 무칠 때, 또는 묵은 나물을 조리할 때 쓰면 고소한 맛을 내며 나물을 부드럽게 한다. 특히 시래기된장국에 넣으면 맛이 담백하고 구수해진다.

대표 요리 민들레겉절이, 냉이나물무침, 취나물볶음, 들깻잎볶음, 들깨맛쌈장, 들나물비빔밥

1 볶은 들깨는 팩에 넣어 밀봉하여 냉동 보관한다.
2 장기간 보관할 때는 들깨 가루 8g : 가루소금 2g의 비율로 고르게 섞어 주거나 분쇄기에 넣어 혼합한다.
3 씨앗 종류를 그대로 섭취할 때는 소화가 잘 되지 않으므로 가루를 내어 섭취하는 것이 좋다. 그러나 유지방을 많이 함유하고 있기 때문에 쉽게 산화를 일으킬 수 있으므로, 가루낸 후에는 가급적 빨리 먹는 것이 좋다.

들깻잎 맛가루

들깻잎은 순이 50cm 정도가 되면 윗부분의 순을 잘라서 가지가 많이 생기도록 하여 수확율을 높인다. 일정한 기온이 유지되면 일 년 내내 수확할 수 있는 식물로 요즘은 하우스에서 재배를 하여 농촌에 고소득을 주는 작물이 되었다.

재료 : 들깻잎과 순 1kg

1 파란 들깻잎을 채취하여 깨끗이 세척한다.
2 세척된 들깻잎을 굵게 채 썬다.
3 가정용 건조기를 이용하거나 전기장판에 널어 선풍기로 건조시키면 들깻잎의 푸른 색을 유지할 수 있다.
4 건조시킨 후에는 분쇄기를 이용해 곧바로 곱게 가루낸다.

들깨의 연한 잎은 삶아서 기름을 넣고 볶아 먹거나 장아찌나 김치를 만들고, 육류를 섭취할 때 쌈으로 이용하면 기름진 음식의 느끼함과 누린 냄새를 없애준다. 또 생선요리의 비린 냄새를 제거하고 독을 풀어 주어 맛을 좋게 한다.
가을에 들깨의 잎이 노랗게 단풍이 들면 채취하여 다발로 묶어 소금에 절인 후 장아찌를 만들거나 쪄 먹기도 하였다.
들깨의 씨앗이 여물면 수확하여 볶은 후 기름을 짜고 강정을 만드는데 이용한다. 들깨의 덜 여문 씨앗은 찹쌀 가루를 입혀 부각을 만들기도 하였다. 들깻잎 맛가루는 생선요리의 마지막에 넣는 향신료로 이용한다. 또한 주먹밥이나 고기요리에 사용하며 들깻잎 가루 1kg에 가루소금 50g을 잘 혼합하여 들깻잎 맛소금을 만들어 양념으로 사용한다.

대표 요리   돼지간볶음, 돼지족볶음, 명태튀김, 명태탕, 깻잎김치, 돼지고기삼겹살구이

1 완성된 맛가루는 밀폐용기에 담아 서늘한 곳에 보관한다.
2 건조된 잎이나 가루 등은 실온에서 보관할 때 습기가 스미지 않게 해야 장기간 보존이 가능하다.

땅콩 맛가루

땅콩은 '땅속의 고기'라고 불릴 만큼 단백질이 풍부하며 좋은 불포화 지방을 함유하고 있다. 따라서 노화를 예방하고 몸을 윤택하게 하며, 장 운동을 촉진하여 변비를 예방하는 효능이 있다. 땅콩은 예부터 기름을 짜서 먹던 귀한 식품으로, 요즘에는 간식용이나 술안주용으로 선호도가 높다. 그 쓰임새가 다양하여 샐러드나 소스를 만들 때도 요긴하게 사용되고 있다.
땅콩을 양념으로 이용하면 음식에 고소하고 담백한 맛을 더해 준다.

재료 : 생 땅콩 300g

1. 생 땅콩을 준비한다.
2. 한 번 쪄서 말려 겉껍질을 벗기고, 속껍질은 소쿠리에 넣어 비벼가며 벗겨 굵은 체에 쳐서 분리한다.

   Tip 쪄서 말린 땅콩을 구입했을 때는 햇볕에 1시간 정도 말린 후에, 속껍질째 소쿠리에 넣고 비벼 굵은 체에 쳐서 껍질을 벗긴다.
3. 건조시킨 땅콩 1kg에 볶은 소금 50g을 넣고 곧바로 곱게 가루 분쇄한다.

땅콩 맛가루는 과일샐러드를 만들 때 고명으로 뿌리거나 죽을 끓일 때나 나물을 무칠 때 또는 생채소 겉절이에 사용한다.

대표 요리 돌나물샐러드, 유채나물겉절이, 노각생채, 시금치나물무침, 솔잎버섯구이, 땅콩경단, 땅콩다식

1. 가루낸 양념을 밀폐가 되는 팩에 넣어 저온 저장하고, 굵은 것은 따로 분리하여 밀폐시킨 후 저장한다.
2. 땅콩에는 유지방이 함유되어 있어서 오래 두면 산화되어 맛과 질이 떨어지기 때문에 냉동 보관하며, 소량씩 준비하여 사용하도록 한다.
3. 절구를 이용하여 가루를 낼 때는 고운 체를 사용하여 곱게 가루내고, 시간을 지체하면 땅콩의 유분이 흘러나와 덩어리가 지므로, 빠르게 분쇄한다.

민들레 맛가루

민들레는 대표적인 봄꽃으로 '민중의 꽃'이라고 불리기도 한다. 특유의 야생성과 강한 생명력으로 척박한 땅에서도 잘 자라는데, 요즘에는 흙이 오염된 곳이 많아 자생 민들레가 줄어들었다.
흔히 볼 수 있는 노란 민들레는 외국에서 귀화된 것이기는 하나 오랜 세월 동안 우리 땅에서 적응하며 자생하였기 때문에 그 효능이 토종 흰 민들레와 비슷하며 맛에서도 거의 차이가 없다.
민들레는 짠맛을 소량 함유하고 있어 염증을 가라앉히는 효능이 있으며, 위에 작용하여 소화기능을 높이기도 한다.

재료 : 민들레의 뿌리와 잎 1kg

1 꽃이 피기 전인 이른 봄이나, 새순이 나오는 가을에 민들레를 뿌리째 채취한다.
2 뿌리와 잎을 분리한다.
3 뿌리는 흙을 씻어내고 잘게 찢어서 햇볕에 말리고, 잎은 데쳐서 가정용 건조기를 사용하여 건조시킨다(소량일 경우에는 전기장판에 널어 선풍기로 말리기도 한다).
4 건조시킨 후에는 곧바로 분쇄기를 이용하여 뿌리와 잎을 각각 곱게 가루낸다.

민들레의 잎은 쌈이나 샐러드, 장아찌와 김치 등으로 이용하며, 전초는 건조시켜 약재로 널리 사용한다. 뿌리와 잎을 혼합하여 만드는 민들레 맛가루는 된장을 가공할 때 생 된장과 혼합하여 버무린 후 6개월 정도 숙성시켜 이용한다.

대표 요리 돼지감자양상추샐러드, 살갈퀴나물무침, 꿀풀겉절이, 뿌리뱅이겉절이, 민들레김치, 부추새우볶음

1 완성된 맛가루는 팩에 넣어 습기가 스미지 않도록 저온 저장한다.
2 한번에 많은 양을 오래 섭취하지 않도록 하며, 소량을 꾸준히 먹는다.
3 건조된 뿌리는 타지 않도록 솥에 잘 볶아 팩에 밀봉하여 따로 실온에 저장한다. 차로 이용하기도 한다.

배초향 맛가루

배초향은 '방아잎' 이라 하여 쌀가루와 혼합하여 떡을 만들기도 하고, 장떡을 만들어 지져 먹기도 하였다. 생선의 비린내를 없애는 작용을 하기 때문에 향신료로도 이용되었으며, 잎을 말려 차로 우려 마시면 구강이 건강해진다고 한다. 말린 잎을 삶아서 목욕을 하기도 하였다.
된장을 숙성시킬 때 된장 위에다 건조된 배초향 잎을 두껍게 덮어 주면 벌레가 생기지 않아 장맛이 좋아진다. 또한 배초향은 여름 감기를 치료하거나 소화를 촉진하는 효과가 있으며, 노화방지 등에도 효험이 있는 것으로 알려져 있다.

재료 : 배초향의 잎 1kg

1. 한여름인 8월에 배초향의 잎을 채취한다.
2. 채취한 배초향의 잎을 굵게 채 썬다.
3. 가정용 건조기나 따뜻한 전기장판에 널어 선풍기로 건조시키면 잎의 푸른색을 유지할 수 있다.
4. 건조된 배초향 잎은 곧바로 분쇄기에 넣어 곱게 가루낸다.

배초향 맛가루는 생선을 이용한 탕이나 찌개, 구이 등의 요리에 이용하면 특유의 누린 냄새를 없애준다. 또한 김치를 담글 때 소량 넣어 향신료로 이용하기도 한다.

대표 요리 상추겉절이, 갓김치, 갈치무청김치, 추어튀김, 추어탕, 고추장떡, 산채나물비빔밥, 쌈밥

1. 완성된 맛가루는 유리용기나 팩에 넣어 저온 보관한다.
2. 배초향은 꽃과 잎에서 강한 들깨 향이 나기 때문에, 처음 접하는 사람들은 소량을 사용하는 것이 좋다.

보리순 맛가루

예전 우리에게는 '보릿고개' 라는 말이 있었다. 겨울 끝자락에 이르러 쌀이 부족해지면, 차갑고 흰 눈을 뚫고 올라 온 초록색의 연한 보리 새싹을 솎아 베어다가 쌀을 갈아 넣고 된장을 풀어 죽을 끓여 먹던 시절을 가리키는 말이다. 이처럼 보리는 식량이 부족하던 시절에 구황식물로 요긴하게 사용되었다.

요즘은 싹을 솎아 베어서 솥에 덖어 차로 이용하는데, 몸 안의 열을 내려주는 효능이 있기 때문에 열병을 다스리는데 사용한다.

재료 : 보리의 새순 1kg

1 봄에 보리의 새순이 6~7cm 정도로 자라면 베어낸다.
2 김이 오른 찜솥에 베어낸 보리 순을 파랗게 쪄서 가정용 건조기에 말린다.

> **Tip** 생 보리 잎을 이용할 경우에는 씻은 후 솥에 넣고 잎에서 나온 수분을 이용하여 고루 파랗게 익힌 뒤, 채반에 널어 뜨거운 잎을 식힌다. 다시 솥에 넣고 수분이 완전히 마를 때까지 타지 않게 한두 번 더 덖는다.

3 건조된 보리의 순은 곧바로 분쇄기에 넣어 곱게 가루낸다.

연한 보리의 싹은 홍어탕을 끓일 때 된장과 함께 넣으면 음식의 풍미를 살릴 수 있다. 덖어서 건조시킨 보리의 잎은 찻물에 우려내어 차로 마시기도 한다. 보리순 맛가루는 밥이나 부침개·수제비·떡을 할 때 소량씩 섞어 이용하면 음식의 색을 좋게 한다. 또 된장을 가공할 때 함께 섞어서 6개월 이상 숙성시키면 된장의 맛이 담백해진다.

대표 요리 보리해물밀쌈, 보리해물수제비, 보리가래떡, 보리송편, 콩보리밥, 보리맛된장, 보리식혜, 보리호떡, 보리유과

1 덖거나 찐 보리잎을 그대로 또는 가루내어 습기가 스미지 않도록 밀폐용기에 넣고 저온 보관한다.
2 보리 순은 떫고 쓴맛이 있으므로, 한 번 덖어서 사용하면 구수하고 부드러운 맛을 살릴 수 있다. 오래 묵혀 두고 사용하면서 6개월에 한 번씩 다시 솥에 덖어서 보관하면 더욱 좋은 맛이 난다.

비트 맛가루

비트는 진한 붉은 색을 가진 둥글고 작은 무와 같다. 비트의 붉은 색소는 혈액을 맑게 한다고 전해지는데, 음식에 물을 들이거나 아름다운 색을 낼 때 다채롭게 사용하기도 한다. 때문에 초절임이나 샐러드 등에 활용된다.
비트 가루는 밀가루와 혼합하여 밀쌈이나 전을 부치고, 쌀가루와 혼합하여 떡을 만들기도 한다.

재료 : 비트 1kg

1. 비트를 준비하여 색이 좋지 않은 밑부분의 껍질을 벗겨 내고 색이 좋은 부분은 그대로 씻어 준다.
2. 손질한 비트는 얇게 채를 썰거나 슬라이스 한다.
3. 채반에 넣어 햇볕에 3~4일 정도 말려서 단단해지도록 완전히 건조시킨다(건조기에 넣어 건조하여도 좋다).
4. 건조된 비트를 곧바로 분쇄기에 1/3 정도 채우고 곱게 가루낸다.

비트 맛가루는 음식에 고운 색을 입히고 맛을 좋게 한다. 배추백김치나 동치미를 만들 때 찹쌀 가루나 밀가루와 소량 혼합하여 색을 내고, 죽을 끓일 때는 양념으로 사용하기도 한다. 또 전을 부치거나 쌀가루에 소량 혼합하여 경단과 떡을 만들 때 사용하면 색감을 높여 식욕을 촉진한다. 밀가루에 혼합하여 밀쌈이나 전병을 만들 때도 이용된다.

대표 요리 무배추물김치, 연근물김치, 연근튀김, 해물구절판, 돈까스, 생선까스, 마전, 무전, 두부구이, 감자경단

비트 맛가루를 장기간 보관하려면, 비트 가루 100g : 소금 5g의 비율로 혼합하여 습기로 인해 눅눅해지지 않도록 밀폐용기나 팩에 넣어 저온 저장한다.

뽕잎 맛가루

뽕나무는 어린 새순에서부터 가지와 잎·뿌리·열매 등 무엇도 소홀히 할 수 없는 귀한 약재이다. 그 중 어린 새순(상엽)은 연한 줄기나 덜 익은 열매와 함께 장아찌를 하거나 차로 이용하고, 뽕(오디)을 따고 난 후에는 새순이 생긴 연한 잎을 삶아서 묵나물로 이용한다.

또 소금을 넣어 염장하여 부드럽게 삭힌 후 장아찌나 나물로 볶아 먹고, 가을날 잎이 두꺼워지면 소금물에 쪄서 3~4장씩 모은 후 찹쌀 풀을 입혀 부각을 만들기도 한다.

재료 : 뽕나무의 어린 잎 10kg

1. 봄에 나온 어린 잎을 따서 찬물에 씻은 후에 헹군다.
2. 채반에 널어 물기를 빼준다.
   > **Tip** 여름에는 열매(오디)를 딴 후, 새순이 나온 파란 부분을 채집해 줄기는 떼어내고 찬물에 헹궈서 채반에 널어 물기를 뺀다.
3. 푸른색이 유지되도록 살짝 쪄서 건조기에 넣고 건조시킨다.
4. 잘 말린 뽕잎을 분쇄기에 곱게 갈아 준다.

뽕잎 맛가루는 쌀가루와 혼합하여 떡을 찌거나, 밥을 지을 때 2인 기준에 1t를 넣어 사용한다. 또 찹쌀 가루와 밀가루에 혼합하여 버섯전이나 채소전을 만들고, 밀가루와 혼합하여 국수·수제비 등을 만들 때 사용한다. 뽕잎 맛가루 1kg : 볶은 소금 1kg의 비율로 혼합하여 고등어 등 비린내가 많이 나는 생선에 뿌려 저온 숙성하거나, 된장을 가공할 때 넣어 6개월 이상 숙성시켜 먹으면 맛이 좋다.

대표 요리 뽕잎맛된장, 뽕잎배추된장국, 뽕잎가래떡, 뽕잎송편, 뽕잎밥, 뽕잎돼지간전, 뽕잎도라지튀김, 상엽국화전

1. 완성된 맛가루는 수분이 스미지 않도록 유리용기에 넣어 밀폐 보관한다.
2. 뽕잎의 생즙을 추출하거나, 뽕잎 가루에 물을 넣어 질게 반죽한 후 간수가 빠진 소금 70% : 원액 30%의 비율로 혼합한다. 여기에 물 1배를 넣어 고르게 섞어 솥에 넣고 끓이면서 수분을 졸여 소금을 만들기도 한다.
3. 연한 잎의 줄기를 떼어내고 두꺼운 솥에 덖어 고루 파랗게 익으면 채반에 바삭하게 말려 차로 이용한다.

산마맛가루

산마의 뿌리는 끈적거리는 점액이 흐르기 때문에 감촉이 좋지는 않으나, 소금을 뿌려 참기름에 찍어 먹으면 달며 맛이 있다.

예부터 산마는 소화기능을 보하고 오장을 튼튼하게 하여 살을 찌우며, 속을 든든하게 하기 때문에 강장제로 선호되던 귀한 식물이다.

요즘 그 효능이 알려지면서 각종 떡이나 튀김, 선식 등 다양한 요리들에 접목되고 있으며, 맛있는 건강 식품으로 상품화되어 지역농가 소득에 큰 도움을 주고 있다.

재료 : 마(산약) 3kg

1. 봄과 가을에 산마의 뿌리를 채취하거나 구입한다.
2. 준비한 산마의 겉껍질을 벗겨 0.5cm 정도로 도톰하고 굵게 썰어 준다.
3. 손질한 산마를 0.2% 농도의 소금물에 씻은 후 살짝 삶는다.
4. 건조기 넣어 건조시킨다.
5. 건조된 산마를 분쇄기에 1/3 정도 채우고 곱게 가루낸다.

산마 맛가루는 찹쌀 가루와 혼합하여 떡을 만들거나 밀가루와 혼합하여 전이나 죽을 만들 때 사용한다. 또 된장이나 고추장을 가공할 때 첨가하여 숙성시키기도 하며, 선식에 첨가하기도 한다.

대표 요리 마수제비, 산약밥, 산약떡, 진피산약죽, 산약황태무국, 산약동태전, 산약두부완자튀김

1. 산마에는 당분이 많아 건조 후에 벌레가 생길 수 있고, 습기에 약하다. 때문에 가루내어 실온에서 보관할 경우 공기가 많이 투입되어 단단하게 굳을 수 있으니 조금씩 가루내어 밀폐하고 냉동 보관하는 것이 좋다.
2. 산마 맛가루는 산마 가루 95% : 소금 0.5% 비율로 혼합하여 팩에 넣고 저온 저장하면 보관성이 좋아진다.

산초씨 맛가루

산초는 향기가 매우 독특하여 예부터 주로 향신료로 사용되었는데, 요즘 들어 이용하는 범위가 다양해졌다.

농가에서도 약초 재배 품목에 들어가는 산초는 고소득을 창출하는 효자 역할을 한다.

씨앗의 껍질을 곱게 가루내어 비린 맛이 나는 민물고기 등을 조리할 때에 사용하였으며, 까맣게 여문 씨앗은 볶아서 기름을 짜서 약으로 사용하기도 하였다.

또한 사찰에서는 덜 여문 산사의 파란 열매를 소금에 절여 식초를 붓고 장아찌를 만들어 먹기도 하였다.

재료 : 산초씨 껍질 300g

1 가을에 잘 여문 산초의 까만 씨를 털어낸다.
2 산초 씨의 겉껍질만을 골라 햇볕에 수분이 없이 잘 건조시킨다.
3 뜨거운 솥에 넣고 타지 않게 나무주걱으로 살살 볶는다.
4 분쇄기에 넣어 곱게 가루낸다.

산초씨 맛가루는 생선 등 주로 비린 맛이 나는 요리에 사용한다. 또 갓김치나 무청김치, 엉겅퀴김치 등을 담글 때 소량 사용하면 독특한 향과 함께 좀 더 산뜻한 맛을 느낄 수 있게 한다. 산초의 검은 씨앗은 햇볕에 잘 말려 기름을 짜서 유리병에 넣고 저온 저장하면서 생선요리나 김치 등 겉절이에 사용한다.

대표 요리 맛간장, 생선회맛간장, 산초갓김치, 엉겅퀴김치, 동태탕, 추어탕, 민물생선매운탕, 산야초장떡

1 완성된 맛가루는 유리용기에 넣어 밀폐 보관한다.
2 향이 강하므로 국이나 탕에 넣어 이용할 때는 한꺼번에 많은 양을 사용하지 않는다.

산초잎 맛가루

산초는 향기가 진한 작은 잎들이 모여 있는데, 한 줄기를 이루고 있는 잎에 가는 톱니가 있고 가지에는 가시가 있어 무척 거칠다.
산초의 잎을 말려 된장독 안에 두면 벌레가 생기지 않아 장맛이 좋아진다고 하며, 연한 순은 따서 간장에 절여 장아찌를 만들기도 한다.

재료 : 어린 산초잎과 순 300g

1. 산초의 잎이 무성해지는 10월 말에 잎을 줄기째 따서 씻는다.
2. 푸른색이 유지되도록 살짝 쪄서 물기를 말린 후 건조기에 넣고 건조시킨다(소량일 경우에는 따뜻한 전기장판에 널어 선풍기 바람으로 건조시킨다).
3. 건조시킨 잎을 분쇄기에 넣고 곱게 가루를 낸다.

산초잎 맛가루는 김치를 담글 때 첨가하며, 생 산초잎은 장아찌를 만드는데 이용한다. 또 건조시킨 산초의 잎은 물에 달여 간장과 혼합하여 사용하면 그 맛이 독특하다. 볶은 가루소금 2g에 산초 맛가루 10g을 혼합하여 유리용기에 보관하면서 생선 찌개 등에 양념으로 이용하기도 한다.

대표 요리 산초무장아찌, 갓김치, 무청김치, 민물생선찜, 홍어찜, 산야초비빔밥

1. 완성된 맛가루는 팩이나 밀폐용기에 담아 실온에서 저장한다.
2. 산초와 잎의 생김새가 유사한 초피는 그 향이 강하여 그대로 씹어서 먹으면 혀 끝에 싸한 맛이 오래 남는다. 때문에 살짝 데친 후 말려서 가루내는 것이 좋다.

생강 맛가루

생강에는 독특한 향이 있어 음식의 잡냄새를 없애준다. 때문에 양념으로 주로 사용하며 생채 절임 등을 할 때 소량 넣으면 향기롭고 신선한 맛을 낸다. 또 곱게 채 썰어 냉수에 한 번 헹군 뒤 이용하면, 육류의 누린 냄새를 잡고 생선의 독을 풀어 주며 비린 맛을 감소시킨다.
생(生) 생강은 뿌리의 껍질을 벗겨 내고 씻어 저민 후 건조시켜서 차를 끓이거나 설탕에 졸여 다식을 만드는데 쓰기도 하였다. 생강의 쓰고 매운 맛은 인체에서 열을 생성하도록 돕기 때문에 감기로 인한 오한에 달여 마신다. 또한 약을 다릴 때 소량 넣어 약초를 해독하는데도 쓰였다.

재료 : 생강알뿌리 1kg, 진피 5g

1 생강의 큰 덩어리는 떼어서 물에 담근 후, 소쿠리에 넣고 비벼가며 껍질을 벗겨 낸다.
2 홈이 있는 곳을 깨끗하게 손질해 얇게 썬다.
3 손질한 생강은 흐르는 물에 30분 정도 담가 전분을 뺀다.
4 햇볕에 바싹 건조시키거나, 건조기에 넣어 건조한다.
5 건조시킨 생강을 곱게 분쇄한다.

생강 맛가루는 비리고 누린 맛을 감소시켜 주는 효과가 있다. 때문에 거의 모든 요리에 사용할 수 있는데, 특히 찹쌀 가루에 소량 혼합하여 다식을 만들거나 밀가루에 소량 혼합하여 술안주용 과자를 만들 수 있다. 건조 생강은 건조 귤껍질과 대추를 넣어 차를 끓여 마시는데, 생강차는 몸속을 따뜻하게 데워 주어 육류 섭취 후의 소화를 돕고 환절기에 감기를 예방한다.

대표 요리 맛고추장, 굴비고추장무침, 황태초무침, 무생채, 배추김치, 얼갈이겉절이, 무갈치조림, 무북어조림, 생강강정, 솔잎매작과, 수정과, 모주

1 완성된 맛가루는 밀폐용기에 넣어 보관하며, 분쇄하지 않은 것도 따로 밀폐용기에 넣어 저장한다.
2 밭에서 채집한 후 시일이 많이 경과되지 않은 생강이 맛과 향이 좋으며, 썩어서 곰팡이가 생긴 것은 독성이 있으므로 사용을 금한다.

솔잎 맛가루

옛 기록에 보면 산을 오를 때 솔잎 1~2개를 면수건으로 닦은 뒤 씹어 즙을 삼키면 갈증과 배고픔을 잊게 한다고 하였다. 또 소량의 솔잎을 장기간 먹으면 장수한다고도 하며, 먹을 것이 부족한 시절에는 소나무 속껍질을 절구에 찧어서 냉수에 담가 전분을 모은 후, 가루를 내어 쌀과 함께 떡이나 밥을 지어 먹었다는 기록도 있다.
요즘에는 향기와 맛이 좋은 솔잎을 차로 많이 이용하는데, 솔잎이 혈액을 맑게 한다고 하여 선호하는 사람들이 점점 많아지고 있다.

재료 : 적송 · 전나무 · 해송 중 하나의 잎 3kg

1 잎이 두 개씩 붙어 있는 조선 솔잎을 초겨울에서 이른 봄 사이에 채취한다.
2 연한 솔잎(松葉)을 하나씩 따서 잎 끝에 붙어 있는 끈적이는 밤색 껍질을 떼어낸다.
3 손질한 솔잎을 소금물로 비벼서 씻는다.
4 살짝 찌거나 생것 그대로 가정용 건조기에 건조시킨다.
5 건조 후에 바로 분쇄한다.

솔잎 맛가루는 육류요리에 양념으로 두루 쓰인다. 버섯볶음이나 구이를 할 때는 양념으로 뿌리고, 밥을 지을 때는 불린 쌀 2인 기준으로 0.5~1g을 첨가하여 이용한다. 이때 물에 불린 검은콩 10알과 5cm 크기의 다시마 1장을 올려 함께 밥을 지으면 밥맛이 더욱 좋아진다. 또한 떡이나 국수·수제비를 만들 때도 사용되는데, 이때는 솔잎 맛가루 2~3g에 검은콩 맛가루 30g, 밀가루 100g을 혼합하여 사용한다. 솔잎을 차로 이용할 때는 솔잎의 끝에 붙은 끈적한 껍질을 떼어내고 소금물에 비벼 씻은 후, 절구에 살짝 두드리고 설탕과 버무려서 검은콩과 감초 우린 물에 넣어 발효시켜 이용한다.

대표 요리 솔잎콩가루차, 솔잎콩가루다식, 솔잎콩밥, 솔잎설기떡, 솔잎수제비, 솔잎새송이전, 새송이버섯볶음, 솔잎오리찜

1 완성된 맛가루는 팩에 넣어 습기가 없는 곳에 저온 저장한다.
2 솔잎은 다른 재료보다 손질하기가 까다로우므로 주의를 기울여야 한다. 솔잎에 묻은 송진은 물로 씻어도 잘 씻겨 나가지 않는데, 이것을 오래 섭취하면 동맥경화를 유발하므로 주의한다. 또 떫은 맛이 있으므로 한꺼번에 많이 섭취하지 않는다.

송이버섯 맛가루

자연산 송이버섯은 산이 깊고 기온이 낮으며 여름에는 계곡의 물이 흐르는 습기 있는 솔밭에서 자란다. 향이 독특하고 수확할 수 있는 양이 많지 않아 가격이 높은 것이 흠이지만 맛은 일품이다.
어린 시절에 맡았던 자연 송이버섯의 향기가 지금도 생생하게 떠오를 정도로 맛과 향기가 강한 것이 특징이다.

재료 : 양송이버섯 10kg, 자연산 송이버섯 3개

1. 자연산 송이버섯을 채취해 결대로 찢는다.
2. 재배 송이는 밑둥을 떼어낸 후 얇게 썬다.
3. 자연산 송이와 재배 송이를 가정용 건조기에 바싹 말린다.
4. 자연산 송이와 재배 송이를 혼합해 분쇄기에 넣고 곱게 가루를 낸다.

송이버섯 맛가루는 밥을 지을 때 불린 쌀 2인을 기준으로 1t 정도를 넣고 다시마 맛가루 0.1t 첨가하여 사용한다. 된장찌개를 끓일 때는 2인 기준으로 1t 정도를 요리의 마지막에 넣어 한소끔 끓인 후 이용한다.
송이버섯은 향이 독특하여 환자의 회복식을 만들 때도 이용되는데, 찹쌀죽 1그릇을 끓일 때 0.5t의 맛가루를 냉수에 개어서 마지막에 혼합한다. 또 송이버섯 맛가루 3g : 소금 7g의 비율로 혼합하여 송이 맛소금을 만들면 육류의 맛을 낼 때나 고기용 기름장 소스를 만들 때 사용할 수 있다.

대표 요리 새송이쇠고기누름전, 소고기완자전, 버섯볶음, 안심구이, 버섯된장찌개, 붕어탕, 미역국

1. 맛가루가 완성되면, 송이버섯 맛가루 100g : 가루소금 2g의 비율로 혼합하여 밀폐용기에 넣고 저온 저장한다.
2. 송이를 손질할 때는 물에 씻지 않으며, 흙이 묻은 부분을 털어내거나 오염된 부분을 칼로 얇게 잘라낸다.

쇠무릎지기 맛가루

묵은 쇠무릎지기의 뿌리는 잔뿌리가 많고 큰 것은 색연필 굵기 이상으로 굵으며, 연한 인삼향기를 풍긴다.
일반적으로 동맥경화와 당뇨 및 혈액순환에 도움을 주는 약재로 알려져 있으며, 옛날 우리 어머니들은 무릎이 차고 시릴 때 감주를 만들어 먹기도 하였다.
쇠무릎지기를 재배할 때는 가을에 잘 여문 씨앗을 받아두었다가 봄에 고운 모래와 함께 섞어서 뿌리면 싹이 잘 자란다.

재료 : 쇠무릎지기의 뿌리(우슬) 10kg

1. 가을 또는 이른 봄에 2~3년 묵은 쇠무릎지기의 뿌리를 볼펜 굵기 이상인 것들로 골라 채취한다.
2. 채취한 뿌리의 잔뿌리를 떼어내고 5~6cm 가량으로 어슷하고 얇게 잘라 세척한다.
3. 솥에 약 2~3분간 살짝 익도록 쪄서 햇볕에 건조시킨다.
4. 분쇄기를 이용하여 가루를 낸다.

솥에 닭발·대추·생강을 넣어 푹 삶아 닭발의 뼈를 발라낸 후, 쇠무릎지기 맛가루를 5g 정도 넣어 뭉근하게 오래 졸여 묵을 만든다. 또 건조시킨 쇠무릎지기 뿌리와 명감나무 뿌리를 약 8:2 정도의 비율로 준비하여 한 번 씻어낸 후 끓여 식혀서 소금을 풀어 간장물을 만들기도 한다. 맛가루를 이용할 때는 된장 소스에 혼합하여 3~4일 정도 숙성시켜 사용할 수 있다.
쇠무릎지기의 말린 뿌리는 대추와 혼합하여 차로 이용하고, 잎은 삶아서 고추장에 무쳐 나물로 먹거나 묵나물로 이용한다.

대표 요리 우슬간장, 우슬된장, 우슬고추장, 우슬식혜, 우슬막걸리, 대추차, 닭약초묵, 족편

1. 완성된 맛가루는 밀폐용기에 넣어 저온 보관한다.
2. 한꺼번에 많은 양을 사용하지 않도록 하며, 태아를 불안하게 하는 성분이 있으므로 임신부는 복용을 금한다.

시금치 맛가루

바닷가에서 해풍을 맞고 자란 시금치가 좋다고 하지만, 사실 시금치는 지역이나 날씨에 크게 영향을 받지 않고 자라는 환경 적응력이 뛰어난 채소이다.
시금치가 빠진 잡채나 김밥은 생각할 수 없듯이, 시금치는 우리 음식에 흔히 사용된다. 주로 된장을 풀어 죽이나 국을 끓이거나 데쳐서 나물로 먹는데, 간장물에 절여 장아찌를 만들면 그 또한 별미가 된다. 특히나 겨울에 먹는 시금치는 맛이 달고 영양가도 높다고 알려져 있다.

재료 : 시금치 10kg

1 시금치는 뿌리가 빨간 것으로 준비한다.
2 준비한 시금치를 물에 씻은 후 5cm 정도의 크기로 자른다.
3 살짝 쪄서 물기를 말려준다.
4 가정용 건조기에 얇게 널어 건조시킨다.
5 분쇄기에 넣고 곱게 가루를 낸다.

시금치 맛가루는 열에 강해 색을 보존하므로 밀쌈 · 화전 · 튀김 등의 요리에 첨가하면 색과 맛이 좋아진다. 밥을 지을 때나 수제비 · 칼국수 · 송편 등의 반죽에도 첨가하며 새우나 조개 등과 함께 먹으면 구수한 맛이 난다.

대표 요리   두부고추장조림, 시금치닭죽, 시금치간볶음, 시금치계란말이, 시금치건새우볶음, 시금치선지국, 새우채소전

1 완성된 맛가루는 밀폐용기나 팩에 넣어 저온 저장한다.
2 두부 · 다시마 · 미역 · 과일 · 새우 · 멸치 · 콩 등과 같이 조리할 때는 데쳐서 시금치 초산을 제거한 후에 요리한다.
3 우유와 함께 섭취하면 이질을 유발할 수 있으니 주의한다.

쑥 맛가루

단군신화에서 쑥은 마늘과 함께 사람이 되는데 꼭 필요한 신비의 약초로 등장한다.
연한 봄쑥은 예부터 오장을 보온하며 백가지병을 물리친다는 말이 있을 정도로 인체에 좋은 약성을 가지고 있으며, 겨울에 새로 자란 연한 쑥도 그 향기나 맛이 부드러워 음식으로 이용하기에 좋다.
이처럼 쑥은 오랜 세월 민간의 식물로 누구나 쉽고 다양하게 사용하던 약초이다. 출산을 하고 난 후나 잡귀를 물리칠 때, 해충을 퇴치할 때 등 우리 생활과 매우 밀접한 관계를 맺고 있는 식물인 것이다. 자연은 이처럼 가까운 곳에 내 몸에 생긴 병을 치료하고 마음을 다스리는 명약을 늘 선물하는 듯하다.

재료 : 연한 쑥 10kg

1 봄쑥을 채취해 연한 잎을 떼어내고 씻는다.
2 손질한 쑥을 끓인 물에 살짝 쪄낸다.
3 가정용 건조기에 바싹 건조시킨다.
4 분쇄기로 곱게 가루를 낸 후, 고운 체로 걸러서 가루를 분리한다.

쑥 맛가루는 고추장을 담그거나 떡·밥·된장국·여러 가지 찌개 등을 요리할 때 두루 사용한다.

대표 요리 쑥된장, 된장국, 녹차잎밥, 쑥밥, 쑥떡, 쑥칼국수, 쑥황태칼국수, 채소튀김, 시금치전

1 완성된 맛가루는 밀폐용기에 넣어 저온 보관한다. 쑥은 다른 양념들과 달리 스스로 방부작용을 하므로 소금과 함께 보관하지 않아도 저장성이 용이하다. 또한 1년 이상 저장이 가능하며 오래 묵을수록 좋은 양념이 된다.
2 쑥의 푸른색을 유지하려면 생잎의 줄기를 떼어내고 잎만 분리하여 씻은 후 건조기에 건조시켜 가루를 낸다.
3 쑥에는 섬유질이 많아 분진이 일어날 수 있으니 호흡기 질환이 있는 사람은 가루를 낼 때 마스크를 착용한다.

녹차 맛가루

녹차는 찻잎을 덖어 물에 우려 마시는 것으로 잘 알려져 있다. 맛이 달고 향이 좋아 차를 좋아하는 사람이면 누구나 즐기는 기호성 높은 차이다. 주로 봄에 연한 새순을 덖어 마시는데, 만드는 방법에 따라 차의 종류도 다양하다. 녹차 잎은 몸속의 노폐물을 배출시키며 열을 식히는 작용이 있다. 따라서 좋은 물을 마시기가 점차 어려워진 요즘 현대인들의 필수 음료가 되고 있다. 녹차 잎을 따는 시기가 지나면 찌거나 한두 번 덖어서 가루를 내어 음식의 재료로 사용하기도 하며 잎은 우려서 목욕재로 사용하기도 한다.

재료 : 녹차의 잎 1kg

1. 녹차 잎과 새순을 김이 오른 찜솥에 올려서 파랗게 쪄낸다.
2. 열을 식힌 후, 손으로 비벼서 가정용 건조기에 말린다.

   > **Tip** 또는 신선한 생잎을 뜨거운 솥에 넣고 자체에서 나온 수분을 이용해 고루 파랗게 익힌 후, 채반에 널어 열을 식히고 손으로 살짝 비벼 다시 솥에 넣고 저온에서 수분이 완전히 마를 때까지 타지 않게 말린다.

3. 건조시킨 찻잎을 바로 분쇄기에 넣고 곱게 가루를 낸다.

녹차 맛가루는 밥·부침·수제비·떡을 할 때 쌀이나 밀가루에 혼합하면 맛과 영양, 색을 좋게 한다. 또 된장을 가공할 때 혼합하여 6개월 이상 숙성시키면 된장의 맛이 담백해진다. 연한 생 녹차 잎은 전이나 밥을 지을 때 넣기도 한다.

대표 요리 녹차수제비, 녹차가래떡, 녹차송편, 녹차밥, 녹차밀쌈, 녹차맛된장, 녹차호떡

1. 솥에 덖거나 찐 잎을 가루내어 습기가 스미지 않도록 밀폐용기에 넣어 저온 보관한다.
2. 차로 마실 때 지나치게 몸속이 냉한 사람들은 오래 먹지 않으며, 생잎을 그대로 건조시키면 떫고 쓴맛이 있으므로, 여러 번 덖어서 건조해야 구수하고 부드러운 맛을 즐길 수 있다.

야관문씨 맛가루

야관문은 건조하고 메마른 산기슭이나 바닷가의 모래 땅에서 무리지어 자란다. 여름철에 잎이 무성해지면 높이가 70cm 이상 되는 것들도 있어 다발로 묶어서 마당을 쓸어내는 빗자루로 사용하기도 하였다.

이른 봄에 새순이 나면 연한 것을 채집한 후 데쳐서 고추장과 조청, 식초를 넣어 새콤달콤하게 무쳐서 나물로 먹었으며, 삶아 비벼 말려서 묵은 나물과 장아찌를 만들기도 하였다. 야관문에는 독성이 없기 때문에 꽃이 피는 여름철에 뿌리째 채취하여 흙을 털어내고 증류 소주를 부어 술을 담그거나 전초를 말려 차로 이용하기도 하였다.

재료 : 야관문의 씨앗 1kg

1. 가을에 잘 여문 야관문의 씨앗을 채취한다.
   > **Tip** 야관문의 줄기를 길게 베어 바닥에 비닐을 깔고 얇게 널어 말린 후에, 방망이로 살살 두드려 씨앗을 털어 분리한다.
2. 채취한 씨앗을 5~7일간 햇볕에 건조시켜 단단하게 한다.
3. 건조시킨 씨앗을 필요한 만큼 씻어서 고운 체에 걸러 모래 등의 이물질을 제거한다.
4. 분쇄기에 1/2 정도 채워 곱게 가루를 낸다.

야관문씨 맛가루 100g : 소금 10g의 비율로 혼합하여 보관하다가 샐러드나 죽, 나물 무침 등에 첨가하면 고소한 깨 향이 특별한 맛을 준다. 또 된장에 첨가하거나 쌈장이나 간장에 넣어 구운 김을 찍어 먹으면 자연의 맛을 느낄 수 있다. 야관문의 씨앗은 들깨 씨앗과 알의 굵기나 모양이 비슷한데 맛이 고소하여 나물 볶음용으로 쓰인다.

대표 요리 뿌리뱅이겉절이, 무청나물볶음, 가지볶음, 오골계탕, 호박탕

1. 완성된 맛가루는 팩이나 밀폐용기에 넣어 냉동시키거나 가루소금을 10% 정도 넣고 혼합하여 저온 저장한다.
2. 볶은 씨앗은 한꺼번에 분쇄하지 않고 밀폐용기에 넣어 냉동 보관하면서 필요시 소량을 분쇄하여 사용한다.

양파 맛가루

채소의 색에 따른 효능까지 생각하는 요즘, 양파는 '하얗다'는 고정관념을 깬 붉은 양파가 인기몰이를 하고 있다.

식자재로서의 양파는 없어서는 안될 필수 재료로 우리 밥상에 다양하게 쓰이고 있으며, 생즙이나 발효 엑기스 등 양파를 이용한 건강식품 연구도 끊임없이 지속되고 있다.

양파 특유의 향은 식초에 절이면 감소되는데, 이를 이용해 장아찌나 피클을 만들면 육류를 섭취할 때 곁들임 반찬으로 좋다.

재료 : 양파 10kg

1. 양파는 뿌리째 캐어 흙과 모래를 털어내고 씻는다.
2. 세척한 양파를 껍질째 굵게 채 썬다.
3. 가정용 건조기에 넣고 바싹하게 완전 건조시킨다.
4. 건조시킨 양파는 바로 분쇄기에 넣고 곱게 가루를 낸다.

양파 맛가루는 거의 모든 요리에 사용할 수 있으며 된장을 가공할 때 혼합하기도 한다. 김장김치를 담글 때 찹쌀과 혼합하여 죽을 끓이면 감칠맛을 더하지만, 너무 많이 넣지는 않도록 한다.

또 가루소금 2 : 양파 맛가루 8의 비율로 혼합하여 맛소금을 만들면, 달고 맛이 좋아 나물무침이나 생선찌개, 고기볶음, 채소요리, 쌀죽 등의 요리에 두루 사용할 수 있다. 또 고기를 구울 때 양파 맛소금을 참기름과 섞어 소스로 이용하면 음식의 맛을 살린다.

대표 요리 된장, 고추장, 율무죽, 민들레김치, 돼지고기볶음, 돼지갈비찜, 단호박돼지갈비찜, 계란찜

1. 완성된 맛가루는 밀폐용기에 넣어 저장한다.
2. 양파는 전분을 함유하고 있어, 건조 후에 바로 분쇄하지 않으면 공기가 흡수되어 눅눅해지므로 주의한다.

연근 맛가루

연꽃은 향기가 좋아 기분을 좋게 한다. 많은 물과 거름을 탐하고 너무 차가운 물을 싫어하는 까다로운 식물이지만, 한번 자리를 잡으면 강한 생명력으로 스스로 물을 정화하여 맑은 향기를 뿜어낸다.
연근은 주로 백련을 쓰는데, 백련의 뿌리는 홍련보다 가늘고 향기가 좋으며 맛이 달고 시원하고 담백하여 예부터 약재로도 많이 이용되었다.

재료 : 생 연근 10kg

1 가을이나 이른 봄에 생 연근을 채취하거나 구입한다.
2 연근 속에 들어 있는 진흙을 씻어낸 후, 겉껍질을 얇게 벗겨 낸다(깨끗한 껍질은 그대로 사용해도 된다).
3 손질한 연근을 얇게 썬다.
4 냉수에 다시 한 번 씻어 녹말을 제거한다.
5 가정용 건조기나 햇볕에 바싹 건조시킨다.
6 솥에 넣고 덖어서 1시간 정도 식혀 말린다.
7 필요시에 분쇄기로 곱게 가루를 낸다.

연근 맛가루는 육류를 조리할 때 간장이나 된장에 개어 소스로 이용한다. 또 밀가루를 혼합하여 전을 부치고 쌀가루에 넣어 떡을 만들 때도 사용한다. 볶은 가루는 쌀과 함께 죽을 쑤어 김치나 오이김치 등을 만들 때 넣으면 김치를 아삭하고 무르지 않게 하여 신선한 맛을 오래 보존할 수 있다. 쌀죽을 끓이거나 선식을 만들 때 혼합하여 사용하기도 한다. 된장을 가공할 때는 생 연근 가루를 생 된장과 함께 치대서 6개월 정도 숙성시켜 이용한다.

대표 요리 된장, 고추장, 배추김치, 깍두기, 오이소박이, 연근죽, 연근설기떡, 선식, 마죽, 마전, 잉어탕, 붕어조림, 소갈비찜

 건조시킨 연근을 오래 두고 먹을 때는 팩에 넣어 저온 저장하다가 사용할 때 볶아서 식혀 말린다. 주로 차로 마시거나 가루를 내어 사용한다.

연잎 맛가루

한 여름철 논을 가득 메운 푸른 연잎에서 나는 향기는 꽃의 향기로움 못지 않게 초연하여 잠시 세상의 시름과 삶에 건조함을 잊게 한다.

연잎은 5월 하순에서 추석 전까지 수확을 하는데, 5월 말에서 6월 중순까지의 연한 순은 데쳐서 고기용 쌈으로 사용하고, 생 연잎은 씻은 후 비닐 랩으로 꼭 싸서 냉동실에 보관하여 연잎 밥이나 육류요리를 조리할 때 사용한다. 생으로 건조시킨 잎은 물에 우려내어 시원하게 혹은 따뜻하게 차로 이용한다.

재료 : 생 연잎 10kg

1. 7월 중순에서 8월 하순 사이에 백련의 잎을 채집한다.
2. 채집한 잎의 뒤쪽을 살펴 벌레집이 있으면 떼어낸 후 세척한다.
3. 7cm 길이의 볼펜 굵기 만한 크기로 채를 썰어 준다.
4. 생 연잎은 자체 수분을 이용하여 솥에 덖은 후 식혀 다시 뜨거운 솥에 넣고 수분이 마르도록 타지 않게 덖어서 말린다.

> **Tip** 찜솥에 살짝 쪄서 건조시키면 구수한 맛을 살릴 수 있고, 그대로 건조기에 건조시키면 풋풋하고 신선한 향과 연잎의 푸른색을 유지시킬 수 있다.

5. 가루를 낼 것은 덜어서 곧바로 분쇄시킨다.

연잎 맛가루는 쌀가루와 혼합하여 떡을 만들 때 사용하거나, 김치를 담글 때 사용하면 음식의 풍미를 살리고 신선도를 유지시킨다. 또 돼지고기나 오리 등 육류요리 조리 시 양념간장에 넣어 소스로 사용하면 누린내를 감소시키고 지방을 부드럽게 하여 맛을 담백하게 한다.

대표 요리 차, 선식, 쌀죽, 떡, 만두, 밀전, 수제비, 연근조림, 돼지불고기, 돼지고기완자, 닭강정, 쇠고기가지찜

1. 완성된 맛가루는 밀폐용기에 담아 저온 저장한다.
2. 연잎을 채취할 때 액이 묻으면 살갗이 따갑거나 가려우므로 긴팔 옷을 입거나 팔을 가리는 토시 등을 착용하며, 흰 옷에 액이 묻으면 색이 잘 빠지지 않으므로 주의한다.

연자(연밥) 맛가루

연(蓮)이란 식물은 뿌리에서 줄기·잎·꽃과 수술·씨방·씨앗 등 무엇 하나 버릴 것 없는 귀한 재료이다.
그 중 연의 씨앗은 특이하게도 스스로 싹을 틔우지 못하고 상처를 내 주어야 비로소 싹이 트는데, 생명을 유지하는 기간이 길어 천년이 지나도 썩지 않고 그대로 보존된다고 전해진다.

재료 : 연(蓮)의 씨앗 1kg

1 연(蓮)의 씨앗을 구입하여 씨앗 속에 들어 있는 푸른 씨눈을 떼어낸다.
2 과육을 햇볕에 말린다.
3 바싹 마른 씨앗을 땅콩을 볶듯 솥에 볶는다.
4 곧바로 분쇄기에 넣어 곱게 가루를 낸다.

연자 맛가루는 약고추장을 만들 때 첨가하여 한 달 이상 숙성시켜 먹거나, 육류요리를 섭취할 때 가루소금과 참기름에 혼합하여 소스로 이용하기도 한다. 또 분쇄하지 않은 연자 3 : 불린 쌀 7의 비율로 혼합하여 충분히 물에 불린 후 반쯤 거칠게 갈아서 죽을 쑤어 발효 간장과 함께 이용하면 맛이 좋다. 연자를 차로 이용할 때는 씨눈을 따로 모아 솥에 덖은 후 4~5개씩 다관에 넣어 뜨거운 물로 우려 마신다.

연(蓮)은 추석을 지나 잎이 누렇게 단풍이 들면 씨앗이 단단해지는데, 완전히 여문 씨앗은 껍질이 아주 단단하여 분리가 쉽지 않다. 때문에 까맣게 여물기 전에 채집하거나 장갑을 끼고 은행 껍질을 까듯 손질하여 사용한다. 또는 약건재상에서 거피한 씨앗을 구입한다.

대표 요리 연자산약죽, 연자율무죽, 연잎죽, 단호박죽, 용안육갈비찜, 마닭고기연자찜, 감초연자양갱, 연자젤리, 연자육포

1 완성된 맛가루는 유리용기나 밀폐용기에 넣어 저온 저장한다.
2 건조시킨 연자를 장기간 보관할 때는 팩에 담아 밀폐하여 냉장 보관한다.
3 연자의 씨눈과 싹은 보통 먹지 않지만, 차로 이용하고자 할 때는 많이 모아서 타지 않도록 솥에 잘 볶은 후, 밀폐용기에 넣고 저온 저장하여 소량씩 뜨거운 물을 부어 우려 마신다. 그러나 체기가 있어 속이 더부룩한 사람은 음용을 삼간다.
4 한꺼번에 많은 양을 오래 복용하지 않도록 한다.

울금 맛가루

울금은 생강 모양과 비슷한데, 보통 생강보다 알이 굵고 색이 노란 것이 특징이다. 가을에 노란 뿌리줄기를 타고 핀 입술 모양의 노란 울금 꽃을 보면 마치 샛노란 치마를 두른 새색시 같다.
요즘에는 울금이 성인병 예방에 효과가 있다고 알려져 각종 음식에 부재료로 쓰일 뿐 아니라, 차나 막걸리, 비누에 이르기까지 여러 가지 건강 상품에 재료로 이용되고 있다.

재료 : 울금의 덩이뿌리 5kg

1. 가을에 노랗게 잘 여문 울금의 덩이뿌리를 채취하거나 재래시장에서 구입한다.
2. 준비한 덩이뿌리를 소쿠리에 넣고 손으로 쪼갠다.
3. 소쿠리째 물에 담근 후, 면장갑을 끼고 손으로 문질러 껍질을 분리하여 씻는다.
4. 0.2cm 정도로 얇게 자른다.
5. 손질한 울금을 다시 한 번 물에 씻어 녹말을 씻어낸다.
6. 건조기에 얇게 널어 바싹 건조시킨다.
7. 필요시에 분쇄기에 넣고 곱게 가루를 낸다.

울금 맛가루는 밥을 지을 때 2인 기준으로 0.5~1씩 소량 첨가하여 사용한다. 특히 고등어 조림이나 구이를 할 때 양념장에 첨가하거나 뿌리면 비린 맛이 감소되고 담백하게 만들어 감칠맛이 좋아진다. 가루는 그대로 뜨거운 물에 풀고 꿀을 넣어 차로 마시기도 하고 볶은 쌀가루와 혼합하여 다식을 만들거나 밀가루와 혼합하여 과자를 만들기도 한다.

대표 요리 울금밥, 울금다식, 울금샤베트, 울금전, 동태전, 고등어무조림, 이면수구이, 오징어튀김, 닭봉튀김

1. 완성된 맛가루는 밀폐용기에 넣어 저온 냉장 보관한다.
2. 가루낸 울금을 공기 중에 오래 두면 전분에 의해 눅눅하게 덩어리가 지므로 팩에 넣어 냉동 보관하거나, 울금 맛가루 1kg에 가루소금 50g을 혼합하여 밀폐 후 습기가 스미지 않도록 저온 저장한다.
3. 울금은 맛과 향기가 강하므로 한번에 많은 양을 오래 섭취하지 않는다.

원추리꽃 맛가루

원추리꽃은 산길에서 우연히 만날 수 있는 여름 꽃 중의 하나로, 화사하고 화려한 주황색을 띠고 있어 보기만 해도 입가에 미소를 떠오르게 한다. 원추리꽃은 독성이 없어 오래 전부터 수술을 제거한 후 다양한 음식에 이용해왔다.
또 여성들의 몸을 보하는 약재로도 이용되었는데, 월경불순이나 월경과다 등 여성 생리에 도움을 주며 이뇨작용을 도와 인체의 활력을 돋우는 약으로 사용되기도 하였다.

재료 : 왕원추리꽃 50송이

1 한여름에 왕원추리의 큰 꽃을 채취한다.
2 수술을 떼어내고 꽃잎만 남겨서 김이 오른 찜솥에 살짝 넣었다가 바로 꺼낸다.
3 가정용 건조기에 넣고 바싹 건조시킨다.
4 습기를 금방 흡수하기 때문에 건조 후에는 분쇄기를 이용하여 곧바로 가루를 낸다.

원추리꽃 맛가루는 쌀과 혼합하여 감초·은행·밤을 섞어 밥을 지을 때 별미로 사용하며, 완성된 샐러드 위에 고명으로 뿌리기도 한다. 화전을 부칠 때는 찹쌀과 밀가루를 혼합하여 이용한다. 건조시킨 원추리꽃을 가루내지 않고 물에 불린 후, 잡채나 나물요리에 넣어 볶으면 아름다운 색을 내며 단맛을 더해 준다.

대표 요리 감자샐러드, 사과양상추샐러드, 원추리꽃밥, 원추리영양밥, 원추리찹쌀전, 화전, 원추리잎김치, 원추리꽃잡채

1 완성된 맛가루는 밀폐용기에 넣어 저온 저장한다.
2 원추리꽃을 솥에 쪄내지 않고 생것을 건조시키면 잘 마르지 않아 시간이 오래 걸리며 가루를 내기가 쉽지 않다.

인삼 맛가루

인삼은 약방의 '힘센 장수'라 불리는데, 오래 전부터 허약 체질이나 몸이 차가워서 생긴 위병에 귀한 약재로 사용되었다. 인삼의 성미는 불같이 뜨거워 열이 많은 체질의 사람들이 먹으면 가슴이 답답해진다고도 한다.

인삼은 삼복더위에 찹쌀·대추와 함께 닭에 넣고 고아 먹던 보양식으로 잘 알려져 있는데, 이렇게 뜨거운 음식을 삼복더위에 먹으면 차가워진 인체의 냉병을 다스려 준다고 한다.

'인삼이 아무리 힘센 장수라 하더라도 지혜가 없다.'라는 말이 있는데, 때문에 지혜를 상징하는 작고 붉은 대추와 함께 복용하는 것이 좋다.

재료 : 수삼 1kg

1 말리지 않은 생삼(4년근 수삼)을 준비한다.
2 생삼의 흙을 털고 잔뿌리까지 잘 세척한다.
3 얇고 어슷하게 저며 썬다.
4 찜솥에 한 번 찐 후 가정용 건조기에 넣어 건조시킨다.
5 분쇄기를 이용하여 곱게 가루를 낸다.

인삼 맛가루는 김치를 담글 때 양념으로 사용하거나, 맛가루 1 : 찹쌀 가루 9의 비율로 혼합한 후 대추씨 끓인 물을 넣어 쌀죽을 끓이기도 한다(이렇게 끓인 죽은 배 속이 냉하여 생긴 위의 병증에 도움이 된다). 또 구운 육류요리나 수육에 곁들일 소스를 만들 때 사용하며 채소샐러드에 뿌리거나 채소볶음을 조리할 때도 사용한다.

대표 요리 인삼차, 대추차, 오미자화채, 수삼닭가슴살샐러드, 인삼고추장, 인삼젤리, 인삼옥수수죽, 인삼닭죽, 삼계죽, 수삼닭발편, 구기자닭불고기, 소갈비찜, 소고기버섯전골, 어선

1 완성된 맛가루는 유리용기에 넣어 냉장 보관하거나, 볶은 소금 2 : 맛가루 8의 비율로 혼합하여 유리용기에 넣은 후 조금씩 덜어서 사용한다.
2 평소에 몸에 열이 많거나 갑자기 열이 생겼을 때, 감기로 인한 고열이 있을 때에는 주의해서 섭취한다.
3 인삼 맛가루는 꿀에 개어 두지 않으며, 차로 마실 때는 소량을 설탕 또는 볶은 소금과 혼합하여 마신다.

장미꽃 맛가루

장미는 종류에 따라 쓰고·떫고·달고·신맛이 독특하게 내재되어 있는 식물이다. 또한 좋은 향이 있어 심신이 우울할 때는 그 자체로 활력을 주기도 한다.

장미는 거의 모든 종류를 식용할 수 있지만, 화원에서 구입한 장미는 농약이 다량 함유되어 있으므로 이용에 주의해야 하며, 들장미나 정원에 핀 장미를 채취하여 쓰는 것이 좋다.

재료 : 장미꽃(다양한 색으로 준비한다) 50송이

1. 붉은 장미, 노란 장미 등 색이 다른 다양한 장미를 혼합하여 채취한다.
2. 채취한 장미의 수술을 떼어낸다.
3. 차가운 냉수에 소량의 소금을 넣은 후 장미를 흔들어 씻는다.
4. 건조기에 꽃잎을 얇게 널어 건조시킨다.

   > **Tip** 장미꽃은 가루가 곱게 분쇄되지 않으므로 건조 시에 주의해야 한다.

5. 건조를 마친 후에는 바로 분쇄시켜 가루를 낸다.

장미꽃 맛가루는 찹쌀가루와 혼합하여 화전을 만들기도 하는데, 취순을 얹거나 효소를 뿌리고 잣을 고명으로 올려 낸다. 장미꽃을 생것으로 이용할 때는 잎만 떼어서 연하게 희석된 식초 물에 담가 두었다가 냉수에 헹구어 곱게 채를 썰어 샐러드나 각종 요리에 고명으로 사용한다.

대표 요리   화전, 밀쌈, 꽃초밥, 장미꽃감젤리, 감자샐러드, 연근샐러드, 오징어배추말이

1. 장미꽃 맛가루는 특유의 향과 단맛이 있어 오랜 시간 빛에 노출되면 맛과 색이 변할 수 있으므로 습기가 스미지 않도록 밀폐하여 저온 저장한다.
2. 화원에서 구입한 꽃은 농약이 묻어 있을 가능성이 많으므로 가급적 사용을 삼간다.

제피잎 맛가루

흔히 '초피'라고 부르는 제피는 향신료를 좋아하는 미식가들에게 없어서는 안될 재료이다.
어릴 적 개울에서 물고기를 잡을 때, 산에서 따온 제피의 생잎을 돌로 짓이겨 고기가 있을 법한 돌 틈이나 수초 주변에 뿌려주면 잠시 후 기절한 물고기들이 배를 하얗게 드러내고 떠오르던 기억이 있다.
이처럼 제피의 잎은 강한 방향성이 있다. 지금도 산길을 걷다가 제피나무를 만나면 그 시절 친구를 만난 듯 달려가 냄새를 맡아보게 된다.

재료 : 제피의 잎 1kg

1 제피나무의 잎을 4~9월까지 채취한다.
2 채취한 잎을 생수에 씻어 물기를 제거한다.
3 끓는 물에 살짝 데쳐 낸다.
4 데친 잎을 가정용 건조기에 넣고 말린다.
5 건조 후에 바로 분쇄기에 넣어 곱게 가루를 낸다.

제피잎 맛가루는 무청이나 갓김치를 담글 때 양념으로 소량 첨가하며, 장아찌나 간장게장의 소스를 끓일 때 건조된 잎을 소량 넣어 사용하면 독특한 맛을 내고 게의 중독을 중화시킬 수 있다. 또 추어(미꾸라지)와 같은 민물고기나 동태 등의 생선 요리에 마지막으로 첨가하면 풍미를 돋운다. 된장을 가공할 때 제피잎 맛가루를 얇게 뿌려 발효 숙성시키면 벌레가 생기지 않고 된장의 맛도 좋아진다.

대표 요리   무청김치, 무장아찌, 맛간장, 꽃게장, 추어튀김, 추어탕, 조기매운탕, 매운민물수제비

1 완성된 맛가루는 밀폐용기에 넣어 실온에서 보관한다.
2 제피는 향이 강하여 생것을 씹어 먹으면 싸한 맛에 혀끝이 일시적으로 마비를 일으킬 수 있으므로 주의해야 한다. 때문에 살짝 데친 후 건조기에 말려서 사용한다.

조릿대 맛가루

조릿대는 주로 연한 순을 채집하여 말린 후 오래 두고 묵혀 이용하는 약초로 차가운 성질이 있어 인체의 열을 식히는데 사용한다.
고혈압과 같은 성인병이 많아진 요즘 부쩍 조릿대를 찾는 손이 늘어간다. 사람이 아프면 병든 몸을 치유하는 약이 반드시 주변에 있다고 한다. 외국에서 귀하고 비싼 약을 찾아 헤매는 우리들의 모습을 다시 한번 돌아보아야 할 때이다.

재료 : 조릿대 10kg

1. 초겨울에서 봄까지 연한 순을 채집한다.
   - **Tip** 가능하면 여름 것은 사용하지 않는다.
2. 채취한 조릿대의 잎만 따서 씻고 1cm 간격으로 자른다.
3. 2를 찜솥에 살짝 찌거나, 두꺼운 면장갑을 끼고 뜨겁게 달궈진 솥에 넣어 고루 익힌다.
4. 채반에 펼쳐 한 김 식힌 후, 다시 솥에 넣고 타지 않도록 주의하면서 덖는다.
5. 쪄낸 조릿대 잎을 건조기에 건조시켜 수분을 제거한다.
6. 건조된 잎을 분쇄기에 1/3 정도 넣어 곱게 가루를 낸다.

조릿대 맛가루는 된장을 가공할 때 넣어 함께 숙성시키거나, 불린 쌀에 가루나 잎을 넣고 5cm 크기의 다시마 1장을 넣어 밥을 짓는다. 죽·부침·떡을 만들 때도 두루 사용한다. 가루를 내지 않은 건조 조릿대 잎은 9~15g에 10배의 물을 붓고 끓인 후, 1/4로 졸여 차로 이용하기도 한다.

대표 요리 돼지감자밥, 조릿대다시마밥, 다시마초밥, 조릿대설기, 조릿대다식, 조릿대식혜, 댓잎차, 물김치, 닭다리찜

1. 잘 건조된 조릿대 잎은 팩에 넣어 실온에서 보관하며, 조릿대 가루는 밀폐용기에 담아 수분이 스미지 않게 하여 실온 보관한다. 오래 묵을수록 약성이 좋아진다.
2. 평소에 몸이 차가운 사람은 복용에 주의하며, 한번에 많은 양을 섭취하지 않는다.

차즈기(자소) 잎 맛가루

차즈기의 잎은 들깻잎과 유사하며, 붉은 자색을 띤다. 감기를 예방하고 혈액순환을 도우며, 해독과 살균작용을 하기 때문에 음식의 비린내를 제거하고, 매실 장아찌를 담글 때 넣으면 매실의 독을 해독한다.
차즈기의 씨앗으로 기름을 짜서 양념으로 사용하면 음식 내에서 방부(防腐)·방향(芳香)작용을 한다.

재료 : 차즈기의 잎과 줄기 5kg

1 짙은 자색의 차즈기 잎과 줄기를 채취한다.
2 줄기와 잎을 분리하여 냉수에 씻어 준다.
3 김이 오른 찜솥에 줄기와 잎을 각각 따로 살짝 쪄낸다.
4 차즈기의 줄기와 잎이 건조되는 시기가 다르므로 각각 따로 건조기에 넣고 건조시킨다.
5 건조 후에 바로 분쇄기에 넣고 곱게 가루를 낸다.

차즈기잎 맛가루는 고운 체에 내려 물을 붓고 죽을 쑤어서 물김치나 오이백김치 등을 담글 때 양념으로 이용하면 김치에 고운 색을 내서 식욕을 자극한다. 생잎을 채 썰어 회에 곁들여 먹으면 좋은 맛을 내며 생선의 독을 해독하는 효과도 있다.

대표 요리 꽃게마늘장, 꽃게무침, 오이김치, 양배추김치, 매실짱아지, 차즈기잎김치, 차즈기잎장아찌, 쌈된장양념, 생선초밥, 고등어구이, 우럭회무침, 전어회비빔밥

1 완성된 맛가루는 습기가 스미지 않는 밀폐용기나 팩에 넣어 저온 저장한다.
2 탕 등에 너무 많이 넣으면 탕 고유의 맛이 감소되니 쓰는 양에 주의한다.

찹쌀 맛가루

찹쌀에는 비위를 보하는 효능이 있어 위장병이 있는 사람들은 찰밥에 소금을 찍어 먹으면 좋은 치료 효과가 있다고 한다.
예부터 찹쌀은 멥쌀보다 비싸고 귀한 재료였다. 때문에 명절이나 특별한 날에 인절미와 유과를 만들어 먹는데 이용하였다.

재료 : 찹쌀 3kg

1. 찹쌀을 나누어 한쪽은 씻어 1~2시간 불린 후 찜솥에 쪄서 익힌다.
2. 넓은 쟁반에 삼베 천을 깔고 쪄낸 찰밥을 펼쳐 선풍기로 말린다.
   > **Tip** 가끔씩 뒤집어 주어야 건조가 잘 된다.
3. 나머지 찹쌀은 빠르게 씻어 소쿠리에 털어 말린다.
4. 3에서 말린 찹쌀을 솥에 넣고 볶는다.
5. 2와 4를 각각 분쇄기에 1/3 정도 넣고 곱게 분쇄시켜 가루를 낸다.

쪄낸 찹쌀가루와 볶은 찹쌀가루는 선식으로 이용하거나, 다른 곡물과 혼합하여 차 대용으로 마신다. 또 죽을 끓일 때나 샐러드를 할 때 소량 넣어 양념으로 사용한다.

대표 요리 다식, 죽, 오곡선식, 진달래화채

재료 : 찹쌀 1.2kg, 소금 3큰술

1. 찹쌀을 씻어 물을 갈아주며 여름에는 5시간, 겨울에는 24시간가량 충분히 불려 놓는다.
2. 불린 찹쌀을 소쿠리에 담아 물을 뺀 후, 소금을 넣어 곱게 가루를 낸다.

생찹쌀 맛가루는 여러 가지 천연 맛가루와 혼합하여 김치를 담글 때나 죽을 끓일 때, 전을 부칠 때 첨가하여 이용한다. 떡이나 화전, 고추장을 만들 때도 사용한다.

대표 요리 각종 부각류, 배추김치, 연자죽, 마죽, 경단

쪄낸 가루와 생 가루를 한 번에 사용할 양으로 나누어 각각 팩에 넣어 냉동 보관한다. 냉동된 가루는 해동하여 고운 체에 내려 사용한다. 물에 불리면 분량이 두 배로 늘어나며 차지기 때문에 반죽할 때 물의 양을 조절해야 한다.

파슬리잎 맛가루

파슬리의 고향은 지중해 연안으로 고대 그리스인과 로마인들은 파슬리의 잎을 음식의 양념이나 고명으로 썼다고 한다.

파슬리는 각종 요리나 과일의 장식용으로 많이 쓰이는데, 장식품으로 나오기에는 아까운 고급 향신채이다.

곱게 다져 스프 요리에 첨가하면 향을 돋우어 주며, 음식에 파슬리 가루를 잘 활용하면 지중해풍의 세련된 향미를 만들 수 있다.

재료 : 파슬리 1kg

1. 파슬리를 준비하여 줄기에서 잎을 떼어낸다.
2. 흐르는 물에 씻어 분쇄기에 넣어 자른다.
3. 잘라낸 파슬리를 마른 천에 올려 꼭꼭 누르듯이 즙을 짜준다.
4. 파슬리잎을 쟁반에 널어서 하루 정도 건조시킨다.
5. 솥에 넣고 타지 않도록 약한 온도에서 말리듯이 볶아 준다.
6. 분쇄기에 넣어 더 곱게 가루를 낸다.

파슬리잎 맛가루는 샐러드나 스프, 육류요리에 양념으로 첨가하면 음식의 풍미를 돋운다. 생선과 육류요리에 잘 어울리며 뿌리채소 요리에 쓰면 맛과 색을 살려 식욕을 촉진시킨다. 또 당근·오이·셀러리·과일·케일 등 녹즙을 만들 때 소량 넣으면 재료의 비타민을 보존시켜 준다.

대표 요리 양송이버섯죽, 스테이크, 두부구이, 치즈돈까스, 감자채볶음, 감자구이, 감자스넥, 소고기완자, 삼치구이, 갈치간장조림, 식빵우유스프, 치킨샐러드, 치즈버섯볶음

1. 완성된 맛가루는 유리용기에 담아 밀폐하여 서늘한 곳이나 냉장 보관한다.
2. 건조시키면 마르면서 습기가 없어지고 무게가 가벼워지므로, 건조시킨 파슬리는 생것의 1/10의 양을 쓴다.

파프리카 맛가루

파프리카는 각종 비타민과 무기질이 풍부하며, 색소의 카로틴 성분이 항암 작용을 한다고 알려져 있다. 때문에 요즘에는 생것을 그대로 섭취하는 사람들이 늘고 있다.
최근에는 각종 음식에 고추 대용으로 사용하여 매운 것을 먹지 못하는 사람들의 비타민 공급원으로도 이용된다.
파프리카는 고운 색으로도 유명한데, 빨강·노랑·초록색의 파프리카를 나란히 바라보면 알록달록한 때때옷을 입고 나들이 가던 어린 날이 떠오른다.

재료 : 붉은색 파프리카 1kg

1 붉은색의 파프리카를 준비한다.
　Tip 파프리카는 꼭지가 신선하고 표면이 단단한 것을 선택한다.
2 파프리카의 꼭지를 떼어내고 씻는다.
3 손질한 파프리카를 채 썰어 고추처럼 햇볕에 말리다가 가정용 건조기에서 바싹 건조시킨다.
4 분쇄기에 넣어 곱게 가루를 낸다.

파프리카 맛가루 7 : 고추장용 고춧가루 3의 비율로 혼합하여 고추장을 만들 때 쓰면 맵지 않으면서 색이 곱고 단맛이 있는 고추장을 얻을 수 있다. 이 고추장은 매운 음식을 먹지 못하는 어린이나 환자용 음식을 만들 때 사용한다. 또한 견과류와 파프리카 맛가루를 혼합하고, 식초 3 : 과일발효액 2 : 샐러드유 1 : 소금 0.5 비율로 소스를 만들어 샐러드를 만들기도 한다.

대표 요리 새우버섯탕, 샐러드소스, 파프리카초고추장, 식빵치즈구이, 피망잼, 채소스프, 치즈단호박찜, 파프리카당근주스

1 파프리카에는 당분이 비교적 많으므로 맛가루를 소금과 8 : 2의 비율로 혼합한 후 밀폐용기에 넣고 저온이나 냉동 저장한다.
2 파프리카는 껍질이 두꺼워 처음부터 건조기에 넣으면 색이 검어진다. 때문에 얇게 썰어 볕이 좋은 날 햇볕에 건조시키다가 건조기를 이용하여 말리는 것이 좋다.

표고버섯 맛가루

표고버섯에는 항암작용이 있어 건강 음식으로 많이 이용된다. 특히 육류를 조리할 때 쓰면 지방의 느끼함을 없애주고 맛을 담백하게 하기 때문에 많이 사용된다.
표고버섯은 채취 후에 바로 섭취하거나, 빠른 시일 안에 건조시켜 불린 후 조리하면 영양소도 더 풍부해지고 맛도 좋다.
요즘에는 참나무 토막에 종균을 접종하여 거실이나 베란다에서 직접 재배하기도 한다.

재료 : 생 표고버섯 3kg

1 생 표고버섯을 준비하여 밑동의 단단한 것을 조금 잘라내고 0.2cm 정도로 채 썬다.
2 4~5일간 햇볕에 널어 수분이 다 마를 때까지 바싹 건조시킨다.
3 두꺼운 팬에 넣고 타지 않도록 약간 노릇하게 볶아 화기를 식힌다.
4 분쇄기에 1/3 정도 넣어 곱게 가루를 낸다.

불린 표고버섯은 채소와 함께 표고밥을 지어 먹거나 양념해서 볶으면 좋은 반찬이 된다. 가루를 내지 않은 건조 표고버섯으로 약수를 만들어 맛간장이나 소금을 가공할 때 넣어 사용하기도 한다.

대표 요리 청경채두부완자탕, 청경채볶음, 완두콩밥, 두부조림, 두부완자, 복령두부완자탕, 양파볶음, 돼지고기잡채

1 완성된 맛가루는 습기가 스미지 않도록 유리용기에 넣고 밀폐하여 냉장 보관한다. 오래 보관할 때는 맛가루 1kg에 고운 가루소금 50g을 혼합하여 밀폐용기에 넣어 저온 보관한다.
2 건조시킨 것이나 가루낸 것 모두 습기에 노출되면 미생물이 자라서 곰팡이가 생길 수 있으므로 냉동 보관하는 것이 좋다.
3 닭고기를 조리할 때 많은 양을 사용하면 치질이 생길 수 있으며, 만성가려움증이나 피부병 환자는 섭취를 하지 않는 것이 좋다.

풋고추 맛가루

고추는 몸 안에서 신진 대사를 도와 열을 내주고 장기의 노폐물을 배출시키는 작용을 도와 해독 작용을 한다. 같은 양의 사과보다 비타민C가 약 40배나 더 함유되어 있기도 하다.
풋고추는 여름철에 된장을 찍어 먹고, 가을에는 소금이나 간장에 삭혀서 장아찌를 만들어 먹거나 동치미에 넣어 맛을 낸다. 또 찌개 등의 국물 요리를 할 때 시원한 맛을 내준다.

재료 : 풋고추(청양고추로 준비) 1kg

1 청양고추를 되도록 매운 것으로 준비한다.
2 준비한 청양고추의 꼭지를 제거한 후 씻어 둔다.
3 꼭지를 제거한 고추를 반으로 가른 다음, 씨앗을 분리하지 않고 건조기에 펼쳐 널어 수분을 완전히 제거한다.
4 분쇄기에 넣고 곱게 가루를 낸다.

풋고추 맛가루는 매운맛을 내고자하는 모든 요리에 사용이 가능하며, 건조시킨 고추는 맛간장을 만들 때 사용하기도 한다.

대표 요리 조개배추된장국, 닭곰탕, 생강탕, 닭고기계란탕, 골뱅이소라무침, 아귀찜, 홍합탕, 홍어찜, 새우튀김, 호박된장찌개

1 풋고추 맛가루는 매운맛이 있어 비교적 오래 보관할 수 있으나 습기가 스며들어 눅눅해지면 곰팡이가 생길 수 있으므로 밀폐용기에 담는다.
2 꼭지 부분의 속을 파고 씨앗을 털어내면 매운맛을 감소시킬 수 있다.

풋마늘 맛가루

마늘은 단군신화에도 등장하는 신선들의 보약이자 대표적인 강장제이다.
특히 풋마늘은 마늘의 어린 싹으로 알뿌리가 작고 잎이 가늘어 줄기를 장아찌나 김치 등 절임 음식에 사용한다.
마늘의 매운맛은 식욕을 돋우고 살균 작용을 돕기 때문에 채수를 내거나 양념을 하는데 많이 사용된다.

재료 : 풋마늘 3kg

1. 마늘은 알이 굵어지기 전에 밭에서 채취하거나 재래시장에서 큰 묶음 다발로 구입한다.
2. 준비한 풋마늘을 뿌리째 씻는다.
3. 뿌리 부분은 굵게 채 썰고, 줄기와 잎은 세로로 반으로 갈라서 1cm 정도 길이로 썬다.
4. 푸른색이 유지되게 살짝 쪄서 가정용 건조기에 넣어 바싹 건조시킨다.

> **Tip** 재료가 소량일 때에는 뿌리와 줄기 부분을 햇볕에 4~5일 정도 건조하기도 한다. 단, 이때는 잎의 색이 약간 선명하지 않을 수 있다. 재료의 푸른 잎을 유지하려면 건조기에 넣고 건조시킨다.

5. 분쇄기에 넣고 곱게 가루를 낸다.

풋마늘 맛가루는 주로 팩에 넣어 국물 맛을 내거나 무침 요리를 할 때 사용한다. 풋마늘 맛가루 1kg을 가루소금 50g에 혼합하여 사용하면 보존 기간이 길어진다.

대표 요리 쇠비름나물볶음, 명태전, 황태무침, 찹쌀가자미구이, 낙지볶음, 사태찜, 무전, 무말랭이, 고구마순볶음

1. 완성된 맛가루는 습기를 흡수하지 않도록 밀폐하여 저온 보관한다.
2. 평소에 얼굴이 붉거나 변비가 있을 때, 눈에 열이 날 때 많이 먹으면 간이 상할 수 있으니 주의한다.

(백)하수오 맛가루

오래 먹으면 젊어지고 흰 머리를 검게 한다는 하수오는 오래된 집터나 낮은 산 아래, 또는 오랫동안 농사짓지 않은 밭 가장자리에서 가끔씩 만날 수 있다.
《본초강목》에 '뱃속과 장부의 일체 고질을 치료한다' 고 기록되어 있는 하수오는 색에 따라 백하수오와 적하수오로 구분하는데, 적하수오는 자생지가 한정되어 있어 귀하다.
요즘에는 백하수오와 적하수오를 재배하는 농가가 늘어서 재래시장이나 약건재상에서도 구입이 가능하다.

재료 : (백)하수오 1kg

1. 이른 봄이나 가을에 백하수오를 채취하거나 구입한다.
2. 채취한 하수오의 겉껍질을 거친 수세미로 긁어내고 얇게 썬다.
3. 하수오 특유의 전분을 냉수에 헹궈낸 후 햇볕이나 건조기에서 건조시킨다.
4. 건조된 백하수오를 분쇄기를 이용해 곱게 가루낸다.

백하수오 맛가루는 물에 개어 밥을 짓거나, 대추와 엿기름에 혼합하여 조청을 만들기도 한다. 또 스프나 죽, 된장과 고추장 등을 만들 때 소량 첨가한다. 건조 후에 가루를 내지 않은 하수오는 닭고기탕 등의 요리에 맑은 약수를 낼 때 이용한다.

대표 요리 검정콩마늘장조림, 하수오대추맵쌀죽, 하수오구기자당귀차, 하수오계탕, 생선완자전골, 하수오닭가슴살샤브샤브, 하수오검은깨죽, 하수오장어구이, 표고죽순탕

1. 가루를 내지 않은 하수오는 팩에 넣어 습기가 들기 않도록 하여 저온 보관한다.
2. 하수오는 전분이 많아 소화가 잘 되지 않으므로 반드시 썰어서 건조시킨 후 사용하며, 생으로는 먹지 않는다.
3. 설사할 때는 복용을 피하는 것이 좋으며, 파와 무·돼지고기·양고기와는 배합하지 않는다.

함초 맛가루

함초는 염분이 있는 바다의 갯벌에서 자라며, 짠맛을 가지고 있다.

미네랄이 풍부한 것으로 알려져 있는 함초는 늦봄에 어린 싹을 데쳐서 나물로 무쳐 먹거나 소금이나 간장에 혼합하여 장아찌로 이용한다. 건조시켜 가루를 낸 함초는 찹쌀죽을 소량 혼합하여 환으로 이용하기도 한다.

마디가 올록볼록해서 '퉁퉁마디' 라고도 부르는 함초는 소금을 흡수하는 특이한 식생을 가지고 있다. 같은 염생식물인 나문재·칠면초·수송나물·해홍나물과 함초를 구별해보면 색다른 재미를 느낄 수 있다.

재료 : 생 함초 3kg

1. 9월경에 함초의 연한 줄기를 채취한다.
2. 채취한 함초의 줄기를 깨끗한 물에 씻는다.
3. 소쿠리에 넣고 털어서 물기를 뺀 후 건조기에서 건조시킨다.
4. 건조시킨 함초를 곱게 가루낸다.

삼겹살을 먹을 때 소금 대신 함초 맛가루로 기름장을 만들거나, 찌개나 나물 무침, 김치 등을 만들 때 두루 사용된다. 생 된장과 혼합하여 함초 된장을 만들기도 한다. 단오 전에 함초의 연한 줄기를 따서 데치거나 생으로 나물을 만들어 먹어도 좋다.

대표 요리 두부새우전, 함초김구이, 함초삼겹살구이, 함초삼계탕, 함초수육, 함초오이소박이, 함초된장, 함초계란말이

1. 완성된 맛가루는 습기가 스미지 않도록 유리병에 담아 저장한다.
2. 많이 쓸 경우 함초의 맛이 강하게 날 수 있으므로, 소금과 함초를 적당히 혼합하여 사용한다. 성장기 아이들에게는 함초 가루를 음료수나 우유, 요구르트 등에 섞어서 복용시키기도 한다.
3. 하루에 4~10g 정도 복용하는 것이 좋으며, 가려움증이 있거나 습진이 있는 환자는 복용에 주의한다.

(단)호박 맛가루

푸르고 단단한 단호박을 반으로 가르면 샛노란 예쁜 속이 나온다.
단호박에 있는 대량의 교질(호박 속 끈끈한 부분)이 장내에 들어가면 지방의 흡수를 막고, 부종을 내려주며, 콜레스테롤의 함량을 낮추기 때문에 건강식으로 인기가 높다.
뚝배기만한 호박 속에 각종 육류나 해산물 등의 부재료들을 넣고 찜을 하거나 밥을 지어 먹으면 최고의 건강식이 된다.

재료 : 단호박 3개

1 면장갑을 끼고 단호박의 껍질을 수저로 얇게 긁어서 밑부분에 칼집을 넣어 세로로 반으로 갈라준다.
2 씨앗을 골라내고 얇게 썬다.
3 얇게 썬 단호박을 볕이 좋은 날 4~5일가량 건조시킨다.
4 분쇄기에 1/2 정도 넣어 곱게 가루를 낸다.

단호박 맛가루는 경단을 만들 때 찹쌀 가루와 혼합하여 이용하거나, 밥을 지을 때 2인 기준에 1t 가량 정도 첨가한다. 또 스프를 끓일 때는 쌀가루와 혼합하여 사용하며, 된장을 가공할 때 넣어서 6개월 이상 숙성시키면 된장 맛이 구수하고 시원해진다.

대표 요리 돼지고기단호박볶음, 호박죽, 호박영양밥, 단호박대추경단, 단호박연자죽, 마호박찹쌀경단, 단호박해물전, 호박양갱

1 단호박은 단맛이 있어 실온에 오래 방치하면 미생물이 번식하고 곰팡이가 생겨나며 단단하게 덩어리가 질 수 있으므로 밀폐하여 저온 저장하고 조금씩 덜어서 사용한다.
2 맛된장이나 강된장을 만들 때는 생수에 개어 끓이면서 된장의 농도를 조절하여 사용한다.
3 게·메밀·팥·식초와 동시에 섭취하지 않으며, 황달이 있는 사람은 이용에 주의한다. 또한 비타민C가 풍부한 채소와는 직접 혼합하지 않는다.

호박꽃 맛가루

호박꽃은 주로 새벽에 꽃을 피우므로 이른 새벽에 채집한다. 새벽 이슬을 품은 호박꽃의 고요하고 온화한 자태는 마음을 맑고 편안하게 해 자잘한 사심까지 없애준다.

암꽃에는 호박의 열매가 열리는데, 꽃송이의 모양도 숫꽃과 조금 다르다. 주로 숫꽃이 암꽃보다 많이 열리므로 솎아 주듯이 숫꽃을 딴다.

연한 호박잎은 데쳐서 쌈을 싸서 먹는데, 잎에 찹쌀가루를 묻힌 후 꽃잎을 찢어 올려 전을 지지면 고소하고 담백한 맛이 일품이다.

재료 : 호박꽃 50송이

1. 오전에 핀 꽃을 따서 수술을 제거하고, 꽃가루 등이 꽃잎에 묻지 않도록 조심해서 기둥을 떼어낸다.
2. 밑받침을 분리하고 꽃잎을 모아 건조기에 건조시킨다.
3. 건조된 꽃잎을 바로 분쇄하여 가루를 낸다.

> **Tip** 건조된 잎은 수분을 빠르게 흡수하기 때문에 시간이 경과되면 눅눅해지고 가루가 거칠어진다.

호박꽃 맛가루는 시루떡을 만들 때 쌀가루와 혼합하여 찌거나 전을 부칠 때 찹쌀 가루·밀가루를 혼합하여 꽃잎 가루를 넣어 반죽하여 지진다. 스프를 끓이거나 죽을 끓일 때 호박 맛가루와 혼합하여 끓이면 달콤하고 풋풋한 향이 난다.

대표 요리 단호박팥죽, 호박꽃계란찜, 호박꽃머핀, 호박꽃경단, 호박꽃치즈감자, 호박감자크로켓, 화전

 완성된 맛가루는 습기를 빠르게 흡수하기 때문에 밀폐하여 냉동 저장하며, 조금씩 덜어서 사용한다.

호박씨 맛가루

누렇게 익은 가을 호박은 반으로 갈라 수저로 속을 파낸 후 삶아서 찹쌀 가루를 넣거나 밀가루를 풀어 죽을 끓여 먹는다. 또 얇게 저며 명주실에 엮어서 말린 후 떡을 만들어 먹기도 하였다.
호박의 씨앗을 꺼내 끈적끈적한 것은 깨끗이 씻어 채반에 널어 햇볕에 말리면, 오머가머 한 줌씩 손에 쥐어 먹는 간식이 된다.

재료 : 호박의 씨앗(껍질을 깐 것) 300g

1. 노랗게 잘 여문 늙은 호박을 꼭지부터 갈라 두 쪽을 내고 손으로 씨앗만 긁어낸다.
2. 씨앗을 소쿠리에 담아서 냉수에서 문질러 끈적끈적한 것을 씻어낸다.
3. 씻은 씨앗을 채반에 널어 물기를 빼고 넓게 펼쳐서 햇볕에 바싹 건조시킨다.
4. 건조된 씨앗을 솥에 넣고 볶은 후, 겉껍질을 벗겨 내고 모아서 곱게 가루를 낸다.

호박씨 맛가루는 샐러드에 고명으로 뿌려 먹거나 죽을 끓일 때 마지막에 넣어 고소한 맛을 낸다. 또 맛된장을 만들 때 된장과 함께 버무려 먹기도 한다. 맛가루 8 : 가루소금 2의 비율로 혼합하여 밀폐용기에 넣고 저온 저장하면서 배추·시금치·냉이 등을 데쳐 나물로 이용할 때 넣으면 고소한 맛을 낸다.
선식을 만들 때 다른 재료들과 혼합하거나, 미지근한 물에 개어 생수나 우유를 붓고 소금으로 간을 해서 마시면 고소하다.

대표 요리 대추단호박죽, 호박찹쌀경단, 호박씨다식, 호박씨곳감쌈, 호박메밀총떡, 수수부꾸미, 찹쌀부꾸미

1. 호박씨 맛가루는 분쇄 후에 밀폐용기에 넣어 냉동 보관한다. 또는 수분이 스미지 않도록 저온 저장한다.
2. 너무 오랫동안 가루를 내면 유분이 나와 끈적이므로 주의한다. 실온이나 냉장고에 오래 방치하면 유지방이 산화해서 미생물에 의한 곰팡이가 생기고 좋지 않은 맛이 난다. 때문에 한꺼번에 많은 양을 분쇄하지 않도록 한다.

홍합살 맛가루

찬바람 부는 날 통통하게 살이 오른 홍합으로 국물을 내면 언 몸과 스산한 마음까지 녹여 준다. 홍합은 겨울부터 알을 낳기 전인 4월까지를 제철이라 하는데, 이때의 홍합은 영양이 풍부할 뿐 아니라 식감 또한 뛰어나다.
홍합은 나트륨과 칼륨 함량이 높아 체내의 염분 배출을 돕고 고혈압 예방에도 효과적이다.

재료 : 생홍합 1망(약 8kg), 양파 1개, 청주 1큰술

1. 제철 홍합을 준비하여 장갑을 끼고 서로 비벼 문질러 씻고, 수염은 홍합껍질로 떼어낸다.
   > **Tip** 깨지거나 입이 벌어져 있지 않고 흑자색 광택이 나는 것이 싱싱한 홍합이다. 또한 수염이 많고 붉은 색을 띠며 모양이 좋은 것을 고른다.
2. 염도 10%의 소금물에 30분간 담가 여러 번 문지르고 헹구기를 반복해 맑은 물이 나올 때까지 씻는다.
3. 찜솥에 물 3L와 양파 1개, 청주 1큰술을 넣고 끓기 시작하면 15~20분간 더 쪄 준다.
4. 입이 벌어지면 꺼내 살과 껍질을 분리한다.
5. 홍합살을 소쿠리에 밭쳐서 3~4시간 물기를 뺀다.
6. 건조기에 넣고 바싹 건조시킨 후, 팬에 넣고 타지 않게 살짝 볶는다.
7. 분쇄기를 이용하여 곱게 가루를 낸다.

홍합 맛가루는 고추조림이나 마늘종·잔멸치·견과류 등을 볶을 때, 볶음밥을 할 때 사용한다. 홍합으로 낸 국물은 숙취해소에 효과적이며, 시원하고 감칠맛이 있어 미역국을 끓일 때 사용하면 좋다. 당근·양파·감자·양배추 등을 건조하여 볶은 후 거칠게 분쇄하고, 새우 가루와 홍합 가루를 혼합하여 볶음밥이나 주먹밥 등에 넣어 먹으면 영양이 풍부하고 맛있는 어린이 간식이 된다.

> **대표 요리** 닭죽순샐러드, 홍합미역국, 감자된장국, 호박잎쌈장, 북어국, 무채나물, 무조림, 마늘종볶음, 멸치볶음, 고사리조기탕, 해물수제비, 우럭매운탕, 채소해물볶음밥, 채소해물주먹밥, 무청해장국, 매운홍합떡볶이

 완성된 맛가루를 실온에 방치하면 미생물들이 번식하여 곰팡이가 생길 수 있으므로 냉장 보관한다. 맛가루 1kg에 볶은 가루소금 10g을 혼합하여 찌개나 국을 끓일 때 사용하면 맛이 좋고 저장성이 높아진다.

02

요리에 필수적인 맛내기 양념

천연 맛소금

흙으로 빚은 옹기에 소금을 넣고 산야초나 효소발효액을 첨가하면
재료가 수분을 흡수하거나 배출하는 것을 돕는다.
또 간수가 빠지는 것을 원활하게 하여 짠맛이 좋아지고 쓴맛이 나지 않으며
뒷맛이 달고 향기로운 소금이 된다.

요리에 필수적인 맛내기 양념
천연 맛소금

천일염은 바닷물을 증발시켜 만든다. 바닷물 속에 함유된 다양한 미네랄들을 함유한 소금은 생명체의 생리활성을 도와주어 건강에 이로운 작용을 하는 반면, 인체에 독이 될 수 있는 비소 등의 광물질도 많이 함유하고 있다. 또 지나치게 쓰거나 짜기도 해서 맛의 기호성이 떨어지기도 한다. 그래서 보통 천일염은 그대로 사용하지 않고 2~3년간 저장하여 간수를 배출시키고 동시에 독소까지 함께 녹여 사용한다.

소금은 자석처럼 주변의 물질을 흡수하고 배출시키는 성질이 있어 간수를 빼는 과정에서 기후조건이나 소금자루의 주변 환경에 따라 맛이 영향을 받는다. 이런 소금의 성질을 이용해 흙으로 빚은 옹기에 소금을 넣고 산야초나 효소발효액을 첨가하면 수분의 흡수와 배출을 돕고 간수가 빠지는 것을 원활히 하여 짠맛이 좋아지고 쓴맛이 나지 않으며 뒷맛이 달고 향기로운 소금이 된다.

필자는 2008년부터 발효소금에 대한 연구를 하고 있는데, 짠맛과 쓴맛이 함께 있는 소금은 발효시키면 쓴맛이 사라지고 짠맛과 단맛이 생기는 것을 알 수 있었다.

예를 들어, 죽염은 대나무 통에 천일염을 담아 황토를 발라 막고 황토가마의 높은 온도에서 여러 번 구워내는 과정을 통해 솔잎과 황토, 대나무가 서로 작용하게 하여 맛도 좋고 인체에 유익한 염분으로 재탄생한다. 또 참나무를 태워 숯을 굽는 황토가마에서 옹기에 소금을 담아 구워 낸 구운 소금도 쓴맛이 없고 맛이 좋아 가정에서 널리 사용된다.

일반가정에서 만들 수 있는 소금정제는 일단 2년 이상 간수를 뺀 소금을 1년 정도 옹기에 숙성시키는 과정을 기본으로 한다.

숙성 시 산야초나 산야초를 당(糖) 발효한 효소액을 혼합하면 미생물의 활동이 활발해져 미네랄이 더 풍부하고 좋은 맛을 내는 소금을 얻을 수 있다. 이 과정은 비교적 비용이 적게 들고 작업도 어렵지 않아 직접 소금을 가공하는 재미를 얻을 수 있다.

이렇게 직접 가공한 소금은 염분을 조절해야 하는 혈액질환, 염증성질환 환자들의 식단이나 건강을 생각하는 일반 가정에서 채소를 절이고, 생선을 절이고, 장을 담을 때 쓰면 매우 유용하다.

맛소금

볶은 참깨나 들깨에 소금을 섞어 절구에 빻아 저장하고 나물 등의 요리에 맛내기로 사용하는 것을 '맛소금'이라고 한다. 요즘은 정제한 소금을 곱게 가루내어 상품화시킨 맛소금이 시중에 나와 있는데, 입자가 고와서 잘 녹으므로 조리가 간편하나 숙성된 소금보다는 맛과 영양이 부족하고 짜다.

이 같은 단점을 보완하기 위해 최근 산야초 천연 맛소금을 만들어 사용하는 집이 늘고 있다. 산야초를 넣어 숙성한 소금으로 맛소금을 만들면 쓴맛이 없어지고 향기가 좋아져 맛과 영양을 고루 갖춘 좋은 소금이 된다.

이렇게 숙성된 소금을 절구에 빻아 굵은 것은 생선을 절일 때나 김치 또는 장류를 만들 때 사용하고 고운 가루소금은 양념으로 쓰는 맛소금으로 사용한다.

혼합 맛소금

혼합 맛소금 양념은 음식의 간과 풍미를 동시에 맞추어 주는 종합 양념으로, 맛소금에 비해 짠맛이 적어 거의 모든 요리의 맛내기에 비교적 편리하게 사용할 수 있다. 각종 육류요리나 채소요리 · 김치 · 탕이나 찜 · 볶음 · 무침 · 국 · 수제비 · 국수 · 만둣국 등에 사용한다.

재료 : 약수 600㎖(물 1L · 말린 무 50g · 건다시마 3장 · 건표고 5개 · 디포리 5마리), 소금 1컵(120g), 맛가루 500g (고춧씨 10g · 풋마늘 100g · 호박 30g · 새우 50g · 홍합 50g · 양파 200g · 마늘 50g · 생강 20g)

1 약수 재료들을 물에 넣고 반쯤 졸여 맑은 액을 추출한다.
2 준비한 소금(천일염)*은 곱게 분쇄한다.
3 약수를 끓인 물에 소금을 넣고 반쯤 졸여지면, 맛가루 양념을 넣고 완전히 건조하듯 볶는다.
  Tip 맛가루 양념을 넣고 볶을 때는 재료가 타지 않도록 불을 줄여 잘 저어 준다.
4 완성된 양념을 유리용기에 넣어 냉장 보관한다(냉장 보관 시 보존 기간은 약 3개월이다).

* 본문에 기재된 소금은 모두 '천일염'을 가리킨다.

항아리에 소금을 넣고 약초를 덮어서 숙성 맛소금을 만들 수 있다.

숙성 소금 ① 산야초를 활용한 방법

잘 숙성된 소금은 손으로 만져보면 쉽게 부서지며 약간의 미색을 띠고 좋은 향기가 나는데, 양념으로 사용하는 용도에 따라 절구나 분쇄기로 곱게 가루를 낸 다음 밀폐용기에 넣어 사용한다.
그대로 사용하거나 여러 가지 맛소금을 만들 때 혼합하여 사용하기도 하며, 기호에 따라 채소 가루나 씨앗·견과류 가루 등과 혼합하고 저장하여 맛소금으로 사용한다.

재료 : 2년 이상 간수가 빠진 국내산 천일염 30kg, 생쑥(혹은 산초·당귀·아카시아) 5kg, 망사천 주머니 3장, 고운 망사천 1개(항아리 구멍에 올려놓을 것)

1. 2년 이상 간수를 뺀 소금(천일염)을 준비한다.
2. 바닥에 금이 간 오래된 항아리를 준비하여 이물질이 없도록 깨끗이 세척하고 말린다.
   > **Tip** 금이 간 항아리가 없을 때는 새 항아리의 바닥을 뚫어 쓴다. 항아리 바닥에 구멍을 낼 때는 구멍을 뚫을 곳에 두꺼운 접착용 박스 테이프를 붙이고 작은 드릴을 사용하여 지름 5~6mm 정도의 구멍을 순간적으로 뚫어 준다. 깨지기 쉬우니 깨진 항아리 조각 등으로 연습을 해 보는 것이 좋다.
3. 햇볕이 잘 드는 곳에 항아리를 놓고 바닥 구멍 위에 고운 망사 천을 깐 다음, 항아리 안에 준비한 소금 약 30%를 담는다.
4. 망사천 주머니에 쑥이나 산초잎을 얇게 깔아 소금 위에 덮고, 그 위에 다시 소금을 30% 정도 부어 준다.
5. 4의 방법을 반복하여 항아리를 가득 채운 다음, 맨 위에 쑥이나 산초잎을 얇게 깔아 넣은 망사천 주머니를 놓고 뚜껑을 덮어 1년 이상 숙성시킨다.

숙성 소금 ② 발효액을 거른 건더기를 사용하는 방법

재료 : 2년 이상 간수가 빠진 국내산 천일염 30kg, 각종 발효액을 거른 건더기 5kg, 생쑥(혹은 산초잎) 1~2kg, 망사천 주머니 3장, 고운 망사천 1개(항아리 구멍에 올려놓을 것)

1. 2년 이상 간수를 뺀 소금(천일염)을 준비한다.
2. 산야초 효소발효액을 거르고 난 건더기를 망사천 주머니에 넣는다.
3. 바닥에 금이 간 오래된 항아리를 준비하여 이물질이 없도록 깨끗이 세척하고 말린다.

   Tip. 금이 간 항아리가 없을 때는 새 항아리의 바닥을 뚫어 쓴다. 항아리 바닥에 구멍을 낼 때는 구멍을 뚫을 곳에 두꺼운 접착용 박스 테이프를 붙이고 작은 드릴을 사용하여 지름 5~6mm 정도의 구멍을 순간적으로 뚫어 준다. 깨지기 쉬우니 깨진 항아리 조각 등으로 연습을 해 보는 것이 좋다.

4. 햇볕이 잘 드는 곳에 항아리를 놓고 바닥 구멍 위에 고운 망사 천을 깐 다음, 항아리 안에 준비한 소금 약 30%를 담는다.
5. 발효액 건더기를 넣은 망사천 주머니를 소금 위에 덮고, 그 위에 다시 소금을 30% 정도 붓는다.
6. 5의 방법을 반복하여 항아리를 가득 채운 다음, 맨 위에 쑥이나 산초잎을 얇게 깔아 넣은 망사천 주머니를 놓고 뚜껑을 덮어 1년 이상 숙성시킨다.

풋마늘을 이용한 맛소금

숙성 소금 ③ 산야초 효소발효액을 활용한 방법

재료 : 2년 이상 간수가 빠진 국내산 천일염 30kg, 산야초 효소발효액 5L, 생쑥(혹은 산초잎) 1~2kg, 망사천 주머니 3장, 고운 망사천 1개(항아리 구멍에 올려놓을 것)

1. 2년 이상 간수를 뺀 소금(천일염)을 준비한다.
2. 준비한 산야초 효소발효액과 소금을 혼합한다.
3. 바닥에 금이 간 오래된 항아리를 준비하여 이물질이 없도록 깨끗이 세척하고 말린다.

     새 옹기는 바닥을 뚫어 쓴다. 항아리 바닥에 구멍을 낼 때는 구멍을 뚫을 곳에 두꺼운 접착용 박스 테이프를 붙이고 작은 드릴을 사용하여 지름 5~6mm 정도의 구멍을 순간적으로 뚫어 준다. 깨지기 쉬우니 깨진 항아리 조각 등으로 연습을 해 보는 것이 좋다.

4. 햇볕이 잘 드는 곳에 항아리를 놓고 바닥 구멍 위에 고운 망사 천을 깐 다음, 항아리 안에 발효액에 버무린 소금을 90% 정도 넣는다.
5. 망사천 주머니에 쑥이나 산초잎을 얇게 깔아 소금 위에 덮어 준다.
6. 항아리 뚜껑을 덮고 1년 이상 숙성시킨다.

대표 요리 맛소금, 김치, 장류

볶은 소금 ①

소금을 볶을 때는 불순물이 타면서 가스가 생성되므로 반드시 마스크를 착용하며, 피부에 소금이 튀어 화상을 입을 수도 있으니 안전에 주의한다.
바람이 불지 않는 날 야외에서 소금을 볶으면 비교적 안전한데, 만약 실내에서 소금을 볶게 되었을 때는 한번에 많은 양을 작업하지 않도록 한다. 또 작업 시에 주방의 창문을 모두 열고, 방으로 통하는 문은 모두 닫아 가스 중독을 예방하고 방 안에 가스가 스미지 않도록 한다.
소금을 다 볶고 난 후에는 집안의 공기를 충분히 환기시키고, 작업 후에는 시원한 동치미 국물이나 김치 국물을 마시면 좋다.

재료 : 천일염, 두꺼운 솥, 나무주걱, 면장갑 2장, 일회용 비닐 장갑, 마스크, 토시

1. 2년 이상 간수를 뺀 국내산 소금(천일염)을 소쿠리에 1/2가량 담는다.
2. 깨끗한 물(淨水)을 가득 채운 넓은 고무대야에 1의 소쿠리를 푹 담그고 재빠르게 흔들면서 바로 건져준다.
   > **Tip** 물에 소금이 녹아 소금량이 현저히 줄어들 수 있으니 빠른 손놀림이 필요하다.
3. 촘촘한 채반에 삼베 보자기를 깔고, 씻어낸 소금을 펼친 후 물기를 털어준다.
4. 코팅이 없는 두꺼운 솥을 손으로 느낄 때 뜨거울 정도로 불에 달군다.
5. 면장갑에 비닐장갑을 겹쳐 끼고 다시 면장갑을 낀다. 그 후 도톰한 긴팔 옷에 토시를 착용한다.
   > **Tip** 옷과 토시를 잘 챙겨 입어야 소금의 비소가 탈 때 피부에 가스가 흡수되는 것을 예방할 수 있다.
6. 솥에 소금을 넣고 나무주걱을 이용하여 저어 주면서 볶는다.
7. 소금을 볶으면, 독소가 타면서 점점 진한 갈색으로 변하며 이물질이 타는 유황가스 냄새가 나기 시작하는데 계속 볶으면 다시 연한 미색으로 변하고 냄새도 줄어든다(3kg의 소금일 경우, 볶는데 보통 3시간 이상이 소요된다).
8. 완성하여 완전히 식힌 굵은 소금은 용도에 따라 사용한다. 고운 금속성 체를 이용하면 가는 소금과 중간 소금으로 분리할 수 있는데, 분리한 소금은 각각 밀폐용기에 넣고 습기가 들지 않도록 시원하고 건조한 곳에 보관한다. 가루를 내고자 할 때는 소금이 뜨거울 때 절구에 빻거나 분쇄기에 갈아준다.

대표 요리 혼합 맛소금, 탕, 국, 생선구이, 나물무침

볶은 소금 ②

숙성 소금을 이용하여 재료의 즙이나 추출물에 소금을 녹인 후, 끓여서 만든다.

재료 : 재료액(버섯류·채소류·해산물류·육류·산야초류·생즙류) 2L, 천일염 1kg

* 물 2 : 소금 1의 비율로 소금을 녹인 후 졸여서 만든다.

1. 원하는 재료의 생즙 또는 끓인 액을 2L 준비한다.
2. 소쿠리에 거즈를 깔고 소금(천일염) 1kg을 올려 1을 부어가며 소금의 이물질을 거른다.
3. 녹아내린 소금물을 두꺼운 솥에 넣고 센 불에 끓인다.
4. 소금물이 졸여지면서 결정이 생기기 시작하면, 중간 불로 줄이고 소금이 타지 않도록 가끔씩 저어 준다.
5. 수분이 거의 졸여지면 약한 불로 조절하여 소금이 완전 건조될 때까지 서서히 볶는다.

Tip 맛과 향을 보존하려면 타지 않게 볶아야 하며, 완성된 소금은 유리용기에 넣어 냉장 보관한다.

검은콩 맛소금

검은콩은 해독작용이 뛰어나다. 또한 풍을 제거하고 황달로 인한 부종, 식물중독·약물중독 등을 풀어 주어 환자식으로도 인기가 좋다.
볶은 검은콩은 감초 달인 물로 차를 끓여 마시거나 가루를 내어 선식의 재료로도 사용한다. 요즘은 검은콩 메주로 된장을 만들어 먹는 사람들이 증가하고 있어 블랙푸드의 명성에 큰 몫을 하고 있다.

재료 : 검은콩 100g, 볶은 소금 ① 100g

1. 벌레 먹은 검은콩은 골라내고 냉수에 씻어 물기를 말린다.
2. 두꺼운 솥에 넣고 나무주걱으로 저으면서 타지 않게 볶는다.
   - Tip 깨물었을 때 비린 맛이 나지 않고 고소한 맛이 날 때까지 볶는다.
3. 볶아진 콩을 식혀서 분쇄기에 넣고 가루를 낸다. 콩을 너무 오래 분쇄하면 지방이 나와 덩어리가 생긴다.
4. 소금과 콩을 분쇄기에 넣고 혼합하여 유리 용기에 넣는다.
   - Tip 소금의 양은 조절할 수 있다.

대표 요리 율무죽, 생선구이, 생선회무침, 호박볶음, 산야초샐러드, 콩국수, 땅콩자반, 견과류강정

1. 한꺼번에 많은 양을 만들지 않고 습기가 스미지 않도록 뚜껑을 꼭 닫는다. 오래 두고 사용할 때는 저온 저장한다.
2. 중독에 걸린 환자들은 감초와 검은콩 삶은 물에 소금을 볶아 맛소금을 만들어 이용해도 좋다.

녹차 맛소금

찻잎은 생으로 덖거나 발효하여 다양한 차를 만들어 마시고, 자연식을 선호하는 집에서는 녹차 가루를 상용할 정도로 인기가 높다.
그러나 생잎은 찬 성질을 가지고 있어 직접 쓰지 않고 높은 열에 가공해 사용하는 것이 좋다.

재료 : 녹차 잎 가루 20g, 볶은 소금 ① 100g

1 약간 큰 녹차의 잎을 채취한다.
2 채취한 녹차 잎을 살짝 데쳐 건조기에 말리거나 솥에 덖어 건조시킨다.
3 분쇄기를 이용하여 가루를 낸다.
4 녹차 잎 가루와 볶은 소금을 함께 분쇄하여 밀폐용기에 넣어 저온 저장한다.

재료 : 소금물(숙성 소금 500g, 녹차 줄기 50g, 생수 1.5L), 생 녹차 잎 100g

1 잎이 큰 녹차의 줄기를 잘게 자르고 그늘에 건조시킨다.
2 생수 1.5L를 끓여서 건조된 녹차를 넣고 우려낸 후에 잎을 거르고 찻물을 1L로 졸인다.
3 생 녹차 잎은 생수 1컵과 함께 녹즙기에서 즙을 내고 고운 체에 밭쳐 즙을 거른다.
4 소금에 찻물 1L를 부어 소금물을 만들고 녹차 즙을 혼합한 다음 센 불에서 끓인다.
5 소금물이 거의 졸여지면 가끔씩 주걱으로 저어 가며 수분을 졸인다.
6 결정이 보일 때까지 졸여지면, 소금이 솥에 눌어붙지 않도록 볶아 준다.
   Tip 맛과 향을 보존하려면 타지 않게 볶아야 한다.
7 거의 다 볶아지면 약한 불에서 완전히 수분이 마르게 볶은 다음, 한지에 부어 열을 식혀 말린다.
8 녹차 잎 가루와 혼합하고 분쇄하면 녹차 맛소금이 완성되는데, 유리용기에 넣어 냉장 보관한다.

녹차 맛소금은 쇠고기와 닭고기의 맛을 좋게 한다. 때문에 비린 생선을 절일 때, 된장을 가공할 때, 밥을 할 때, 고기용 소스를 만들 때, 불고기를 조리할 때, 김치를 담글 때, 채소와 과일로 녹즙을 만들 때에 두루 쓰이며, 색이 고와 쌀이나 밀을 이용한 요리에도 쓴다.

대표 요리 고등어자반구이, 꽁치무조림, 쑥밥, 소불고기, 봄동겉절이, 음양채소샐러드, 닭볶음

다시마맛소금

다시마는 바다의 영양을 듬뿍 담은 식물로 미네랄이 풍부하다. 담을 삭이고 뭉친 것을 풀어 주어 수액대사를 원활하게 하며, 배변활동을 도와 변비나 비만에도 효과가 있다.
이 밖에 당뇨·고지혈·동맥경화·각종염증성 질환을 치료하거나 혈액관련 환자들의 선식이 되기도 한다.

재료 : 마른 다시마 1kg, 볶은 소금 ① 100g

1. 다시마의 주름진 곳을 펴고 표면의 하얀 가루분을 마른 행주로 닦아낸다.
2. 가로와 세로 각각 3~5cm 정도의 크기로 자른 다음 채반에 넣어 햇볕에 말린다.
3. 타지 않도록 조심하며 말리듯이 팬에 볶아낸다.
4. 볶아 낸 다시마와 소금을 분쇄기에 넣어 곱게 가루를 낸다.

> **Tip** 다시마는 짠맛이 있기 때문에 소금의 양을 조금 줄여도 좋다.

묵은 쌀로 밥을 지을 때 소량을 첨가하면 밥맛이 좋아진다.

대표 요리 새우계란찜, 쇠고기무국, 사골곰탕, 동태탕, 돼지고기볶음, 돼지갈비찜, 새우볶음, 두부조림, 두부들깨탕, 톳밥

1. 완성된 맛소금은 유리용기에 넣어 습기가 없고 건조한 곳에 보관한다.
2. 선지요리나 감이 들어간 과일요리에 첨가하면 변비가 생길 수 있으니 주의한다.

돼지감자 맛소금

돼지감자는 들이나 강둑에서 흔히 잘 자라는데, 요즘에는 농사를 짓는 농가가 많아졌다.
일반 감자에 비해 모양이 불규칙하나 인슐린이 많다고 알려져 당뇨병 환자들이 선식으로 인기가 높다.
생으로 먹으면 소화가 잘 되지 않으니 말려 볶아 차로 마시거나 가루내어 요리에 넣어 먹는다.

재료 : 돼지감자 300g, 볶은 소금 ① 700g

1 돼지감자를 물에 담가 흙을 불려 씻는다.
2 소쿠리에 물을 충분히 담고 돼지감자를 비벼가며 깨끗이 씻어낸다.
3 0.3cm의 굵기로 썰어 물에 한 번 더 헹군다.
4 물기를 충분히 털어 말려준 후, 건조기에 바삭 건조시킨다.
5 건조된 돼지감자를 분쇄기에 넣어 잘게 잘라 준다.
6 소금과 섞어 곱게 가루를 내어 준다.

Tip 소금의 양은 조절할 수 있다.

맛된장을 만들 때나 당뇨환자를 위한 전을 부칠 때 사용하기도 한다.

대표 요리 쇠고기다시마국, 양파감자채볶음, 부추김치, 호박죽, 토마토샐러드, 닭가슴살양상치샐러드, 시금치무침

1 완성된 맛소금은 유리용기에 넣어 습기가 없고 건조한 곳에 보관한다.
2 건조 후 즉시 분쇄하지 않으면 눅눅해져서 가루를 내기가 어렵기 때문에 솥에 볶아서 가루낸다.
3 습기에 약하기 때문에 가루 상태로 실온에 방치하면 굳어져 사용하기 불편하므로 소량씩 분쇄한다.

(거피) 들깨 맛소금

껍질을 벗긴 들깨는 해독작용이 뛰어나고, 누린 내와 비린내를 잡아주며, 맛이 고소하여 기초 양념에 꼭 필요한 재료가 된다.
들깨는 볶아서 기름을 짜고 잘 말려서 생즙을 낸 후 토란이나 머위나물을 만들 때 쓴다. 또 종기나 피부에 이상이 생길 때 갈아서 붙이면 치료 효과가 있으며, 산모의 보양식으로도 사용된다.

재료 : 들깨 300g, 볶은 소금 ① 700g

1. 들깨는 냉수에 여러 번 씻어 모래나 이물질을 걸러 낸다.
2. 들깨에 물을 자작하게 넣어 손으로 살살 비벼주면서 껍질을 벗겨 낸다.
3. 물에 뜨는 껍질을 버리고 씻어 준다.
4. 타지 않게 볶아 식기 전에 분쇄기나 절구에 넣고 곱게 가루를 낸다.
5. 소금과 혼합한다.

Tip 소금의 양은 조절할 수 있다.

거피 들깨 맛소금은 맛과 색이 담백하기 때문에, 맑은 탕이나 나물볶음 등의 요리에 쓰면 깨끗한 색감을 얻을 수 있다.

대표 요리 미역국, 토란탕, 추어탕, 민물매운탕, 감자국, 찹쌀들깨죽, 토마토양상추샐러드, 콩국수, 들깻잎김치

1. 완성된 맛소금은 밀폐용기에 넣어 건조하고 차가운 곳에 보관한다.
2. 유분이 많으므로 상온에 오래 방치하면 산화되어 맛이 없고 건강에 좋지 않으므로, 오래두고 먹을 때에는 냉동 보관한다. 소금의 양은 기호에 따라 들깨 가루 70% : 소금 30% 정도의 비율로 사용할 수 있다.
3. 감이 들어간 과일요리에 첨가하면 변비가 생길 수 있으니 주의한다.

들깨 맛소금

들깨의 겉껍질을 벗기지 않고 그대로 사용하면 해독작용이 뛰어나다. 특히 채소독을 해독하는 작용이 있어 오래 전부터 생으로 먹는 채소요리에 흔히 사용되어 왔다.
또 기름을 내어 채소무침이나 볶음에 사용하면 맛도 좋고 소화에도 도움이 된다. 고소한 맛이 있어 누구나 좋아하지만 유분이 많아 산화되기 쉬우므로 전통적으로 깨소금으로 만들어 보관하였다.

재료 : 들깨 300g, 볶은 소금 ① 700g

1 들깨는 고운 체로 받치고 냉수에 여러 번 씻어 모래나 이물질을 걸러 낸다.
2 물기를 제거한 들깨를 솥에 넣고 타지 않도록 나무 주걱으로 잘 저어 가며 볶아 준다.
3 손으로 비벼보아 부서질 정도로 볶는다.
   Tip 태우면 쓴맛이 나므로 주의한다.
4 볶은 들깨와 소금을 분쇄기에 넣고 들깨가 부서질 정도로만 가루를 낸다.
   Tip 소금의 양은 조절할 수 있다.

거피 들깨 맛소금보다 맛이 진하기 때문에 조림요리나 나물무침에 주로 이용된다.

대표 요리 부추오이무침, 민들레뿌리뱅이겉절이, 닭고기버섯전골, 망초나물볶음, 달맞이나물볶음, 쇠비름나물볶음, 가지나물볶음, 들깻잎나물볶음

1 완성된 맛소금은 유리용기에 넣어 건조한 곳에 보관한다.
2 요리할 때 한꺼번에 너무 많은 양을 사용하면 맛이 거칠고 텁텁하다.
3 탕이나 국물요리를 할 때는 요리 재료의 색을 고려하여 사용한다.

멸치 맛소금

어린 시절 볶은 잔멸치는 최고의 도시락 반찬이었다. 또한 여름철, 물 말은 밥에 고추장을 푹 찍어 먹던 마른 멸치 맛은 아직도 잊을 수 없다.
멸치는 칼슘과 불포화지방산이 풍부하여 뼈의 성장을 돕고, 관절염 환자의 통증을 완화시키며, 혈액 응고 시에 보조 효소의 역할을 한다.
또한 요리를 할 때 화학조미료 대신 국물용 멸치를 사용하면 음식에 감칠맛과 구수함을 더할 수 있다.

재료 : 국물용 멸치 100g, 볶은 소금 ① 30g

1 국물용 멸치를 준비하여 내장을 제거한다.
2 햇볕에 2시간 정도 바싹하게 말린다.
3 비린 맛을 없애기 위해 두꺼운 팬에 말리듯 타지 않게 볶는다.
4 바람에 건조시켜 화기를 완전히 제거한다.
5 볶은 소금과 멸치를 분쇄기에 1/3 정도 채우고 갈아낸다.

> **Tip** 멸치에는 짠맛이 있으므로 소금 양을 조금 줄여 만들 수 있다.

대표 요리 무청볶음, 풋마늘볶음, 호박된장국, 감자수제비, 버섯장국수, 고구마순볶음, 조기매운탕, 무말랭이무침

1 유리용기에 넣어 저온 보관한다. 멸치 가루는 그대로 보관하는 것보다 소금을 혼합하여 저장하는 것이 보존성을 훨씬 높인다(냉동에서 보관하며 덜어 쓸 경우에는 6개월 정도 보존이 가능하다).
2 일반적으로 멸치의 색이 검거나 붉은 것은 하품이므로 피하는 것이 좋고, 맛을 보아 짠맛보다는 고소한 맛이 나는 멸치를 선택하는 것이 좋다. 짠맛이 강하거나 시큼한 냄새가 나는 것은 신선도가 떨어져 맛이 없다.

무 맛소금

가을이나 초겨울에 가을 무를 저장하여 겨울의 비상식량으로 비축해 두었다가 하나 꺼내 그 자리에서 깎아 먹는 맛은 어디에도 비할 수 없다. 이렇게 달고도 시원한 무는 상기된 얼굴의 열을 내려주고, 소화작용을 도와 위를 튼튼하게 하며, 가래를 삭여 기침을 멈추게 한다. 또 해독작용이 있어 숙취해소에 좋고 익혀 먹으면 담결석과 비뇨기 질병 치료에 좋다.

재료 : 가을 무 1kg, 마늘 가루 5g, 다시마 가루 3g, 볶은 소금 ① 100g

1 단단한 가을 무를 준비하여 수세미로 깨끗이 씻는다.
2 손질한 무를 채 썰거나 얇게 썬다.
3 가정용 건조기에 넣어 잘 말린다.
   Tip 햇볕에 말리려면 곱게 채를 썰어야 잘 건조되고, 건조기를 사용할 때에는 슬라이스나 굵은 채로 썰어도 무방하다.
4 건조시킨 무를 곱게 가루내어 마늘·다시마 가루·소금을 혼합한다.
   Tip 소금의 양은 조절할 수 있다.

대표 요리 소고기무국, 무청볶음, 전복닭매운탕, 닭봉튀김, 꽁치조림, 감자갈치매운탕, 풋고추찜무침, 감자고등어조림, 북어두부탕, 명태탕수어, 실파김무침

1 완성된 맛소금은 유리용기에 넣어 저온 저장한다.
2 인삼이나 하수오, 생지황과 섞어 먹으면 효과가 떨어지므로 주의한다.

새우 맛소금

새우는 모유를 생성시키고 배설을 돕는 작용이 있다. 또 미역국과는 찰떡궁합이며 키토산이 다량 함유되어 있어 관절이 약해진 노년의 건강에도 좋다.
계절에 따라 워낙 다양한 종류의 새우들이 출하되기 때문에 용도에 맞게 각종 새우젓을 담근다. 찌거나 구워 먹으면 맛과 색의 즐거움을 동시에 느낄 수 있다.

재료 : 건새우 20g, 볶은 소금 ① 100g

1. 육수용 건새우를 준비해 수염을 떼어낸다.
2. 팬을 뜨겁게 달군 후, 손질한 새우를 넣고 타지 않게 볶는다.
3. 볶아 낸 새우의 화기를 식혀 말린다.
4. 소금과 건조 새우를 분쇄기에 넣고 잘 혼합하여 가루를 낸다.

Tip 소금의 양은 조절할 수 있다.

냉동상태에서 보관하면서 덜어 쓸 경우 6개월 정도 보존이 가능하며, 찌개에는 된장 등 다른 소스가 추가되므로 소금의 양을 가감하여 사용하도록 한다.

대표 요리 미역국, 풋마늘종볶음, 아욱국, 토란탕, 북어무조림, 감자갈치조림, 돼지족발볶음, 부추겉절이, 콩나물볶음, 콩나물죽, 두부완자, 메생이떡국, 톳나물무침

 완성된 맛소금은 유리용기에 넣어 저온 저장한다.

생강 맛소금

생강은 몸을 덥게 하여 독을 풀어 주는 효과가 있는 좋은 향신료이다.
가을에 알뿌리를 캐내어 저장해 두고 사용하고, 또 신선한 잎을 채집하여 소금에 절인 다음 그 잎으로 무 장아찌를 덮고 돌로 눌러 주면 장아찌가 무르지 않고 맛도 좋아진다.

재료 : 건조 생강 100g, 볶은 소금 ① 50g

1. 표면에 상처가 없는 단단하고 신선한 생강을 준비한다.
2. 생강을 소쿠리에 놓고 잘게 알을 떼어내서 물에 넣고 비벼 씻는다.
3. 껍질이 벗겨지면 0.2cm 정도로 어슷하게 썰어서 냉수에 담가 전분을 뺀다.
4. 채반에 널어 볕에 말리거나 건조기에 넣어 건조시킨다.
5. 분쇄기로 곱게 가루내어 생강 가루와 볶은 소금이 잘 섞이도록 혼합한다.

Tip 소금의 양은 조절할 수 있다.

생강은 생선의 비린내와 육류의 누린내를 없애주며 해독작용을 한다. 도라지나물이나 무나물에 넣으면 음식의 향을 돋우며, 또 감기예방에도 효과가 있다.

대표 요리 울금삼치구이, 고등어시래기조림, 돼지고기양배추냉채, 꽃게탕, 느타리버섯청경채볶음, 무채나물, 더덕구이, 쪽파김치, 들깻잎김치, 토란대볶음, 오골계탕

 완성된 맛소금은 유리용기에 넣어 밀폐하여 저온 저장한다.

양파 맛소금

양파는 위를 튼튼하게 하고, 기운을 다스리며, 혈속의 지방을 낮추므로 동맥경화나 고지혈증에 효과적이다. 또 소화불량·식욕부진·위산부족에도 도움을 주며, 해독살충과 골다공증에도 효과가 있다.
주로 육류요리나 생선요리에 곁들이면 좋지만 피부가 건조하여 가렵거나 열병이 있는 사람들은 섭취량을 줄이는 것이 좋다.

재료 : 양파 우린 물 1L(양파 50g, 물1.5L), 양파 맛가루 100g, 숙성 소금 500g

1 건조한 양파 50g에 물 2.5L를 붓고 끓여 2L가 되게 졸인다.
2 맑은 액을 거른다.
3 양파 우린 물 1L에 소금을 부어 소금물을 만들고 센 불에서 끓인다.
  Tip 볶은 소금 ② 만들기 참조(83p).
4 소금물이 거의 졸여지면 가끔씩 주걱으로 저어 가며 소금 결정이 보일 때까지 수분을 졸인다(소금이 솥에 눌어붙지 않도록 한다).
5 거의 졸여지면 약한 불에서 수분이 완전히 마르도록 볶은 후에 한지에 부어 열을 식혀 말린다.
6 양파 맛가루와 혼합하여 가루를 낸다(혼합량은 조절할 수 있다).
7 양파 맛소금이 완성되면 유리용기에 뚜껑을 잘 닫아 두고 사용한다.

양파 맛소금은 채소요리나 육류요리, 생선요리 등 거의 모든 요리와 잘 어울려 폭넓게 이용된다.

1 양파는 건조 즉시 분쇄하지 않으면 당분이 많아 덩어리가 생기기 쉽고 가루내기가 어렵다.
2 양파와 같이 탄수화물이 많은 채소를 말릴 때는 건조기에서 건조시켜야 영양 손실이 적고 색과 풍미가 좋아진다.

연근 맛소금

연근은 '우절'이라고도 하며, 연의 뿌리를 말한다. 초절임이나 장아찌를 만들어 먹거나 졸여서 반찬으로 주로 사용한다.

생 연근은 열을 내려주고 진액을 만들며 혈을 식히고 지혈작용 및 어혈을 푸는 효능이 있어 산후나 토혈을 할 때 좋으며, 익힌 연근은 비장을 튼튼히 하고 식욕을 증진시켜 소화를 돕고 설사를 멈추게 한다.

재료 : 생 연근 200g, 볶은 소금 ① 200g

1. 연근 뿌리를 깨끗이 세척하여 3mm 정도로 얇게 썬다.
2. 냉수에 담가 씻어 전분을 우려낸다.
3. 건조기나 햇볕에 건조시킨다.
4. 솥에 넣고 타지 않도록 잘 볶는다.
5. 분쇄기에 넣어 가루를 낸다.
6. 소금과 잘 혼합한다.

Tip 소금의 양은 조절할 수 있다.

연근 맛소금은 된장 소스나 식초 소스를 만들 때 사용하면 좋다.

대표 요리 엉겅퀴오골계탕, 샐러리연근샐러드, 붕어조림, 소갈비탕, 청경채표고버섯볶음, 샐러리새우볶음, 부추오이소박이, 굴무깍뚜기, 삼겹살구이

1. 완성된 맛소금은 유리용기에 넣어 저온 보관한다.
2. 생 연근은 성질이 차기 때문에 위장이 약해 소화가 되지 않는 사람들은 건조 후에 볶아서 사용한다.

연잎 맛소금

연잎으로 맛소금을 만들 때는 6~7월경에 자란 신선한 백련의 잎을 사용한다.

연잎을 차로 꾸준히 마시면 더위 먹은 증상을 해소하고 눈을 맑게 하며 혈지방을 낮추므로, 고혈압 · 동맥경화 · 고지혈증 · 지방간 · 비만개선에 효과가 있다.

또한 생 연잎을 갈아 즙을 마시거나 건조 연잎에 검은콩과 감초를 넣고 삶아 그 물을 마시면 야생 버섯의 중독을 풀어 준다.

재료 : 연잎 맛가루 300g, 연근 맛소금 50g, 볶은 소금 ① 100g

1 연잎을 깨끗이 세척하여 가로와 세로 각각 3cm×7cm 정도로 채를 썬다.
2 건조기에 넣고 건조시킨다.
3 건조시킨 연잎을 분쇄기에 넣어 곱게 가루를 낸다.
4 연잎 가루와 연근 맛소금을 넣어 분쇄한다.

Tip 소금의 양은 조절할 수 있다.

연잎 맛소금은 고등어조림이나 고기류를 삶을 때 사용하면 비린 맛과 느끼함을 줄여 준다.

대표 요리   삼겹살구이, 토종닭찜, 녹두율무죽, 돼지고기표고버섯밥, 잔새우버섯탕볶음, 순대볶음, 양파소간볶음, 새우튀김

  완성된 맛소금은 유리용기에 넣어 냉장 보관한다.

인삼 맛소금

인삼은 기혈이나 영양이 부족한 사람들의 보약으로 알려졌으며, 비장이 허약하여 배가 아프며 설사를 자주 하는 사람에게도 좋다.

특히 몸이 냉한 사람들에게 효과적인데, 일상에서 손쉽게 구할 수 있어 다양한 요리에 활용되고 있다.

그러나 평소에 몸에 열이 많고 고혈압이나 폐결핵, 기관지확장증 등 각종 실열이 있는 사람들은 사용을 주의해야 한다. 또한 더운 여름에는 용량을 줄이며 장기적으로 오래 먹지 않아야 한다.

재료 : 인삼 300g, 볶은 소금 ① 1kg

1 인삼을 준비하여 잔뿌리까지 깨끗이 씻어 물기를 뺀다.
2 굵은 것은 반으로 잘라 편으로 썰어 바람에 살짝 말린다.
3 꼬들꼬들 말려진 인삼을 찜솥에 넣고 1시간가량 찐다.
   Tip 2번 이상 쪄도 좋다. 단, 잔뿌리가 손상되지 않도록 주의한다.
4 쪄낸 인삼을 그대로 식혀서 건조기에 넣고 바싹 건조시킨다.
5 건조 인삼은 분쇄기에 넣고 곱게 가루낸다.
6 볶은 소금과 인삼 가루를 혼합하여 다시 한 번 분쇄한다.
   Tip 소금의 양은 조절할 수 있다.

대표 요리 홍삼계탕, 황기닭갈비구이, 죽순닭가슴살볶음, 무닭개장, 버섯육개장, 대추계족편, 산약닭죽, 양파쇠고기잡채, 대추감초찹쌀죽, 쇠고기소금구이

 완성된 맛소금은 유리용기에 넣어 저온에서 저장한다.

참깨맛소금

참깨는 음식을 소화시킬 때 나오는 활성산소의 생성을 막아주고, 피부에 영양분을 공급해 탄력을 유지하도록 한다.
또 맑은 피를 두뇌에 공급하는 유일한 지방산을 함유하고 있어 두뇌기능을 향상시키고, 기억력 향상과 치매 등에도 좋은 작용을 한다.
더불어 노화 예방에 직접적인 관여를 하는 비타민E가 풍부하게 함유되어 있다.

재료 : 참깨 300g, 볶은 소금 ① 1kg

1. 잘 여문 참깨의 씨앗을 준비한다.
2. 넓은 그릇에 참깨를 넣은 후, 고운 체로 밭치고 깨끗이 씻어서 이물질을 제거한다.
3. 소쿠리에 담아 물기를 뺀다.
4. 솥을 달궈 나무주걱으로 고루 저어 참깨가 타지 않게 볶는다.
5. 참깨와 소금을 혼합하여 분쇄기나 절구를 이용하여 가루를 낸다.

Tip 소금의 양은 조절할 수 있다.

대표 요리 채소튀김, 민들레샐러드, 송이버섯칼국수, 시금치미나리무침, 육회비빔밥, 무순쇠고기안심샐러드, 돼지고기콩나물잡채, 봄동겉절이, 도라지무생채, 소고기안심구이, 당귀잎샐러드

1. 완성된 맛소금은 유리용기에 넣어 저온 저장한다.
2. 통참깨를 그대로 사용하면 소화가 잘 되지 않으므로 분쇄하여 먹는다. 또 식물성 지방은 산화가 빠르므로 소금에 섞어 보관하는 것이 좋다.

표고버섯 맛소금

표고버섯에는 해독작용이 있어 육류요리에 많이 사용한다. 또한 콜레스테롤 지방을 낮추어 동맥경화를 예방하고 항암효과까지 있는 것으로 알려져 식재료로 널리 사용되고 있다.
표고버섯에 들어 있는 특수 아미노산은 만성장염에도 효과적이다.

재료 : 생 표고버섯 300g, 숙성 소금 ① 100g

1 버섯의 밑동을 떼어내고 0.2cm 굵기로 썬다.
2 채반에 넣어 햇볕에 완전히 건조시킨다.
3 건조시킨 표고버섯을 솥을 달궈 타지 않게 볶아 낸다.
4 화기를 식힌 후에 분쇄기에 넣어 곱게 가루 내어 맛가루를 만든다.
5 표고버섯 맛가루와 숙성 소금을 혼합한다.

Tip 소금의 양을 줄여서 만들 수도 있다.

재료 : 버섯물(물 1.5L, 건표고버섯 10개, 다시마 5cm 3장, 건대파뿌리 5개, 대추 3알), 숙성 소금 1kg

1 다시마를 끓여 충분히 우려낸 후 거른다.
2 다시마 우린 물에 건표고버섯을 충분히 불려, 대파뿌리와 대추를 넣고 진하게 끓인 후 맑게 걸러준다.
3 버섯물 1L를 소금에 부어 소금물을 만들고 센 불에서 끓인다.
4 가끔씩 주걱으로 저어 가며 소금의 결정이 보일 때까지 수분을 졸인다.
5 소금이 솥에 눌어붙지 않도록 볶아 준다.
6 거의 다 볶아지면 약한 불에서 완전히 수분이 마르도록 볶는다.

버섯은 한꺼번에 많은 양을 먹지 않는 것이 좋으나 요리를 할 때 양념으로 조금씩 사용하는 것은 무방하다. 국이나 탕에 넣어 이용할 때는 한꺼번에 많은 양을 사용하지 않는다.

대표 요리 청경채두부샐러드, 청경채돼지고기볶음, 양파볶음, 양파두부조림, 두부돼지고기탕수, 콩나물비빔국수, 돼지고기감자조림, 다시마무국, 해물버섯탕, 무청된장볶음

풋마늘 맛소금

마늘은 살균해독작용이 뛰어나고 누린내를 잡아주므로 육류요리에 많이 사용하는 향신료이다. 생으로 혹은 익혀서 사용하는데, 열을 내어 몸을 따뜻하게 하므로 이질로 인한 설사나 감기 등에 좋고, 혈액을 맑게 하여 고지혈증이나 동맥경화, 폐질환 치료에 도움을 준다.

재료 : 풋마늘 1kg, 볶은 소금 ① 100g

1. 풋마늘은 흙을 씻어내고 깨끗이 손질한다.
2. 1cm 정도 크기로 썰어 건조기에 말린다.
3. 건조 풋마늘과 볶은 소금을 분쇄기에 넣고 가루를 낸다.

   Tip 소금의 양은 조절할 수 있다.

재료 : 풋마늘 1kg, 쇠비름 건조나물 5g, 진피 5g, 건생강 5g, 고추씨 3g, 풋마늘 맛가루 30g, 숙성 소금 100g

1. 건조된 재료를 씻어 1.2L의 물을 넣고 끓여 채수를 뺀다.
2. 끓인 채수를 고운 체에 걸러 맑게 한 후 소금을 넣어 녹여 가며 끓인다.
3. 소금이 걸쭉해지면 풋마늘 맛가루를 넣어 솥에 재료가 눌어붙지 않도록 저어 수분을 완전히 말린다.
4. 고슬고슬해지면 식힌다.

마늘과 쇠비름나물을 함께 끓여 마시면 장염 치료에 좋다.

대표 요리 찹쌀죽양념, 도라지볶음, 쇠비름나물무침, 오징어풋마늘초무침, 명태찜, 생태지리탕, 황태구이, 찹쌀갈치구이, 목이버섯낙지볶음, 미나리낙지탕, 미나리꼬막전

1. 완성된 맛소금은 유리용기에 넣고 사용한다.
2. 생마늘은 많이 먹으면 눈이 침침해지므로 장기 복용할 때는 살짝 익혀 먹는다.

해바라기씨 맛소금

어린 시절 하늘만큼 키가 컸던 노란 해바라기꽃은 지금 보아도 고향의 추억을 생각나게 한다.
잘 여문 해바라기 씨앗은 그대로 최고의 간식거리이지만, 볶아서 각종 요리에 쓰기도 하고 떡이나 차를 만들 때 넣으면 요리의 모양과 맛을 더욱 좋게 한다.
또한 단백질 흡수율이 높아 영양흡수에 도움을 주며, 혈액을 맑게 하여 콜레스테롤을 낮추고, 무기질이 풍부해 두뇌 발달에도 도움을 준다.

재료 : 건조 해바라기씨 100g, 볶은 소금 ① 50g

1 건조된 해바라기 씨앗을 팬에 살짝 볶는다.
2 볶은 해바라기씨와 소금을 분쇄기에 넣고 가루를 낸다.

> **Tip** 가루를 낼 때에는 너무 오래 분쇄하지 않는 것이 좋으며, 소금의 양은 조절할 수 있다.

나물을 무칠 때 사용하면 나물 특유의 쓴맛을 줄여 고소하게 한다.

대표 요리 견과류멸치볶음, 냉이나물무침, 열무겉절이, 들나물밥양념장, 자운영꽃샐러드, 쑥부쟁이무침, 머위나물무침, 도라지생채, 견과류오곡밥, 송이버섯볶음, 시금치계란말이, 비비추나물무침

1 완성된 맛소금은 유리용기에 넣어 보관한다.
2 유분이 많기 때문에 소금이 질어질 수 있으므로 주의한다.

호박씨 맛소금

호박은 푸른 애호박이나 노란 늙은 호박, 노란 꽃·푸른 잎·넝쿨 줄기 등 무엇 하나 버릴 것 없는 최고의 구황식물이다.
호박은 폐와 중초(中焦)를 보호하고 부기를 가라앉히므로 산모에게 영양을 공급하는 보약으로 사용한다.
또 해독작용이 있어 납과 수은 중독, 화상 등에 치료 효과가 있으며 혈액을 맑게 한다.

재료 : 건조 호박씨 100g, 볶은 소금 ① 50g

1 잘 건조된 호박 씨앗을 팬에 살짝 볶는다.
2 볶은 호박씨와 볶은 소금을 분쇄기에 넣고 가루낸다.

> **Tip** 호박씨는 해바라기씨 같이 유분이 많으므로 되도록 순간 분쇄한다.

대표 요리 원추리꽃전, 달래전, 제비꽃비빔국수, 오징어미나리초무침, 닭가슴살고수쌈, 골담초꽃봄나물비빔밥, 양지꽃샐러드, 족편수영샐러드, 어수리된장죽, 견과류뿌리뱅이샐러드, 다래순나물볶음

 완성된 맛소금은 유리용기에 넣고 사용한다.

홍합 맛소금

홍합은 '바다의 계란'이라 불릴 만큼 영양물질이 풍부하다. 특히 불포화지방산이 많아 여성들에게 좋은 식재료이며, 각종 요리에 고루게 쓰이는 고마운 해산물이다.
홍합 삶은 물을 마시면 국물이 시원한데, 이 물은 간장과 신장을 이롭게 하고 산모들의 기혈을 보충하는데 도움을 준다.

재료 : 건조 홍합 200g, 볶은 소금 ① 200g

1. 물기를 적신 수건으로 홍합을 깨끗이 닦아내고 말린다.
2. 팬에 넣고 타지 않게 살짝 볶는다.
3. 볶은 홍합을 분쇄기에 넣어 곱게 갈아낸 후 소금과 혼합한다.

> **Tip** 소금의 양은 조절할 수 있다.

대표 요리 대구탕, 동태탕, 조기매운탕, 닭죽, 죽순닭고기잡채, 머위탕, 홍합미역국, 된장국, 김구이, 매생이떡국, 무조림, 해물떡볶이, 김치전, 해물찹쌀완자, 해물죽순잡채, 부추김치, 호박나물볶음, 김부추샐러드

1. 완성된 맛소금은 유리용기에 넣고 사용한다. 6개월가량 저온에서 보관이 가능하다.
2. 홍합은 단단하고 붉은 빛이 도는 것을 고르고 냄새가 나거나 색이 거무스름한 것은 피한다.

천연 맛소금 응용 요리 1

오행 채소쌈

밀쌈이나 무 초절임, 라이스페이퍼에 오색채소를 싸서 소스에 찍어먹는 것이야 말로 웰빙(wellbeing) 조건에 가장 부합하는 음식이라고 할 수 있다. 비타민과 식이섬유가 풍부한 오색채소들은 색깔별로 각각 특별한 능력들을 지니고 있어 면역력을 키우고 체질을 개선하는데 큰 도움이 된다. 식탁을 화려하게 수놓는 오색채소들은 식탁에 앉은 모두의 기분을 설레게 한다.

재료 : 오행음양 채소 300g(고구마 · 감자 50g, 민들레잎 · 오이 50g, 적양배추 · 토마토 50g, 노란색 · 황색 피망 50g, 양배추 50g, 새싹 · 무순 50g), 계란 채 50g, 밀가루 1컵, 천연 맛가루(치자 · 비트 · 시금치) 약간, 생수
소스 : 멸치 액젓 소스* 1컵(멸치 액젓 1큰술, 고추 · 생강 · 양파 · 풋마늘 발효액 중 1컵, 매운 고추 다진 것 1컵)

1 뿌리채소(양)는 고구마는 껍질째, 감자는 껍질을 벗겨 내고 곱게 채를 썰어 생수에 헹구어 내고 물기를 뺀다.
2 잎채소(음)는 각각 곱게 썰어 시원한 곳에 가지런히 두고 물기가 마르지 않도록 한다.
3 계란은 황백으로 갈라 지단을 부쳐 채를 썬다.
4 접시에 색을 골고루 배치하고 모양을 내어 담는다.
5 밀가루에 치자 · 비트 · 시금치 물을 각각 넣어 고운 체에 내려서 1큰술씩 팬에 놓고 동그랗고 얇게 모양내서 익힌다.
6 밀전에 채소를 골고루 넣어 멸치 액젓 소스를 곁들여 싸서 먹는다.

Tip 육류요리를 먹을 때 라이스페이퍼나 무초절임을 함께 곁들여 싸서 먹어도 된다.

* 채소만 예쁘게 말아서 도시락을 싸고, 소스는 별도로 챙기면 야외에서도 즐길 수가 있다.

천연 맛소금 응용 요리 2

음양채소 김밥

음양채소 김밥의 특징은 일반적인 김밥과 다르게 밥이 조금 들어가는 것이다. 때문에 부족한 밥의 양만큼 신선한 생채소가 많이 들어가게 된다. 색이 아름다우며 씹을 때 아삭임이 있는 김밥으로, 샐러드 소스와 함께 하면 서로 어우러지는 맛이 조화롭다.

재료 : 불린 멥쌀, 다시마 1조각(2×2cm), 음양오행 채소의 잎 100g, 음양오행채소의 뿌리 50g, 김 10장, 김발, 깨소금 1t, 참기름 1t
촛물 : 아카시아꽃 식초 1T : 아카시아꽃 발효액 1T : 볶은 소금 0.5t의 비율로 배합한다.
소스 : 찜된장 1T : 백초 발효액 1T : 유자청 1T : 땅콩 맛가루 1t : 참기름 1t의 비율로 배합한다.

* 음양채소 김밥은 썰었을 때 밥보다 채소가 많이 보이게 해야 하며, 밥알은 채소의 접착제 역할만 하게 한다.

1 불린 멥쌀에 다시마를 넣어 고슬고슬하게 밥을 짓는다.
2 밥이 완성되면 뜨거울 때 촛물을 뿌려 고르게 혼합한다.
3 준비한 김은 살짝 구워 둔다.
4 채소는 뿌리와 잎을 구분하여 씻고 따로따로 곱게 채를 썰어 소쿠리에 담는다.
5 김발에 김을 올리고 밥 1/4T를 나누어 김 전체에 고루 붙여 준다.
6 다시 김을 올려 같은 방법으로 밥알을 붙여 2장을 맞붙여 준다.
  Tip 김 2장에 들어가는 밥의 양은 1/2T 정도이며, 손에 소금물이나 참기름을 발라 붙이는 것이 좋다.
7 음 채소 50g 정도를 밥 위에 올리고 김밥을 말듯이 싼다. 양 채소도 같은 방법으로 한다.
  Tip 음양 채소를 고루 섞어서 이용해도 좋다.
8 완성된 김밥 표면에 참기름을 바르고 먹기 좋은 크기로 썰어 모양대로 접시에 담는다.
9 꽃이나 베이비채소를 올려 장식을 한다.
10 소스를 분량대로 만들어 고명으로 올리거나 찍어 먹는다.

03

인체의 신진대사를 돕는

효소발효액

효소발효식품은 섭취 시 바로 인체에 흡수된다.
때문에 소화를 촉진시키고 신진대사와 분해·해독작용을 도와
기본적인 체력을 유지하도록 해준다.
특히 효소의 원액은 위에서 자체 소화 분해되고 소장에서 흡수되어
신체의 전 기능에 효력을 발휘한다.

인체의 신진대사를 돕는
효소발효액

산야초 제조 효소발효액

새로운 발효식품

21세기 인류의 건강을 이야기할 때 발효식품을 빼 놓을 순 없다. 많은 미래 학자들도 역시 발효식품의 시대는 계속될 거라고 예언한다.

김치를 비롯하여 간장·된장·고추장·청국장·장아찌·젓갈 등이 전통음식의 바탕을 이루고 있는 우리나라는 발효식품의 천국이다. 이러한 전통 발효식품들과 함께 새롭게 각광받고 있는 발효식품이 산야초 효소발효액이다.

옛것을 기본으로 삼아 시대에 맞는 새로운 음식을 만들어 내는 일은 이 시대를 사는 우리의 책무이기도 하다. 산야초 효소발효액은 우리 세대가 올바른 제조 체계를 만들어 후대에 길이 전해줘야 할 중요한 발효식품의 하나로 자리잡아 가고 있다.

국내에 원당이 수입되고 설탕이 가공되어 설탕 사용이 보편화되기 전까지는 설탕을 침장원으로 사용하는 발효식품은 엄두도 내지 못했던 것이 사실이다. 하지만 지금은 설탕이 소금과 함께 중요한 발효식품의 침장원으로 자리를 잡아 가면서 과일이나 산야초로 발효한 '산야 초효소발효액'이 생활 깊숙이 다가오고 있다.

왜 산야초를 찾는가?

최근 약용식물에 대한 관심도가 높아지면서 여러 약초들이 건강채소로 재배·생산되어 발효재료나 나물·쌈채·비빔밥·차 등으로 활용되고 있다. 따라서 산야초에 대한 관심 또한 높아지고 있다.

산야초는 인위적으로 개량·재배되는 작물이 아닌, 우리 산이나 들에서 스스로 자라고 또 식용이 가능한 모든 식물을 가리킨다. 대자연 속에서 스스로 자라난 산야초는 강인한 생명력을 지니고 있다. 그들은 자신을 둘러싼 자연환경과 늘 부딪치며 살아간다. 긴 장마에 시달리거나 오랜 가뭄을 겪는가 하면, 극심한 추위와도 싸워야 한다. 또 사는 내내 해충과 부단히 싸우며 다른 식물과의 치열한 영역 다툼에서도 살아 남아야 한다. 산야초의 생명력은 이런 치열한 생존경쟁을 통해 길러진다. 이것이 산야초의 영양분이나 향취가 재배채소와 비교될 수 없는 이유이며, 채취 후에 재배채소에 비해 신선함이 훨씬 오래 유지되는 이유이다.

  산과 들에 자생하는 산야초는 저마다의 강한 향과 색, 맛을 가지고 있는데 이는 스스로를 보호하고 번식하기 위한 일종의 면역체계라고 할 수 있다. 더러는 끈적끈적한 액체를 분비하거나 쓴맛·매운맛·떫은맛·단맛·짠맛·신맛 등의 성분을 만들어 동물로부터 자신을 지키는데, 이런 물질들은 사람이나 동물들에게는 때론 약이 되고 때론 독이 되기도 한다.

  우리 선조들은 산이나 들에서 대대로 이어온 경험을 통해 약과 독을 구별하고 또 배합하여 몸을 보하고 질병을 치유해왔다. 또 그것을 입에서 입으로 전하거나 《동의보감》 같은 체계적인 자료로 남겨 후대에 큰 영향을 주고 있다.

  야생의 동물들 또한 진화의 과정을 통해 자연으로부터 스스로 치유하는 법을 깨우치고 그것을 그들의 유전자에 입력해 두고 살아간다. 예를 들면 꿩은 날개나 다리를 다쳤을 때 늙은 소나무의 송진을 주둥이로 쪼아 상처에 문지른다고 한다. 송진이 살충·살균·진통작용을 하고, 상처를 보호해서 새살을 돋게 하는 성분이 있다는 것을 사람보다 먼저 알았던 것일까?

  산야초의 뿌리는 흙 속에서 자양분을 얻고, 잎은 광합성작용을 통해 태양의 에너지를 흡수해 대지의 생명력을 농축한다. 때문에 산야초에는 섬유질이 많고, 미네랄·칼륨·인·철·칼슘·사포닌 등의 영양소가 풍부하다. 이런 산야초는 인체의 저항력을 길러 건강을 유지하고 회복시키는데 큰 힘이 된다. 이렇듯 산야초는 수많은 동물들의 식량과 약인 동시에 사람에게도 없어서는 안 될 소중하고 매우 유익한 존재이다.

산야초 효소와 건강

  동양의학에서는 질병을 '음양의 부조화로 인해 인체의 균형이 깨져서 나타나는 증상'으로 규정하고 있다. 곧, 질병이란 사회적·환경적 영향으로 식생활의 부조화가 발생하고 인체의 면역체계에 이상을 초래하여 발생하는 것이다.

효소는 우리의 탄생과 함께 생성되며, 이 인체 내의 미생물이 음식물을 통해 얻은 에너지와 결합하면서 면역체계를 이어나가는 것이다. 그러나 나이가 들어가면서 사람마다 효소의 체계에 차이가 생겨나고, 부족하거나 혹은 균형이 깨지게 된다. 때문에 이때 가장 필요한 일은 자연식으로 부족한 효소를 채워 면역체계의 활동을 도와주는 것이다.

육식동물이 풀을 소화하지 못하고 채식동물이 육류를 소화하지 못하는 이유는 각자 몸의 효소체계가 다르기 때문이다. 또 육류와 채소를 모두 소화해 내는 우리도 간혹 육류나 채소를 먹고 소화가 되지 않아 탈이 나고 배변장애가 올 수 있는데, 이러한 증상들은 주로 효소의 부족 현상과 관련이 있다. 현대병이라 불리는 아토피성 피부염·당뇨·고혈압·심장질환 등의 발병에는 잘못된 식생활이 원인이 되는 경우가 많다.

예부터 농경문화를 이어온 우리 민족에게 가장 잘 맞는 음식은 계절에 맞는 제철음식과 발효저장음식, 세시풍속에 따른 자연약선음식들이다. 그리고 이 모든 음식의 중심에는 우리 땅에서 자란 산야초가 있다. 산야초는 오랜 세월 동안 우리와 함께한 민초로서 배고픔을 달래주고 질병을 치료하는 구황식물이자 필수 의약품이었다.

이런 산야초가 최근 다시 주목을 받고 있다. 나물이나 장아찌와 같은 음식이나 여러 질병에 약초로 쓰임은 물론, 음식의 맛을 내는 천연양념과 우리 몸을 지키는 건강음료로 새로운 지평을 열고 있는 것이다. 이 중 특히 산야초 효소발효액은 설탕의 삼투압 작용으로 추출된 액을 발효 숙성시켜 만들어 내는 과학적 원리의 산물이라 할 수 있다.

다양한 종류의 산야초 약재들

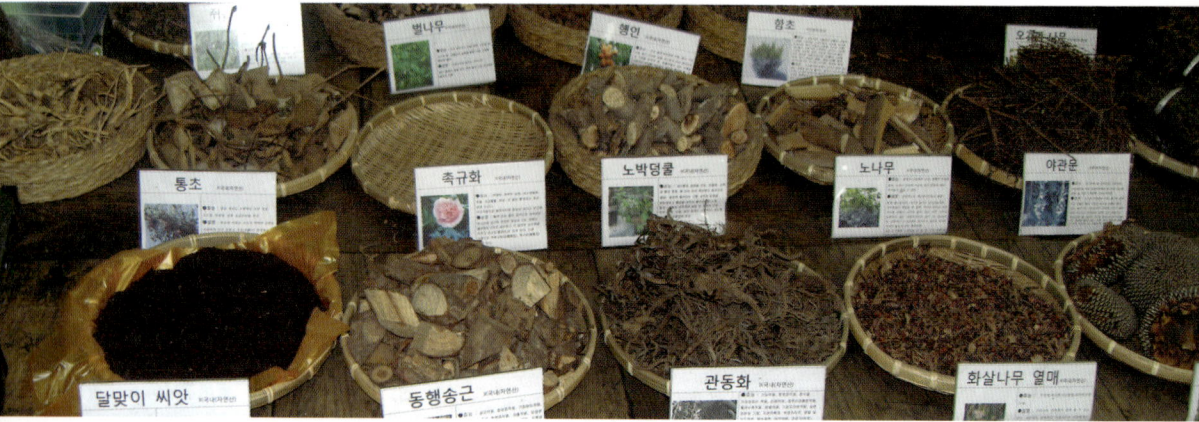

발효액(酵素, enzyme)이란 무엇인가?

> 엔자임이란 효모에 의해 만들어지는 일종의 단백질이다. 이 복합체는 호르몬이나 비타민처럼 인체 내의 각종 반응과 순환을 원활하게 진행시키기 위해 작용하며, 또한 미생물들이 영양물을 외부에서 끌어 들이기 위해서도 없어서는 안되는 물질이다.

효소발효가 인체에 미치는 영향

효소발효식품은 섭취 시 바로 인체에 흡수된다. 때문에 소화를 촉진시키고 신진대사와 분해·해독작용을 도와 기본적인 체력을 유지하도록 해준다. 특히 효소 원액은 위에서 자체 소화 분해되고 소장에서 흡수되어 신체의 전 기능에 효력을 발휘하는데, 이렇게 생성된 에너지는 세포의 활동이나 뇌의 활동을 돕는 것으로 알려져 있다.

효소의 6대 작용

- **소화흡수 작용**
  흡수되기 쉬운 상태로 분해하고 혈액을 통하여 각종 영양소를 장기에 공급하게 함.

- **분해배출 작용**
  세포에 쌓인 각종 노폐물을 땀이나 소변 및 가스를 통하여 몸 밖으로 배출시킴.

- **항염·항균 작용**
  세포를 활성화시켜 염증을 소멸시키고 백혈구를 끌어 들여 저항력을 강화시킴.

- **혈액정화 작용**
  혈액속의 독이나 이물질을 분해하고 특히 산성혈액을 조절하여 건강한 중성 내지는 약알칼리성 혈액으로 개선시킴.

- **세포부활 작용**
  세포의 신진대사를 강화시켜 노화된 세포를 새로운 세포로 생성시키는 역할을 함.

- **해독살균 작용**
  간 기능을 강화시켜 외부로부터 들어온 성분을 빨리 분해·해독·배출하게 함.

재료 채취와 전처리

산야초 채취의 시기와 방법

① 봄

생명을 잉태하는 시기인 양력 4~5월에는 산야초의 뿌리와 새순을 함께 사용한다. 이 시기는 뿌리의 영양분으로 싹을 내는 시기이므로 새순과 뿌리에 고루 영양이 충만하다.

② 여름

6~7월에는 산야초가 왕성하게 꽃을 피우고 열매를 맺기 위해 강한 에너지를 함유하는 시기이므로 잎과 줄기를 사용하는 것이 좋으며, 가을로 접어드는 8~9월에는 열매를 맺기 시작하므로 줄기와 잎·열매를 모두 사용한다.

③ 가을

10~11월에는 산야초가 결실을 마치고 뿌리에 양분을 거두어들이는 시기로, 뿌리와 잎·껍질·열매 등에 모두 에너지가 충만하다.

자연 산야초의 초·근·목·피를 사용하거나 농사를 지어 거둘 때는 반드시 그 수확 시기를 맞추는 것이 좋다. 또 몸에 좋다하여 무조건 쓰지 말고 체질과 몸 상태를 고려한 뒤, 본초에 대한 지식을 익히고 전문가와 상의 후에 사용하는 것이 좋다. 자연에서 자라는 식물들은 비슷하게 닮은 종류들이 많아 간혹 초목을 잘못 인식하여 인명피해를 입기도 하기 때문에 채취 이전에 반드시 지식을 쌓고 면밀한 관찰력을 가져야 한다.

또한 식물들은 대체로 나와 가까이 있으며 흔하게 접하는 것들이 좋다. '신토불이'라는 말이 있듯이 내가 사는 곳에서 나고 자라난 것들이 내 몸이 먼저 알고 자연스럽게 받아들인다.

우리 인체는 개개인의 생활 습관과 면역력이 조금씩 다르기 때문에 똑같은 방법으로 사용하는 것은 삼가해야 하며, 식품으로 사용할 수 있는 것은 쓰는 양을 주의해서 사용하는 지혜가 필요하다.

내게 도움을 준 좋은 산야초를 만났다면, 가을에 그 씨앗을 받아 주변에 잘 뿌려 풀 농사를 지어 보는 것도 좋은 일이다. 아무리 지천으로 흔하게 깔린 것이라 할지라도 사람들이 알아보기 시작하고 세월이 흐르면 쇠퇴할 수 있기 때문이다. 자신의 이기심이 자연을 아프게 할 수 있다는 것을 알고 자연을 대하면 자연은 반드시 우리에게 되돌려 줄 것이다. 자연은 우리 모두가 지켜야 하는 소중한 친구이다.

재료의 선택과 손질

발효액에 쓰이는 재료는 무엇보다 제철에 난 것을 사용하는 것이 좋다.

뿌리째 채취한 재료는 뿌리를 잘게 자른 후 잎과 함께 담그는데, 작은 뿌리는 그대로 사용하고 큰 뿌리는 잘게 찢어서 사용하는 것이 좋다. 또 전분이 많은 재료는 자른 후에 흐르는 물에 한 번 씻어 전분을 제거하고 사용한다. 새 잎이나 어린 순은 그대로 담아도 무방하며, 여름철 거친 잎이나 순들은 잘게 잘라 담근다. 열매는 너무 덜 익은 것보다 성숙하기 바로 전의 것이 맛과 향이 좋다.

모든 재료는 제철에 성숙한 것이 좋고 시기에 따라 쓰는 부분이 다르게 적용되며 활용하는 방법에도 다소 차이가 있음을 유념해야 한다.

재료의 전처리

① 3~5월
- **재료**: 민들레, 냉이, 미나리, 돈나물, 아카시아꽃, 당귀순, 풋마늘, 곰보배추, 쇠비름, 쇠뜨기, 왕고들빼기, 오가피순, 수영, 청미래덩쿨순, 환삼덩쿨 등
- **전처리**: 잎이나 줄기가 큰 것은 반 뼘 크기만큼 자른 후 먼지를 씻어 물기를 빼준다.

② 6~8월
- **재료** : 매실, 돌복숭아, 오디, 쑥, 복분자, 인동초, 땅두릅순, 엉겅퀴, 달맞이, 지칭개, 뽕잎, 배초향, 쇠비름, 칡순과 잎, 연잎과 꽃, 머위잎, 새삼, 취, 배초향, 오가피열매 등
- **전처리** : 매실과 돌복숭아 등은 씻어 꼭지를 떼어주고 벌레 먹은 곳은 도려내며, 오디와 복분자 등은 티를 골라내고 그대로 사용한다. 칡순, 머위잎, 연잎처럼 잎이 큰 것은 잎과 줄기를 씻어 잘라 물기를 빼고 사용한다.

③ 9~11월
- **재료** : 오미자, 도라지, 쇠무릎지기, 왕고들빼기, 돼지감자, 국화류, 더덕, 생강잎, 배, 조릿대
- **전처리** : 도라지와 더덕, 돼지감자는 흙을 씻어내고 그대로 사용하거나 큰 것은 일정한 크기로 자른다. 왕고들빼기, 국화, 쇠무릎지기처럼 뿌리가 길고 큰 것은 잘게 잘라 사용한다.

재료를 발효하고 난 후에 남은 잎이나 뿌리 등의 건더기들은 버리기 아까운 것들이 많은데, 이것들을 장아찌나 차로 만들어 먹을 수 있도록 사전에 고려하여 재료를 손질하는 것이 좋다. 다시 강조하지만 재료는 제철에 가장 흔하게 자란 것을 사용하는 것이 좋으며, 냉장고에 넣어 보관했다가 사용하는 것은 좋은 방법이 아니다.

용기의 선택

모든 효소는 단백질로 이루어져 있기 때문에 약간의 고온에서도 쉽게 파괴되어 촉매 능력을 잃게 된다. 또 수소이온 농도가 조금만 변해도 단백질의 변성을 가져오게 되며, 일단 온도나 pH에 의해 불활성화되면 촉매기능을 상실하게 된다.

모든 효소는 반응에 적합한 온도와 pH가 있는데, 최적 온도는 사람의 체온과 비슷한 30~40℃이며, 재료에 따라 다소 차이가 있으나 30~60일간의 발효가 적당하다.

이러한 면에서 발효액을 담글 때 용기의 선택은 중요하다. 유기염소화학 물질로 만든 플라스틱류는 밀폐되어 온도가 높아지면 화학물질이 용출(溶出)될 수 있어 그로 인해 좋지 않은 냄새가 나고 맛을 해칠 우려도 있다. 유리병은 유해물질이나 냄새는 용출되지 않으나 통풍이 되지 않는 단점이 있다. 그러나 발효가 진행되는 것을 육안으로 살피며 관찰할 수 있어 학습용으로는 장점이 있다.

여러 종류의 옹기 항아리

발효액을 담글 때 가장 적합한 용기는 옹기 항아리이다. 자연과 호흡하며 살아 숨쉬는 전통 옹기를 사용하는 것은 우리 몸을 위해서도 마땅한 일이다. 우리가 만드는 효소 발효액은 통기성 미생물이 작용하므로 산소가 있으나 없으나 상관없이 잘 자라지만, 혐기성 상태의 발효 시에는 알코올 효모가 생성되어 초맛이 강하게 날 수 있다.

전통방식으로 만든 옹기 항아리는 스스로 호흡하고 온도를 조절하여 별다른 관리를 하지 않아도 발효액이 좋은 맛을 낼 수 있는 환경을 조성하지만, 전통 옹기 항아리가 아닌 경우에는 화학 유약이 사용되어 옹기가 스스로 호흡하지 않을 수도 있으니 자주 저어 주어 산소 호흡을 할 수 있는 환경을 만들어 주어야 한다. 이렇게 관리하여야 비로소 좋은 맛의 발효액이 만들어진다.

침장원(설탕)의 선택과 활용

당류는 '단백당형'이라는 단백질과 지방이 결합된 형태의 거대한 분자를 형성하는데, 이는 유용한 물질로서 살아 있는 생명체에 영양을 공급하는 중요한 역할을 한다.

이러한 작용으로 정제된 설탕은 세포 속에 들어 있는 미생물들의 활동을 도와 발효액을 만들어 낸다. 우리 인체가 하루에 소화할 수 있는 설탕량은 1티스푼 정도인데, 이렇게 적은 양의 당은 생명체의 균형을 이루는데 에너지로서 중요한 역할을 한다.

우리가 발효를 하거나 식물의 엑기스를 추출할 때에 보통은 정제당인 백설탕, 황설탕, 흑설탕을 사용한다. 설탕은 식물에 들어 있는 효소의 작용을 억제·방부작용을 하고 분리된 수분 속에 살아 있는 미생물 활동을 돕는 물질인 만큼 재료에 따라 투입되는 설탕량은 환경적인 조건, 즉 기후와 재료의 수분 함유에 따라 조금씩 차이를 두어야 미생물을 발효하는데 도움이 된다.

그러나 설탕을 너무 많이 넣어 녹지 않은 상태에서는 미생물 활동이 활발히 일어나지 못한다. 따라서 재료의 수분함유량에 따라 설탕을 적절히 투입하면 스스로 필요한 열을 발생시키고 온도를 조절하여 미생물 활동이 활발해진다.

재료에 대한 설탕의 초기 투입량은 재료가 가진 수분과 과육 또는 질감에 따라 다소 차이가 있을 수 있는데, 꿀처럼 농도가 짙어 끈적끈적한 상태는 발효가 진행되고 연소되는 시기가 늦춰지는 요인이 되므로 초기에는 수분 함유량의 60% 이상을 넘지 않도록 한다. 또 재료를 위아래로 자주 뒤집어서 산소 공급을 원활하게 하고, 설탕과 재료가 잘 혼합되게 해주면 미생물이 잘 발효되어 새콤달콤한 효소가 만들어진다. 수분이 없는 특수한 재료를 사용할 때에는 필요한 수분(시럽)을 따로 보충하여 주도록 한다.

침장원(설탕)

설탕의 원료가 되는 사탕수수나 사탕무에서 원료를 추출하여 여과 과정을 거친 후, 결정화시킨 것을 '원당'이라 한다. 우리나라에서는 이 원당을 수입하여 용해시킨 후, 이물질을 제거하고 수분을 증발시킨 다음 반죽 상태로 원심분리기에 넣어 설탕을 뽑아내는데, 이때 먼저 뽑혀 나온 설탕은 결정 자체가 흰색을 띠므로 '백설탕(순수당)'이라 한다(당도 99.95%). 계속 원심분리기를 돌려 설탕을 뽑게 되면 열에 의해 약간씩 갈색으로 변색된 설탕이 나오게 되는데, 이를 '황설탕(중백당)'이라 말한다(당도 99.50%). 백설탕과 황설탕은 순도 면에서 0.45%차이가 있을 뿐 성분 면에서는 거의 차이가 없으며, 공정순서상 색깔의 차이로 이름 붙여진 것이다. 따라서 황설탕이 백설탕보다 덜 정제된 것이라는 이야기는 잘못된 것이라 할 수 있다.

'흑설탕'이라고 하는 정제삼원당은 황설탕에 탄수화물로 만든 카라멜을 넣어 색을 검게 보이게 한 것이다(당도 86% 이상). 또 원심분리기로 설탕을 뽑으면 찌꺼기가 나오는데, 이 찌꺼기와 가공하기 전의 원당을 녹여 걸러진 불순물을 합한 것을 '당밀'이라 한다.

분당이나 슈거파우더 같은 분말 타입은 수분 함량이 낮아 바삭한 음식을 만들거나 음식의 데커레이션에 활용하기 좋아 빙과류·껌·양과자에 주로 사용된다. 시간이 지나도 녹거나 뿌옇게 변하지 않도록 밀 입자에 유지를 코팅한 데코스토우 역시 백설탕의 한 종류로 쉽게 변치 않아 제과나 제빵에서 장식용으로 많이 사용한다. 백설탕에 비해 순도가 높은 그라뉴당은 광택이 있고 녹기 쉬워 콜라를 비롯한 많은 음료에 사용되므로 '콜라당'이라 부르기도 한다.

설탕의 제조 과정

- **원당**
  사탕수수 → 파쇄 착즙 → 여과 → 수분 건조 → 분쇄

- **설탕**
  원당 반죽 용해 → 원심분리기

  - 1차 : 백설탕 순수당(당도 99.95%)
  - 2차 : 황설탕(열에 의한 갈변중백당) : 당도(99.50%)
  - 3차 : 흑설탕(정제삼온당) : 당도(86% 이상)
    * 탄수화물로 만든 카라멜 혼합
  - 4차 : 당밀(여과찌거기)

▼ (왼쪽 위부터 시계방향으로) 원당 · 백설탕 · 황설탕 · 흑설탕

설탕의 색상에 따른 선택과 활용

인류가 발견한 최초의 천연 감미 식품으로 알려진 설탕은 종류별로 당도와 색상이 다르고 그 쓰임새도 다르다. 당도가 가장 낮은 흑설탕은 조리 시에 특유의 향과 맛을 내고 음식의 색을 진하게 하므로 호두파이 등의 제과 제조에 잘 어울린다. 또한 정제 과정에서 2차로 생산되는 황설탕은 독특한 풍미가 있어 쿠키 종류를 제조할 때 사용하면 안성맞춤이다.

반면 입자가 작고 순도가 높은 백설탕은 담백한 단맛이 있으며, 재료의 본색을 내고 보존하기 좋기 때문에 각종 요리는 물론 디저트, 음료 등 매우 다양한 곳에 사용된다. 따라서 제조하는 음식에 맞게 분당, 슈거파우더, 그라뉴당 등 다양한 타입으로 개발되고 있다.

재료와 침장원(설탕)의 비율

어느 재료를 막론하고 재료의 수분함량과 설탕의 비율은 1:1을 원칙으로 하나 상황에 따라 조절할 수 있다. 수분 함량이 70% 미만일 경우에는 시럽으로 수분함량을 조절하여 보충하여 주는데, 시럽을 만들 때는 물과 설탕의 무게 기준을 동량으로 한다.

단, 당도가 있는 재료는 당도에 따라 설탕의 양을 조절한다. 예를 들어 당도가 15브릭스일 경우 100g당 15g의 설탕을 줄이면 된다.

발효액과 설탕의 농도

효소의 촉매 반응 속도에 가장 큰 영향을 미치는 것은 기질의 농도이다. 이 기질 농도를 높여 나갈수록 초기 속도가 점차 감소한다. 결국 기질을 무한히 넣어주어도 그 속도가 증가하지 않는 지점이 나오는데 이를 '최대 속도'라 한다.

효소는 너무 높거나 낮은 온도, 강한 산성과 알칼리성, 또는 높은 알코올, 높은 염분, 높은 당도를 만났을 경우 그 작용은 저해되며 심지어는 그 성질을 잃게 되어 비활성화 되기도 한다.

산야초 효소발효액 만들기

재료의 수분 함량과 당분을 다음과 같이 분류하며 설탕(침장원) 사용의 기준을 삼는다.

수분 및 당분 함유표

분류 1	분류 2	분류 3 / 숫자 %	평균 수분 %		당도 브릭스*	비고
			잎 / 육	뿌리		
초본류	육생초	쑥 72-81, 민들레 88, 당귀 76, 돌나물 95, 비름 89, 곰취 86, 원추리 88, 질경이 84, 수리취 79, 고사리 91, 둥굴레 84, 유채 88, 쑥부쟁이 84, 씀바귀 86, 자운영 87, 잔대잎 86, 제비쑥 88	85	75		전초일 경우 80%
	수생초	미나리잎/줄기 93/94, 밭미나리 90	90			
	근초류	더덕 83, 인삼 72, 도라지 72, 칡 60, 잔대 66, 산마늘 85		75		
수엽류	활엽	뽕잎 77, 감잎 65-80, 가시오가피순 80, 아주까리잎 73, 엄나무잎 86, 홍화잎 86	75			
	침엽	솔잎 54-58	55			
목본류	생목	오가피, 옻	80			물에 띄워 가늠
	건목	천궁, 당귀, 백작약, 생지황, 계피	10			
과실류	하과	오디 84-87, 산딸기 91, 딸기 90, 매실 91, 머루 81, 개복숭아 90, 앵두 91, 자두 93, 포도 84-87, 참외 89, 수박 93-95, 복숭아 90-92, 블루베리 85, 살구 91, 복분자 87, 오미자 80	90		15 내외	당도에 따라 조절
	추과	사과 84-87, 배 88-90, 감(연시) 84, 감귤 89, 단감 72, 한라봉 85, 다래 81, 모과 78, 무화과 85, 석류 84, 유자 86, 으름 72, 탱자 78	85		10 내외	당도에 따라 조절
	견과	밤 60-64, 도토리 45, 은행 54, 대추 74, 마름 52, 연씨 78	60			
	외과	레몬 90, 망고 81, 멜론 88, 바나나 77, 블루베리 85, 오렌지 87, 키위 84, 파인애플 93	85			

* 브릭스(Brix): 과일이나 당이 들어간 액체의 당 농도 단위로, 당이 들어간 액체 100g 안에 1g의 당이 있으면 1 브릭스, 2g의 당이 있으면 2 브릭스가 된다.

분류 1	분류 2	분류 3 / 숫자 %	평균 수분 % 잎/육	뿌리	당도 브릭스	비고
채소류	엽채류	배추 96, 상추 95, 깻잎 86, 케일 86, 양배추 94, 냉이 88, 시금치 89, 보리순 80, 부추 91, 치커리 94, 브로콜리 89, 양상추 96, 두릅순 91, 근대 93, 무잎 92, 순무잎 91, 셀러리 91, 적겨자 93, 콩잎 70, 호박잎 89, 고추냉이 88, 고추잎 82, 신선초 80, 고수 88, 쑥갓 91, 갓 88, 우엉 83, 청경채 94, 고구마잎 84, 파슬리 88, 아욱 92	90			
	경채류	고구마줄기 91, 마늘쫑 83, 죽순 93, 모시대 91, 토란대 93, 머위대 89	90			
	근채류	풋마늘 86, 무 94, 당근 90, 연근 80, 생강 83, 순무 90, 양파 90, 대파 91, 쪽파 90, 달래 90, 양하 96, 야콘 84, 치커리근 80		90		
	과채류	오이 96, 노각 98, 가지 93, 동아 96, 풋고추 93, 피망 (녹/적 94/92), 단호박 79, 풋호박 96, 박 94, 수세미 98, 늙은호박 91, 토마토 95, 파프리카(녹/적 96/92)	90			
버섯류	하드류	상황 10, 영지 12, 건표고 12, 석이 15	10			
	소프트류	송이 87, 생표고 91, 양송이 91, 큰느타리 88, 느타리 91, 팽이 90, 싸리 90	90			
해초류	해상초	함초, 나문재 등	91			
	해저초	김 91, 미역 89, 다시마 91, 톳 88, 꼬시래기 90, 우뭇가사리 70, 청각 95, 파래 91	85			
기타	화초류	국화꽃잎 92, 진달래꽃 92, 아카시아꽃 91	90			
	효모	생효모(yeast) 70, 건효모 9	70			

* 이 자료는 채집 시기에 따라 다소 차이가 있을 수 있다.

발효액 담그기 준비

    산야초나 채소·과일 등을 활용하여 발효액을 만들 경우 재료가 선정되면 우선적으로 재료 속에 함유되어 있는 수분의 함량과 재료가 가진 향과 맛, 색을 고려하여 설탕의 종류를 선택한다.

발효액 담그기 전 공통 준비 사항

- 산야초 재료, 설탕
- 설탕시럽: 설탕시럽은 물과 설탕을 1:1 무게로 만든다.
- 물을 끓여 열탕 소독하거나 화염 소독한 옹기
- 재료를 설탕과 버무릴 깨끗이 씻은 넓은 용기
- 재료를 측량할 저울
- 설탕을 퍼 넣을 바가지
- 재료를 썰 수 있는 칼, 도마
- 두꺼운 한지, 고무줄 등
- 발효기록 일지

 발효기록 일지 〈예시〉

	발효기록 일지		
담은 년도와 날짜	2010년 5월 10일	채집장소	모악산 밑 묵정밭
재료의 이름	- 꽃이 피지 않은 지칭개 뿌리와 잎 - 연하고 크기가 크지 않아 뿌리째 담았음		
재료의 무게	30kg		
특이사항	쓴맛이 강하다.		
거른 날짜	7월 15일		
기타	- 발효가 되면서 쓴맛이 줄어들고 풍미가 좋다. - 거른 재료를 잎만 손질하여 고추장을 넣어 장아찌를 만듦		

* 일지를 기록해 두면 발효액 만들기에 많은 도움이 된다.

재료별 설탕 함량과 제조법

1) 재료의 수분 함량이 80% 이상인 재료의 경우

예) 미나리, 돌나물, 풋마늘대, 호박, 아카시아꽃, 양파, 오갈피순, 쑥, 매실 등
    (씨앗이 있는 경우 씨앗을 분리한 무게를 잰다)

① 재료 준비 / 수분 함량표에 따른다(재료 : 설탕).   ✽ 121~122p 수분 함량표 참고
② 재료를 깨끗이 씻어 5~10cm 정도로 자른다.
③ 설탕 60%로 버무려 용기에 담는다.
④ 재료를 담은 용기에 넣고 설탕으로 덮어 준다.
⑤ 한지로 덮어 고무줄로 단단히 묶어 준다.

2) 재료의 수분 함량이 80% 미만인 재료의 경우

예) 도라지, 생강, 솔잎, 질경이, 민들레, 뽕잎, 인삼, 지칭개, 당귀 등

① 재료 준비 / 수분 함량표에 따른다(재료 : 설탕).   ✽ 121~122p 수분 함량표 참고
② 재료를 깨끗이 씻어 도라지, 인삼은 5~10cm 정도로 자른다.
③ 재료에 준비된 설탕의 40~50% 정도만 넣어 잘 버무려 담는다.
④ 시럽을 넣어 재료를 담은 용기에 넣고 설탕으로 덮어 준다.   ✽ 125p 시럽 만들기 참고
⑤ 한지로 덮어 고무줄로 단단히 묶어 준다.

3) 당도가 높은 재료(과일)

✽ 소금을 넣어줄 경우에는 재료 1kg당 3g 정도만 투입한다.

예) 포도, 오디, 복숭아, 매실, 사과, 유자, 감, 살구, 돼지감자 등

① 재료 준비 / 수분 함량표에 따른다(재료 : 설탕).   ✽ 121~122p 수분 함량표 참고
② 예) 당도가 10브릭스(100g/10g)일 경우 10%의 설탕량을 줄인다.
③ 재료를 깨끗이 씻어 큰 것은 5~10cm 정도로 자른다.
④ 재료에 준비된 설탕의 40~50% 정도만 넣어 잘 버무려 담는다.
⑤ 한지로 덮어 고무줄로 단단히 묶어 준다.

4) 전분이 많은 재료

예) 천마, 돼지감자 등

① 재료를 3~4m 썰어 물에 한 번 헹궈서 담는다.
② 전분이 많은 재료들을 그대로 썰어 담으면 재료의 전분(탄수화물)이 효모의 활성에 영향을 미쳐 쌀뜨물처럼 뿌옇게 되거나 미끌미끌한 액처럼 변할 수도 있다.

■ 설탕시럽 만들기

재료 : 백설탕 1kg, 물 1L(설탕시럽 2L 분량)

① 물 1L에 설탕 1kg을 넣는다.
② 냉수에 설탕을 넣고 완전히 녹여 준다. 시럽 당도(50브릭스)
③ 완성된 설탕시럽은 상온에 오래 두지 않으며, 부득이한 경우에는 냉장고에 보관한다.

　※ 흑설탕만을 사용할 경우에는 설탕의 당도에 따라 양을 추가한다.

발효액 담그기

① 1차 재료에 준비된 설탕을 초기에 40~50% 정도를 넣어 잘 버무려 항아리에 차곡차곡 넣는다(재료에 따라(예: 매실) 설탕이 고루 묻지 않을 수 있으니 시럽을 만들어 먼저 버무려 설탕이 고루 묻을 수 있도록 하면 재료가 발효되는데 도움을 준다).

② 담겨진 재료 위에 투입 예정된 설탕 10~20% 정도를 덮는다.

③ 한지를 덮고 고무줄을 채워 바람이 잘 통하는 쾌적한 장소에 보관한다.

④ 봄과 가을철에는 5~7일(27~28℃의 온도), 겨울철에는 10~15일, 여름철에는 3~4일 정도 후에 항아리를 열고 이미 녹은 설탕은 재료와 함께 위아래로 뒤집어 고루 섞어주고, 항아리 바닥에 설탕의 여부를 확인하고 뚜껑을 한지로 덮은 다음 고무줄로 단단히 봉한다.

⑤ 항아리를 열어 보아 향기가 새콤하고 맛은 달게 느껴지면 이미 발효가 잘 진행되고 있다는 것이며, 만약 맛이 시큼하게 느껴졌다면 예정된 설탕량의 5~10% 범위 내에서 추가로 위에 덮어 주고 다시 한지로 봉한다.

⑥ 이후 3일 정도가 되면 다시 뒤집어 주는 과정을 반복, 발효가 진행되는 동안 계속한다(반복하는 동안 맛을 보아가며 예정된 범위 내에서 설탕을 추가할 수 있다).

＊ 산야초 효소발효액의 최대 관건은 설탕량을 최소화하여 발효에 성공하는 것이다.

⑦ 재료가 고루 쪼글쪼글해져서 위로 다 뜨면 거른다(연한 잎 30~40일 정도, 매실의 경우 45일 정도, 억센 재료는 60일 정도).

⑧ 넓은 그릇에 채반을 올리고 그 위에 소쿠리를 올려 바가지를 이용해 발효가 된 건더기와 즙을 함께 소쿠리에 담고 즙이 소쿠리 밑으로 다 빠지기를 기다린다.

⑨ 다른 소쿠리에 광목을 깔고 다시 채반 위에 올려놓고 소쿠리를 올려 ⑧에서 얻은 즙을 이물질이 들어가지 않게 다시 거른다.

⑩ 2차 발효 과정에서 액이 넘칠 우려가 있기 때문에 거른 액을 항아리에 다시 담는다(이때 즙액의 양은 항아리의 70% 이상이 넘지 않게 한다).

⑪ 한지를 뚜껑삼아 고무줄을 묶어 초파리가 들어가지 않게 봉한 다음, 공기가 잘 통하는 쾌적한 공간에 두고 재료에 따라 9개월 이상 숙성한다(당뇨가 있는 사람은 1년 이상 숙성을 하여 먹는 것이 좋다).

⑫ 잘 발효된 발효액은 새콤하면서도 달콤한 맛과 재료의 향긋함이 살아 있으며, 시간이 흐를수록 단맛이 줄고 산뜻하며 깊은 맛이 난다.

※ **주의 사항**

① 항아리에서 발효액을 뜰 때 바가지에 이물질이 묻지 않도록 주의한다.
② 발효액을 담아 이동할 경우에는 소독하여 물기를 제거한 깨끗한 유리용기를 사용한다.
③ 발효액을 옮겨 담아 뚜껑을 꼭 닫아 두었을 경우나 심하게 흔들렸을 때 뚜껑을 열면 '펑' 하는 소리와 함께 발효액이 흐를 수 있으나 보름 정도 시원한 곳에서 안정시키면 괜찮아진다.
④ 간혹 숙성 중인 발효액이 온도의 변화나 기타 환경 조건으로 다시 효소 활동을 하여 거품이 생길 수 있으나 이때 소량의 설탕을 넣어 주면 곧 안정된다.

관리 방법

① 전통 항아리에 산야초와 설탕을 고루 섞어 용기의 70% 정도 담고, 그 위를 재료가 보이지 않도록 설탕으로 덮어 준다(이는 발효 진행 초기에 항아리 외부에서 다른 미생물의 번식하는 것을 억제하기 위함이다).

② 항아리 입구에 두꺼운 한지로 씌워 고무줄로 봉한 후, 공기가 잘 통하는 그늘에 보관한다. 재료와 외부 환경, 온도에 따라 다소 차이가 있지만 여름에는 3~4일 후부터 서서히 발효가 진행된다. 외부의 온도가 높으면 초파리가 생기는데, 항아리 속으로 초파리가 들어가는 것을 막기 위해 뚜껑 관리에 신경을 쓴다(발효가 진행되는 동안 거품이 올라오며 뽀글거리는 것은 발효가 잘 진행되고 있다는 신호이다).

③ 설탕이 재료에 고루 침투하고 재료가 발효하는데 원활한 영양 공급을 받을 수 있도록 발효하는 내내 2~3일 간격으로 위아래로 뒤집어 주며, 미생물 발효의 진행 상태를 관찰한다. 또 필요에 따라 남은 설탕을 조금씩 투입해 미생물이 잘 증식하도록 도와주며 발효가 진행되는 동안에 재료에 곰팡이가 생기지 않도록 주의해야 한다.

④ 발효가 진행되는 과정에서 필요한 당을 추가로 첨가하지 않았을 경우에는 알코올 발효가 진행될 수 있고, 자주 저어 주지 않았을 경우에는 이산화탄소가 제대로 배출되지 못하면서 빠르게 알코올이 생성되어 술맛이 나거나 초맛이 강하게 날 수 있다.

또한 1차 발효가 끝난 상태에서 거르지 않으면 역삼투압으로 조직이 물러지거나 액이 탁해져 걸죽한 상태가 될 수 있으니 유의해야 한다.

⑤ 봄이나 가을철에는 5~7일 후부터 발효가 급속히 진행되고 여름철 습한 날씨에서는 더 빨리 진행될 수 있으니, 2~3일 후부터 항아리 뚜껑을 열고 재료의 내용물에 설탕이 녹은 상태를 확인한 후에 골고루 섞여 잘 발효될 수 있도록 뒤집어 준다.

⑥ 미생물들은 유산소나 무산소, 어느 곳에서나 잘 자라는 특성을 가지고 있지만 무산소 상태에 배양한 효모는 증식은 늦어지고 당이 효율적으로 알코올로 전환되며, 산소 공급이 원활한 상태에서 배양한 효소는 증식이 촉진되지만 당은 완전히 연소한다. 따라서 산소 공급을 조절하면 알콜 음료나 당 음료 중 원하는 쪽을 얻을 수 있다.

발효 관리와 거르기

재료를 거르는 시기

재료 조직의 크기나 두께·무르기·질감에 따라 차이는 있으나 보통 1~2개월 정도 지나면 발효가 끝나게 되고, 뿌리가 나무처럼 단단한 것들은 3~6개월가량 가기도 한다.

발효 도중 연한 순 같은 것은 재료의 성분이 추출되기도 전에 위로 뜨게 되는데, 이때 고루 뒤집어 섞어 주어 골고루 액이 추출될 수 있도록 하고, 재료가 전체적으로 쪼글쪼글거리면서 위로 뜬 상태가 되었을 때 발효 산물인 액과 건더기를 분리하여 걸러서 짜낸다(건더기를 걸러 낸 후부터 숙성이 시작된다).

거르는 시기를 놓치거나, 재료가 공기에 오랫동안 노출되면 미생물이 급격히 빠른 속도로 활동하게 되어 효소 재료 윗부분에 검푸르게 곰팡이가 생기게 된다. 이때에는 재료에 술맛이 나면서 맛이 떨어질 수 있으니 주의한다.

어린 순과 열매를 같이 쓸 경우, 발효 기간이 다르므로 열매의 씨앗에서 성분이 추출되어 맛이 쓰거나 떫어지고 탁한 맛이 난다. 또한 재료를 투입한지 2~3일 후 또는 수일 동안 계속해서 다른 재료를 추가하여 발효하는 방식은 좋은 효소를 얻는데 도움이 되지 않는다.

재료의 숙성

1차로 추출한 효소액을 약 9개월~1년 이상 숙성하면 이당류에서 포도당과 단당으로 진행된 효소발효액이 된다.

보통 초기에 설탕을 많이 넣게 되면 이당류가 효율적으로 단당으로 전환되는 시기도 다소 차이가 나고, 자칫 발효되는 중에 미생물 활동이 느려져 엑기스 상태에서 걸러 내어 병에 담아둔 액의 뚜껑을 열면 샴페인처럼 '펑' 하고 효소액이 솟아오르는 경우가 있다. 이는 숙성이 되지 않은 상태이므로 좀 더 기간을 두고 숙성한다.

걸러 낸 원액을 숙성하는 과정에서 거른 후에 거품이 생겨나고 안정하는 시기는 최고 6개월가량 진행되기도 하는데, 진행하는 동안 간간히 거품은 걷어내고 저어 주며 청결을 유지하면 정상적으로 발효가 된다. 좋은 효소발효액은 정성과 시간에서 얻어진다는 것을 유념하자.

발효가 정지된 상태에서 안정기에 들어간 효소라도 용기를 교체하는 방식에 따라 다소 미세하게 미생물이 활동하기도 하는데 곧바로 안정을 되찾는다. 또 급격히 변한 온도에 따라서도 강한 반응을 보이며 재활동하기도 하는데, 이때 소량의 설탕을 투입한 후 보름 정도 지나면 안정된다.

발효를 진행하는 과정에서 일어나는 삼투작용은 재료를 담고 있는 용기에 영향을 받기도 하며 장소나 환경에 영향을 받기도 한다. 따라서 대량 생산되는 것인가 적은 양의 발효를 하는 것인가에 따라 용기의 선택과 환경이 중요하다. 또 용기에 따라 관리하는 방법에도 다소 차이가 있다.

발효와 부패

발효와 부패의 차이

부패란 미생물이 유기물을 분해할 때 악취를 내거나 유독물질을 생성하는 경우를 말한다. 이는 부패균에 의해서 일어나는데, 발효와 부패는 모두 미생물에 의한 유기물의 분해현상이지만 인간에게 유용한 경우에는 '발효'라고 부르고, 유용하지 못한 경우에는 '부패'라고 부른다. 그러나 넓은 의미에서는 부패도 발효에 포함된다.

양념 발효액

양념 발효액은 음식을 조리하는 과정에서 재료가 가진 특성을 조율하여 맛과 향을 풍부하게 하거나, 특정한 맛과 향을 중화하여 채소·생선·육류 등의 풍미를 높여 주는 역할을 한다. 독특한 고유의 성질이 있는 양념 발효액을 혼합·숙성하여 사용하면 양념 재료를 일일이 손질하는 수고를 하지 않아도 새콤달콤하고 깨끗한 요리를 만들 수 있을 뿐 아니라, 소화와 해독 등에도 더 좋은 효과를 볼 수 있다.

재료 : 양파 5kg, 풋마늘 3kg, 풋고추 1kg, 생강 1kg, 설탕 4kg, 한지, 고무줄

* **설탕시럽 :** 물 1L에 건당귀 5쪽을 넣고 끓여 식힌 다음, 설탕 5kg을 넣고 물 4L를 혼합하여 설탕을 녹여 준다.

1. 양파는 뿌리를 잘라낸 후 4등분으로 쪼개고, 풋마늘은 뿌리째 5cm로 자른다.
2. 옹기 항아리에 끓인 물을 부어 소독한 후 식혀 놓는다.
3. 넓은 함지박에 손질한 재료들을 넣고 설탕 3kg을 넣어 고르게 섞어 둔다.
4. 항아리에 설탕을 섞은 재료들을 차곡차곡 담은 후, 설탕시럽* 5L를 재료가 잠기지 않을 정도 (약 6할 정도)로 붓는다.
5. 재료 위에 설탕 1kg 정도를 뿌린 뒤, 옹기 항아리 입구를 한지로 덮고 고무줄을 채운다.
6. 바람이 잘 통하는 쾌적한 장소에 보관한다.
7. 약 일주일 후에 옹기 항아리를 열고 녹아내린 설탕을 재료와 함께 위아래로 뒤집어 섞어 준다.
   Tip 이때 옹기 바닥에 설탕이 내려앉지 않았는지 꼼꼼히 확인한다.
8. 옹기 항아리 입구를 다시 한지로 덮고 고무줄로 단단히 봉한다.
9. 약 3일 후 옹기 항아리를 열어 향과 맛을 본다.
10. 새콤한 향이 나면서 맛이 달게 느껴지면 발효가 잘 진행되고 있다는 뜻이며, 혹시 시큼한 맛이 느껴진다면 설탕 1kg을 재료 위에 덮어 주고 다시 한지로 봉한다.

11 7일 정도 후에 재료를 다시 뒤집어 준다. 이와 같은 과정을 7~10일 간격으로 2번 반복한다.
12 한 달 후 모든 재료가 위로 뜨고 쪼글쪼글해지면 소쿠리를 이용하여 건더기와 즙을 분리한다.
   Tip 이렇게 발효를 진행하면 완성까지 약 30~40일 걸리며, 겨울에는 90일까지 소요된다.
13 넓은 그릇에 채반을 올리고 그 위에 소쿠리를 올린다. 그 후 바가지를 이용해 발효가 된 건더기와 즙을 함께 소쿠리에 담고 소쿠리 밑으로 즙이 다 빠지기를 기다린다.
14 또 다른 소쿠리에 광목을 깔고 다시 채반 위에 올려 13에서 얻은 즙을 한 번 더 거른다.
15 맑은 액을 받아 이물질이 들어가지 않도록 주의하며 옹기 항아리에 70% 정도 담는다.
16 초파리가 들어가지 못하도록 옹기 항아리의 윗부분에 한지를 덮고 고무줄로 묶어 봉한다.
17 공기가 잘 통하는 쾌적한 공간에 보관한다. 약 6개월 후부터 조금씩 이용할 수 있다.
   Tip 옹기 항아리에서 발효액을 떠서 이용할 때는 바가지에 이물질이 들어가지 않도록 주의한다.

■ 환절기 건강을 위한 발효액

환절기가 되면 잔기침을 하거나 열이 나며 목이 아픈 감기 증상이 잦다. 기침과 열이 심하고 온몸이 쑤실 때는 도라지, 가래가 끓고 편도가 부울 때는 배, 몸살에 콧물이 동반될 때는 생강 등 증상에 따라 재료를 달여 먹으면 효과가 좋다. 하지만 매번 달여 마시기가 번거로우므로, 재료를 발효시켜 숙성된 효소를 만들어 두고 피곤할 때마다 조금씩 마시면 감기를 예방하고 치료하는데 큰 도움이 된다.

재료 : 도라지 4kg, 귤 1kg, 배 3kg, 생강 1kg, 고추 1kg, 대추 10알, 설탕 4kg, 한지, 고무줄
  * **설탕시럽** : 물 1L에 건당귀 5쪽을 넣고 끓여 식힌 다음, 설탕 5kg을 넣고 물 4L를 혼합하여 설탕을 녹여 준다.

1 도라지는 껍질째 소쿠리에 문질러 씻어 7cm가량의 길이로 썰고 굵은 곳은 2등분한다.
2 배는 씨앗을 제거하고 껍질째 나박나박 썰어 준다.
3 생강은 껍질을 벗겨 내고 나박나박 저며 썬다.
4 고추는 꼭지를 떼고 2등분하며, 귤은 껍질째 4등분으로 쪼갠다.
5 넓은 함지박에 손질한 재료들을 넣고 설탕 3kg을 넣어 고르게 섞어 둔다.
6 5를 항아리에 차곡차곡 담고, 설탕시럽* 5L를 재료가 잠기지 않도록 6할 정도 붓는다.
7 설탕 1kg 정도를 재료 위에 뿌려서 덮은 후, 옹기 항아리 입구를 한지로 덮고 고무줄을 채운다.
8 바람이 잘 통하는 쾌적한 장소에 보관한다.
9 약 일주일 후에 옹기 항아리를 열고 이미 녹은 설탕을 재료와 함께 위아래로 뒤집어 고루 섞는다.
   Tip 발효가 시작되면 거품이 올라오는데, 항아리 바닥에 설탕이 내려앉지 않았는지 꼼꼼히 확인한다.
10 옹기 항아리 입구를 다시 한지로 덮고 고무줄로 단단히 봉한다.

11 약 3일 후 옹기 항아리를 열어 향과 맛을 본다. 이때 새콤한 향이 나면서 맛이 달게 느껴지면 발효가 잘 진행되고 있다는 뜻이며, 시큼한 맛이 느껴진다면 설탕 1kg을 재료 위에 덮어 주고 다시 한지로 봉한다.

12 7일 정도 후에 다시 뒤집어 준다. 이와 같은 과정을 7~10일 간격으로 2번 가량 반복한다.

13 재료의 수분이 빠져서 재료가 고루 쪼글쪼글거리고 모든 재료가 위로 뜨면 소쿠리에 건더기와 즙을 분리한다(이 과정까지 대략 40~50일가량 걸리나 겨울에는 90일까지 소요된다).

14 넓은 그릇에 채반을 올리고 그 위에 소쿠리를 올린다. 그 후 바가지를 이용해 발효가 된 건더기와 즙을 함께 소쿠리에 담고 소쿠리 밑으로 즙이 다 빠지기를 기다린다.

15 또 다른 소쿠리에 광목을 깔고 다시 채반 위에 올려 12에서 얻은 즙을 한 번 더 거른다.

16 맑은 액을 받아 이물질이 들어가지 않도록 주의하며 옹기 항아리에 70% 정도 담는다.

17 초파리가 들어가지 못하도록 옹기 항아리의 윗부분에 한지를 덮고 고무줄로 묶어 봉한다.

18 공기가 잘 통하는 쾌적한 공간에 보관한다. 약 6개월 정도 후부터 감기증상이 있을 때 조금씩 이용할 수 있다.

> **Tip.** 감기 초기에 잘 발효된 효소를 원액으로 10~20ml 정도를 마시거나 생수 180ml에 혼합해 마신다. 또는 김치를 담글 때나 육류요리·생선요리를 재어둘 때, 각종 양념장을 만들 때 사용한다.

효소식품의 정의

1) 효소식품 정의
효소식품이란 식물성 원료에 식용 미생물을 배양시켜 효소를 다량 함유하게 하거나 식품에서 효소함유 부분을 추출한 것 또는 이를 주원료로 하여 섭취가 용이하도록 가공한 것을 말한다.

2) 효소식품의 유형
(1) 곡물효소 함유 제품
  곡물(60% 이상)에 식용미생물을 배양시키거나 식물에서 효소함유 부분을 추출한 것 또는 이를 주원료(50.5% 이상)로 제조 가공한 것을 말한다.

(2) 배아효소 함유 제품

(3) 과·채류효소 함유 제품
  과채류(60% 이상)에 식용미생물을 배양시키거나 식물에서 효소함유 부분을 추출한 것 또는 이를 주원료(50.5% 이상)로 제조 가공한 것을 말한다.

(4) 기타 식물효소 함유제품
  곡물, 곡물배아 또는 과채류 이외의 식물성 원료(60% 이상)에 식용 미생물을 배양시키거나 식물에서 효소함유 부분을 추출한 것 또는 이를 주원료(50.5% 이상)로 제조 가공한 것을 말한다.

3) 효소식품의 규격
(1) 수분(%) : 10.0 이하(단, 액상제품은 제외한다)

(2) 조단백질(%) : 10.0 이상

(3) a-아밀라아제 : 양성이어야 한다.

(4) 프로테아제 : 양성이어야 한다.

(5) 대장균 : 음성이어야 한다.

(6) 붕해시험 : 적합하여야 한다(정제 캡슐에 한하며, 단 씹어 먹는 것은 제외한다).

* 식약청 홈페이지 〈식품공전〉 참조

버섯 발효액

느타리버섯 발효액

느타리버섯에는 비타민B2와 D, 니아신이 풍부하게 함유되어 있다. 느타리버섯에 함유된 비타민B2는 성장을 촉진하고 지방·단백질·당질의 소화흡수를 도우며, 비타민D는 칼슘을 흡수하고 뼈를 만드는 데 필수적인 영양소이다. 또한 니아신은 피부염을 예방한다. 그 외에도 칼륨과 인이 함유되어 있어 고혈압을 예방하고, 뼈와 치아를 튼튼하게 해주는 효과가 있다.

재료 : 생 느타리버섯 10kg, 황설탕 9kg

1 느타리버섯은 신선한 것으로 골라서 굵게 찢는다.
2 옹기 항아리에 끓인 물을 부어 소독한 후 식혀 놓는다.
3 넓은 함지박에 손질한 느타리버섯을 넣고, 설탕 3kg 넣어 고르게 섞어 놓는다.
4 3을 옹기 항아리에 차곡차곡 담고, 재료 위에 설탕 1kg을 덮은 뒤 항아리 입구를 한지로 덮고 고무줄을 채운다.
5 바람이 잘 통하는 쾌적한 장소에 옹기 항아리를 보관한다.
6 여름에는 3~4일, 봄과 가을에는 6~7일, 겨울에는 15일 후에 옹기 항아리를 열고 녹아내린 설탕을 재료와 함께 위아래로 뒤집어 고루 섞어 준다.
   Tip 이때 옹기 바닥에 설탕이 내려앉지 않았는지 꼼꼼히 확인한다.
7 공기와 접촉이 많은 윗부분을 설탕으로 덮어준 후, 입구를 한지로 덮고 고무줄로 봉한다.
8 약 3일 후 옹기 항아리를 열어 향과 맛을 보는데, 이때 혹시 시큼한 맛이 느껴진다면 설탕 1kg을 재료 위에 덮어 주고 다시 한지로 봉한다.
9 7일 정도 지난 후 재료를 다시 뒤집어 준다. 이와 같은 과정을 7~10일 간격으로 2번 반복한다.
10 한 달 후에 모든 재료가 위로 뜨고 쪼글쪼글해지면, 넓은 그릇에 채반을 올리고 그 위에 소쿠리를 올린다. 그 후 바가지를 이용해 발효된 건더기와 즙을 함께 소쿠리에 담고 소쿠리 밑으로 즙이 다 빠지기를 기다린다.
11 또 다른 소쿠리에 광목을 깔고 채반에 올린 후, 10에서 얻은 즙을 다시 걸러 맑은 액을 받는다.
12 걸러 낸 액이 발효 중에 넘치지 않도록 옹기 항아리의 70% 정도만 담는다.
13 초파리가 들어가지 못하도록 옹기 항아리의 입구에 한지를 덮고 고무줄로 묶어 봉한다.
14 공기가 잘 통하는 쾌적한 공간에 보관한다. 약 6개월 정도 후부터 조금씩 이용할 수 있다.

* 잘 발효된 느타리버섯 발효액은 향긋한 향이 나고 새콤달콤한 맛이 있으며, 시간이 흐를수록 단맛이 줄고 산뜻하고 깊은 맛을 낸다. 주로 육류요리나 생선 요리를 할 때 양념으로 사용한다.

버섯 발효액

영지버섯 발효액

영지버섯의 맛은 쓰면서 달고 성질은 약간 차다. 때문에 소화기관이 약한 소음인은 복용을 삼가는 것이 좋으며, 찬 우유나 맥주를 마시면 설사를 하는 사람들은 먹지 않는 것이 좋다.

재료 : 생 영지버섯 10kg, 건대추 1kg, 감초 10개, 흑설탕 6kg, 설탕시럽* 5L   * 125p 설탕시럽 만들기 참고

1. 영지버섯은 신선한 것으로 골라서 1cm 크기로 자른다.
2. 설탕시럽 1L에 감초와 대추를 넣어 끓인 후, 생수 4L를 혼합하여 식힌다.
   Tip 설탕시럽에 혼합하는 물은 반드시 정수된 물이나 생수를 사용해야 하며, 수돗물은 사용을 피한다.
3. 넓은 함지박에 손질한 영지버섯을 넣고 설탕 2kg 넣어 고르게 섞어 놓는다.
4. 설탕이 고루 섞인 영지버섯을 옹기 항아리에 차곡차곡 담고, 재료 위에 설탕 2kg 정도를 덮은 뒤 옹기 항아리 입구를 한지로 덮고 고무줄을 채운다.
5. 바람이 잘 통하는 쾌적한 장소에 옹기 항아리를 보관한다.
6. 여름에는 3~4일, 봄과 가을에는 6~7일, 겨울에는 15일 후에 옹기 항아리를 열고 녹아내린 설탕을 재료와 함께 위아래로 뒤집어 고루 섞어 준다.
   Tip 이때 옹기 바닥에 설탕이 내려앉지 않았는지 꼼꼼히 확인한다.
7. 설탕시럽을 재료 양의 60% 정도까지 부어 주고 공기와 접촉이 많은 윗부분은 영지버섯이 보이지 않도록 설탕으로 덮어준 후, 다시 입구를 한지로 봉하고 고무줄로 단단히 봉한다.
8. 약 3일 후 옹기 항아리를 열어 향과 맛을 보는데, 이때 혹시 시큼한 맛이 느껴진다면 설탕 1kg을 재료 위에 덮어 주고 다시 한지로 봉한다.
9. 7일 정도 지난 후 재료를 다시 뒤집어 준다. 이와 같은 과정을 7~10일 간격으로 2번 반복한다.
10. 한 달 후에 모든 재료가 위로 뜨고 쪼글쪼글해지면, 넓은 그릇에 채반을 올리고 그 위에 소쿠리를 올린다. 그 후 바가지를 이용해 발효된 건더기와 즙을 함께 소쿠리에 담고 소쿠리 밑으로 즙이 다 빠지기를 기다린다.
11. 또 다른 소쿠리에 광목을 깔고 채반에 올린 후, 10에서 얻은 즙을 다시 걸러 맑은 액을 받는다.
12. 걸러 낸 액이 발효 중에 넘치지 않도록 옹기 항아리의 70% 정도만 담는다.
13. 초파리가 들어가지 못하도록 옹기 항아리의 입구에 한지를 덮고 고무줄로 묶어 봉한다.
14. 공기가 잘 통하는 쾌적한 공간에 보관한다. 약 6개월 정도 후부터 조금씩 이용할 수 있다.

* 잘 발효된 영지버섯 발효액은 소고기 등 주로 육류요리에 사용되며, 당뇨 증상이 있는 사람은 1년 6개월 이상 숙성을 하여 이용하는 것이 좋다. 영지버섯 발효액의 건더기는 건져내어 말린 후 대추를 넣고 차로 이용하면 좋다.

버섯 발효액

팽이버섯 발효액

팽이버섯은 항바이러스와 콜레스테롤 저하작용을 하고 피부미용 효과 등이 있다. 특히 암을 유발시키는 요인을 제거하는 효능이 있는 것으로도 알려져 있는데, 저렴하고 쉽게 구할 수 있을 뿐 아니라 요즘에는 맛과 영양이 증진된 계량 팽이버섯도 판매되고 있어 점점 인기가 높아지고 있다.

재료 : 생 팽이버섯 10kg, 설탕 9kg

1. 팽이버섯은 신선한 것으로 골라서 밑꼭지의 종균을 잘라내고 손질한다.
2. 옹기 항아리에 끓인 물을 부어 소독한 후 식혀 놓는다.
3. 넓은 함지박에 손질한 팽이버섯을 넣고 설탕 3kg 넣어 고르게 섞어 놓는다.
4. 설탕이 고루 섞인 팽이버섯을 옹기 항아리에 차곡차곡 담고, 재료 위에 설탕 1kg 정도를 덮은 뒤 옹기 항아리 입구를 한지로 덮고 고무줄을 채운다.
5. 바람이 잘 통하는 쾌적한 장소에 보관한다.
6. 여름에는 3~4일, 봄과 가을에는 6~7일, 겨울에는 15일 후에 옹기 항아리를 열고 녹아내린 설탕을 재료와 함께 위아래로 뒤집어 고루 섞어 준다.

   Tip 이때 옹기 바닥에 설탕이 내려앉지 않았는지 꼼꼼히 확인한다.

7. 설탕시럽을 재료 양의 60% 정도까지 부어 주고 공기와 접촉이 많은 윗부분에 영지버섯이 보이지 않도록 설탕으로 덮어준 후 다시 입구를 한지로 봉하고 고무줄로 단단히 봉한다.
8. 약 3일 후 옹기 항아리를 열어 향과 맛을 보는데, 이때 혹시 시큼한 맛이 느껴진다면 설탕 1kg을 재료 위에 덮어 주고 다시 한지로 봉한다.
9. 7일 정도 지난 후 재료를 다시 뒤집어 준다. 이와 같은 과정을 7~10일 간격으로 2번 반복한다.
10. 한 달 후에 모든 재료가 위로 뜨고 쪼글쪼글해지면, 넓은 그릇에 채반을 올리고 그 위에 소쿠리를 올린다. 그 후 바가지를 이용해 발효된 건더기와 즙을 함께 소쿠리에 담고 소쿠리 밑으로 즙이 다 빠지기를 기다린다.
11. 또 다른 소쿠리에 광목을 깔고 채반에 올린 후, 10에서 얻은 즙을 다시 걸러 맑은 액을 받는다.
12. 걸러 낸 액이 발효 중에 넘치지 않도록 옹기 항아리의 70% 정도만 담는다.
13. 초파리가 들어가지 못하도록 옹기 항아리의 입구에 한지를 덮고 고무줄로 묶어 봉한다.
14. 공기가 잘 통하는 쾌적한 공간에 보관한다. 약 6개월 정도 후부터 조금씩 이용할 수 있다.

* 잘 발효된 팽이버섯 발효액은 육류와 생선요리, 전골과 찌개 등의 양념으로 쓰인다. 팽이버섯의 건더기는 옹기에 담아 대발을 질러 두고 돌을 올린 후 간장을 잘박하게 부어 숙성시켜 이용하는데, 조금씩 꺼내 찢어서 다진 파와 참깨 등을 넣어 무쳐 먹는다.

버섯 발효액

표고버섯 발효액

표고버섯은 맛이 달고 성질이 평하며 독이 없고 향이 좋아 음식의 풍미를 돋운다. 또 정신을 맑게 하고 음식을 잘 먹게 하여 구토와 설사를 멎게 하기도 한다. 항암작용과 혈압강하, 간염 및 동맥경화 예방, 폐질환·위장질환 예방, 바이러스면역 증강, 항체생성 촉진, 콜레스테롤 저하, 적혈구 증강 등의 효능이 있다.

재료 : 생 표고버섯 10kg, 황설탕 8kg, 흑설탕 1kg, 설탕시럽* 3L

* 125p 설탕시럽 만들기 참고

1. 생 표고버섯을 씻지 말고 2등분한다.
2. 옹기 항아리에 끓인 물을 부어 소독한 후 식혀 놓는다.
3. 넓은 함지박에 손질한 표고버섯을 넣고 황설탕 3kg 넣어 고르게 섞어 놓는다.
4. 설탕이 고루 섞인 표고버섯을 옹기 항아리에 차곡차곡 담은 후, 설탕시럽 3L를 재료의 6할 정도 부어준다. 이때는 재료가 잠기지 않도록 한다.
5. 흑설탕 1kg 정도를 재료 위에 뿌려서 덮어 주고, 항아리 입구를 한지로 덮고 고무줄을 채운다.
6. 바람이 잘 통하는 쾌적한 장소에 보관한다.
7. 약 일주일 후에 항아리를 열고 이미 녹은 설탕을 재료와 함께 위아래로 뒤집어 고루 섞어 준다.
   Tip 발효가 시작되면 거품이 올라오는데, 이때 옹기 바닥에 설탕이 내려앉지 않았는지 꼼꼼히 확인한다.
8. 옹기 항아리 입구를 다시 한지로 덮고 고무줄로 단단히 봉한다.
9. 약 3일 후 옹기 항아리를 열어 향과 맛을 보는데, 이때 혹시 시큼한 맛이 느껴진다면 설탕 1kg을 재료 위에 덮어 주고 다시 한지로 봉한다.
10. 7일 정도 지난 후 재료를 다시 뒤집어 준다. 이 과정을 7~10일 간격으로 2번 반복한다.
11. 한 달 후에 모든 재료가 위로 뜨고 쪼글쪼글해지면, 넓은 그릇에 채반을 올리고 그 위에 소쿠리를 올린다. 그 후 바가지를 이용해 발효된 건더기와 즙을 함께 소쿠리에 담고 소쿠리 밑으로 즙이 다 빠지기를 기다린다.
12. 또 다른 소쿠리에 광목을 깔고 채반에 올린 후, 10에서 얻은 즙을 다시 걸러 맑은 액을 받는다.
13. 걸러 낸 액이 발효 중에 넘치지 않도록 옹기 항아리의 70% 정도만 담는다.
14. 초파리가 들어가지 못하도록 옹기 항아리의 입구에 한지를 덮고 고무줄로 묶어 봉한다.
15. 공기가 잘 통하는 쾌적한 공간에 보관한다. 약 6개월 정도 후부터 조금씩 이용할 수 있다.

* 잘 발효된 표고버섯 발효액은 육류가 사용되는 요리에 대부분 사용할 수 있으며, 건더기는 갈아서 된장에 버무려 맛쌈장으로 사용한다.

생선 발효액

갈치 발효액

조리고, 굽고, 튀기고, 쪄내고 어떻게 조리해도 맛있는 갈치는 내장까지도 좋은 젓갈이 된다. 약선으로도 부족함이 없어 어지럽고 허약한 체질을 보하고, 출산 후 모유생성에 도움을 주며, 위가 차갑고 허약하고 피부가 건조한 사람에게 좋은 식품이다. 그러나 습진이나 알레르기, 또는 신경성 피부염이 있는 경우에는 섭취를 주의한다.

재료 : 잔 갈치 10kg, 소금 2.5kg, 다시마 우린 물 2L(물과 소금을 3 : 1로 녹인 물), 마늘 발효액 200ml

1 잔 갈치를 2~3토막으로 자른 후 생강 발효액과 소금 1kg으로 고루 버무려 준다.
> **Tip** 이때 발효액을 첨가하면 발효가 빨라져 잘 삭는다. 또 갈치를 손질할 때는 수돗물이나 지하수 등의 물로 씻지 않도록 한다.

2 소금에 버무린 갈치를 옹기에 담고, 다시마 우린 물을 15~20% 정도 붓는다.
3 1.5kg의 소금을 위에 덮어 갈치가 보이지 않도록 한다.
4 용기 입구를 비닐로 덮고 고무줄로 단단히 봉한다.
5 시원한 곳에서 산소가 없는 상태(혐기성)로 1년 반 정도 발효시킨다.
6 항아리 표면의 노란 기름을 걷어내고 고운 망사 천을 깐 소쿠리에 갈치를 걸쳐 액을 거른다.
7 걸러 낸 액을 옹기에 담아 다시 1년 이상 숙성시킨다.

* 갈치 건더기는 믹서에 곱게 갈아 소금에 절인 고추에 넣어 3개월 이상 숙성한 후, 양념에 무쳐 먹는다.

생선 발효액

멸치 발효액

칼슘과 핵산의 보고인 멸치는 근골을 튼튼히 하여 골다공증을 예방하고, 콜레스테롤 수치를 낮춰 고혈압과 동맥경화 예방에 좋다고 알려진 식품이다. 멸치는 말려서 다양한 요리에 사용하고 발효 액젓을 만들어 김치를 담글 때도 사용한다. '멸치도 생선이냐'는 농담도 있지만 어떻게 보면 우리나라의 대표 생선이라 할 수도 있을 것이다.

재료 : 생 멸치 10kg, 소금 2.5kg, 다시마 우린 물 2L(물과 소금을 3 : 1로 녹인 물), 양파 발효액 200ml

1 멸치를 넓은 함지박에 넣고 청주를 부어 섞은 후에 소쿠리에 밭친다.
　　Tip 멸치는 수돗물이나 지하수 등의 민물에는 씻지 않도록 한다.
2 멸치에 양파 발효액을 넣고 버무린 뒤, 다시 소금 1kg을 넣고 골고루 혼합한다.
3 혼합한 재료를 유리용기의 약 70% 정도 담는다.
4 소금이 씻기지 않도록 다시마 우린 물을 재료의 한쪽으로 부어 넣는다.
5 1.5kg의 소금을 위에 덮어 멸치가 보이지 않도록 한다.
6 용기 입구를 비닐로 덮고 뚜껑을 봉한다.
7 시원한 곳에서 산소가 없는 상태(혐기성)로 1년 반 정도 발효시킨다.
8 소쿠리에 멸치를 건져내고 액을 거른다.
9 액을 옹기에 담아 1년 이상 숙성한다.

＊ 멸치 발효액은 배추김치, 갓김치, 닭매운탕, 무조림 등에 양념으로 사용된다.

생선 발효액

새우 발효액

불그스름하게 잘 마른 새우는 바다에서 피어난 한 송이 꽃과 같다.
칼슘과 인, 키토산을 다량 함유하고 있는 새우는 장을 보하고 양기를 올리며 근골을 튼튼히 하기 때문에 노년 건강에 특히 좋으며, 콜레스테롤·염분·숙변을 배출시키는 효과가 있다. 또 잔새우를 발효해 먹으면 소화를 돕고 담을 삭이며 식욕을 증진시킨다.

재료 : 새우 10kg, 소금 3kg, 호박 발효액(새우는 자체 효소가 풍부하여 따로 발효액을 넣지 않아도 좋다) 약간

1. 봄과 가을에 싱싱한 생새우를 준비한다.
   Tip 새우를 손질할 때는 수돗물이나 지하수 등의 민물에서는 씻지 않도록 한다.
2. 새우에 호박 발효액을 넣고 버무린 후, 다시 소금 1kg을 넣고 골고루 버무려 혼합한다.
3. 혼합한 재료를 용기의 약 70% 정도 담는다.
4. 1.5kg의 소금을 위에 덮어 새우가 보이지 않도록 한다.
5. 용기 입구를 비닐로 덮고 고무줄로 단단히 묶어 뚜껑을 봉한다.
6. 시원한 곳에서 산소가 없는 상태(혐기성)로 1년 정도 발효한다.
7. 소쿠리에 새우를 건져내고 액을 거른다.
8. 액을 옹기에 담아 6개월 이상 숙성한다.

* 새우 발효액은 새우두부조림, 새우탕, 부추김치, 돼지족양념찜, 콩나물볶음 등의 요리에 주로 사용되며, 액을 거르지 않고 조금씩 양념해서 무쳐 먹기도 한다.

생선 발효액

전어 발효액

전어에는 글루타민산과 핵산이 많아 두뇌기능과 간기능에 도움을 주며, DHA와 EPA 등의 불포화지방산이 들어 있어 성인병 예방에도 좋다.
전어는 뼈를 통째로 먹어야 칼슘·인·미네랄 등을 다량 섭취할 수 있어 피부미용이나 피로회복에도 도움이 된다고 한다. 이를 보면, 통으로 한 마리를 잡고 머리째 뜯어 먹어야 한다고 전해지는 '전어 먹는 법'은 헛된 방법이 아닌 듯하다.

재료 : 전어 10kg, 소금 2.5kg, 다시마 우린 물 3L(물과 소금을 3 : 1로 녹인 물), 양파 발효액 500ml

1 자잘한 전어를 준비하여 머리와 내장 그대로 넓은 함지박에 넣는다.
2 청주를 부어 씻은 후에 소쿠리에 밭친다.
3 전어에 양파 발효액을 넣고 버무린 후, 다시 소금 1kg을 넣고 골고루 혼합한다.
4 혼합한 재료를 유리용기의 약 70% 정도 담는다.
5 소금이 씻기지 않도록 다시마 우린 물을 재료의 한쪽으로 부어 넣는다.
6 1.5kg의 소금을 위에 덮어 전어가 보이지 않도록 한다.
7 용기 입구를 비닐로 덮고 뚜껑을 봉한다.
8 시원한 곳에서 산소가 없는 상태(혐기성)로 1년 반 정도 발효시킨다.
9 항아리 표면에 노란 기름을 걷어내고, 고운 망사천을 깐 소쿠리에 전어를 건져 액을 거른다.
10 액을 옹기에 담아 1년 이상 숙성시킨다.

* 전어 발효액은 배추김치, 엉겅퀴김치, 갓김치, 전어매운탕 등에 양념으로 사용된다.

생선 발효액

조기 발효액

비·위장의 기운을 북돋아 준다고 해서 '조기(助氣)', 머리에 돌 같은 이석이 들어 있다 해서 '석수어', 봄철 바닷물을 따라 연안에 회유해 온다 하여 '추수어' 등으로 다양하게 불리는 조기는 우리 민족에게 대대로 효자 생선으로 전해진다. 마음을 전할 때 최고의 선물인 굴비꾸러미를 보면 '파시(波市)'의 흥겨운 젓가락 장단이 들려오는 듯하다.

재료 : 조기 10kg, 소금 2.5kg, 다시마 우린 물 3L(물과 소금을 3 : 1로 녹인 물), 생강 발효액 200ml

1 자잘한 조기를 준비하여 머리와 내장 그대로 넓은 함지박에 넣는다.
   Tip 조기를 손질할 때는 수돗물이나 지하수 등의 물로 씻지 않도록 한다.
2 조기에 생강 발효액과 소금 1kg을 넣고 골고루 버무려 혼합한다.
3 혼합한 재료를 옹기에 꼭꼭 눌러 담는다.
4 소금이 씻기지 않도록 다시마 우린 물을 재료의 한쪽으로 부어 넣는다.
5 1.5kg의 소금을 위에 덮어 조기가 보이지 않도록 한다.
6 용기를 비닐로 덮는다.
7 시원한 곳에서 산소가 없는 상태(혐기성)로 1년 반 정도 발효시킨다.
8 항아리 표면에 노란 기름을 걷어내고, 고운 망사천을 깐 소쿠리에 조기를 건져 액을 거른다.
9 액을 옹기에 담아 1년 이상 숙성시킨다.

* 조기 발효액은 고사리조기조림, 무청김치, 조기매운탕 등의 요리에 양념으로 사용되며, 걸러 낸 건더기는 믹서에 곱게 갈아 소금에 절인 무와 고추에 넣어 3개월 이상 숙성한 후 양념에 무쳐 먹는다.

효소발효액 응용 요리 1

젓갈 비빔밥

갓 지은 밥에 잘 삭은 젓갈 하나만 있으면 사실 다른 반찬이 필요가 없다. 그러나 젓갈의 맛에 너무 취하다 보면 나도 모르게 필요 이상의 염분을 섭취할 수도 있다. 이럴 때 젓갈 소스에 싱싱한 채소를 곁들여 젓갈 비빔밥을 만들어 먹으면 온 가족이 같이 즐길 수 있는 성찬이 된다.

재료(2인분) : 멥쌀 2컵, 다시마물 2컵, 채소 100g(상추 50g · 들깻잎 5g · 치커리 15g · 양배추 10g · 민들레 15g · 무순 5g), 새싹 60g(적양배추 · 브로콜리), 오이 채 1/3개, 무 · 비트 약간
양념 : 갈치 젓갈 소스* 2큰술(갈치젓갈 3큰술, 유자청 1큰술, 생강 · 마늘발효액 각 1큰술, 청주 1큰술, 양파 맛가루 1작은술, 고추씨 맛가루 1작은술, 다진 홍고추 1큰술, 참기름 1/2큰술), 다진 양파 1/2개, 다진 마늘 1큰술, 들깨 가루 2큰술, 참기름 2큰술
쌈잎 : 상추 · 배추 · 삶은 양배추 · 호박잎 찐 것 등

1 상추잎 · 들깻잎 · 치커리 · 배추는 곱게 채를 썬 다음 냉수에 헹구고 물기를 뺀다.
2 민들레 · 무순 · 새싹(베이비채소)은 그대로 냉수에 헹구고 물기를 뺀다.
3 오이는 돌려깎기 한 후 채를 썰고, 무와 비트는 곱게 채를 썰어 준다.
4 준비한 멥쌀은 30분간 불려 약간 되직하고 고슬고슬하게 밥을 짓는다.
5 그릇에 밥을 담고 준비한 채소를 올린 후, 들깨 가루와 갈치 젓갈 소스, 참기름을 넣는다.

Tip 채소는 젓가락으로 양념장에 비벼 밥과 혼합한다. 새싹은 뜨거운 밥에 직접 닿지 않도록 채소 위에 올린다. 한번에 소스는 많이 넣지 말고 기호에 따라 조금씩 넣어 쌈 채에 싸 먹는다.

효소발효액 응용 요리 2

젓갈 주먹밥

우리 어머니, 할머니들은 칡잎·뽕잎·들깨잎 등으로 주먹밥을 싸서 먹었다. 지금은 전문점이 생길 정도로 다양한 아이템을 가진 음식의 한 장르가 되었는데, 소금 대신 젓갈로 간을 한 주먹밥은 새로운 향취를 느끼게 한다.

재료 : 멥쌀 2컵, 차좁쌀 1큰술, 다시물 2컵
촛물 : 사과 발효액 2큰술, 식초 1큰술 반, 볶은 소금 1/2작은술
고명 : 참깨 1작은술, 다진 오이 1컵, 다진 당근 1컵
소스 : 조기 젓갈 소스* 2큰술(조기젓갈 3큰술, 유자청 1큰술, 생강·마늘발효액 각각 1큰술, 청주 1큰술, 양파 맛가루 1작은술, 고추씨 맛가루 1작은술, 다진 홍고추 1큰술, 참기름 1/2큰술), 참깨 2작은술, 다진 파 1작은술, 다진 마늘 1작은술, 생강즙 1작은술, 참기름 2작은술, 호박잎과 맨드라미꽃 발효액 각각 1/2작은술
쌈잎 : 칡잎·뽕잎·들깻잎 각각 5~10장

1. 멥쌀과 차좁쌀을 씻어 불려서 고슬고슬하게 밥을 짓는다.
2. 밥이 뜨거울 때 촛물을 조금씩 넣어 고루 저어 가면서 식힌 후, 고명(참깨·오이·당근 다진 것)을 섞어 준다.
3. 쌈잎(칡잎·뽕잎·들깨잎)을 쪄 준다.
4. 손에 염도 3%의 소금물을 묻힌 후, 밥 1큰술을 떠서 흐트러지지 않게 손으로 모양을 만들어 쌈잎에 싼다.
5. 쌈밥에 조기 젓갈 소스를 고명으로 올려 준다.

효소발효액 응용 요리 3

배추김치

최근엔 김장 김치를 담글 때 효소나 과일즙, 생선 발효액 등 각종 천연양념을 쓰는 집들이 많아지고 있다. 양파껍질과 무, 대파뿌리, 생강잎, 고추 등의 천연 재료를 건조시키고 채수를 우려내어 김장 김치 속을 만들어 보자.

재료 : 배추 3~4통(6kg, 중간 크기), 소금 600g
양념 : 다시마 물(물 3컵, 북어·다시마·표고·무·양파 등), 죽 2컵(다시마 물, 돼지감자 가루·찹쌀 가루), 무 1kg(작은 것 1개), 생선 발효액 3컵(갈치 2컵, 멸치 1컵), 다진 생새우 1컵, 양념 발효액 1/3컵, 혼합 맛가루 3큰술(생강잎·풋마늘·양파 등) 김장용 고춧가루 1컵 반, 다진 마늘 1/2컵, 다진 생강 1/3컵, 다진 대파 1/2컵, 갓 300g, 미나리 300g, 쪽파 300g 소금 약간(김치 염도 2.5~2.8% 정도)

1. 다시마 물에 쌀가루를 넣어 잘 혼합하여 저으면서 묽게 죽을 끓여 식힌다.
2. 1에 생선 발효액, 양념 발효액, 채수(북어·다시마·무·양파 등), 혼합 맛가루(생강잎·풋마늘·양파), 김장용 고춧가루, 무채를 넣어 고루 버무리고 다진 마늘과 생강을 넣는다.
3. 대파, 갓, 미나리, 쪽파를 4~5cm 정도로 썰어 넣어 혼합한다.
4. 양념을 하룻밤(12시간 정도) 숙성시킨다.
5. 배추는 뿌리 쪽에 4등분으로 1/4정도만 칼금을 내어 손으로 가른다.
6. 8~10%의 소금물을 만들어 5를 충분히 적셔서 쪼개진 쪽이 위로 향하게 하고 웃소금을 뿌려 무거운 것으로 눌러 준다. 12시간 정도 지나 반쯤 절여진 듯하면 위의 것을 아래로, 아래 것을 위로 뒤집어 가며 30~36시간 정도 충분히 절여 준다.
7. 배추가 부서지지 않도록 깨끗이 씻어 쪼개진 쪽이 아래로 향하게 하여 6~7시간 소쿠리에서 물기를 빼준다.
8. 배추잎을 1~2장씩 들쳐 속을 무쳐 가며 넣는다. 입맛에 따라 청각을 조금 갈아 넣으면 시원하다.
9. 양념이 떨어지지 않게 양념을 넣은 쪽이 위로 가게 해서 밀폐용기에 넣고, 절여진 배추 겉장을 떼어 씻어서 물기를 꼭 짜고 우거지를 덮어 준다.
10. 소금을 조금 뿌려 도자기 접시로 눌러 주고 뚜껑을 꼭 닫는다.
11. 5℃의 시원한 곳(냉장고)에서 4~6주 숙성시킨다.

    Tip 고명(밤·대추·잣·사과·배) 등을 많이 넣어 장기 저장하면 김치가 무르거나 빨리 시어진다.

12. 김치가 완전히 숙성된 후에 이용하며, 뚜껑은 꼭 닫아 둔다.

04

미용과 건강식품으로 두루 이용되는

천연 식초

천연 양조식초에 들어 있는 초산·호박산·주석산·아미노산 등 60여 가지의 유기산은
신진대사를 촉진시켜 피로물질을 분해하고,
체내 노폐물을 원활하게 제거하기 때문에
예부터 어혈을 해소시키는 만병통치식품으로 불렸다.

미용과 건강식품으로 두루 이용되는
천연 식초

우리 선조는 약 3000년 전부터 식초를 음식에 활용하고 음용해왔다. 식초는 산도가 높아 흔히 산성식품으로 알려져 있지만, 체내에 들어가면 알카리성으로 바뀐다. 식초는 크게 양조식초와 합성식초(화학식초)로 나뉜다.

천연 양조식초는 곡물이나 과일로 만들고 합성식초는 물로 희석한 빙초산 또는 초산에 아미노산이나 단맛을 첨가해서 만든다. 쌀농사를 많이 짓는 우리나라와 동양권에서는 쌀 식초, 서양에서는 포도나 사과 등을 이용한 과일 식초가 많이 이용된다.

양조식초에 들어 있는 초산·호박산·주석산·아미노산 등 60여 가지의 유기산은 신진대사를 촉진시켜 피로물질을 분해하고, 체내 노폐물을 원활하게 제거하기 때문에 예부터 어혈을 해소시키는 만병통치식품으로 불렸다.

또한 식초는 고혈압, 심장질환 등 성인병 예방에도 효과가 있으며 칼슘의 흡수율을 높여줘 뼈를 강하면서도 유연하게 해준다. 식초의 신맛은 침샘을 자극해 침이 많이 나오게 히고 입맛을 돌게 하므로 입맛을 잃기 쉬운 한여름철 요리에도 많이 이용된다.

《동의보감》에서는 식초에 대해 '성질이 따뜻하고 맛이 시며 독이 없고 옹종을 제거하고 어지러움을 치료한다'라고 적고 있다. 하지만 식초를 너무 많이 마시면 근육이나 내장기관이 상할 수 있으므로 주의해서 복용해야 한다.

좋은 식초의 조건

좋은 식초를 만들기 위해서는 봄·여름·가을·겨울 사계절 내내 정성과 시간을 들여야 한다. 집에서 만든 천연식초의 맛은 시중에서 판매되는 식초처럼 찌르듯 톡 쏘지 않고 부드럽고 새콤하며 은은한 술 냄새가 난다. 식초를 달콤하고 맛있게 만들려면 사과나 포도즙을 첨가하면 된다.

식초는 재료의 선택도 중요하지만 그에 못지않게 초산 발효 과정이 중요하다. 자체에서 발생된 알코올과 초산이 아닌 다른 어떠한 알코올(소주·양주·주정)이나 빙초산이 섞여서는 안된다.

우리나라 뿐만 아니라 세계적으로 다양한 식초를 만드는데, 일본에서는 흑초가 인기가 있고 중국에서는 곡물로 술을 빚어 술지게미나 누룩으로 식초를 만들어 사용했으며, 유럽에서도 포도 와인 등으로 와인 식초를 만들어 상처를 치유하고 미용과 건강식품으로 활용하고 있다.

누룩

술을 빚거나 식초를 만들 때 사용되는 효모인 누룩. 누룩을 만드는 재료로는 밀·보리·쌀·녹두 등이 있지만, 그 중 밀이 발효가 잘 되고 향이 좋아 가장 많이 사용된다.

누룩 만드는 과정

산야초 모듬 식초

바구니 들고 호미 하나 차고 올망졸망 나물 캐러 가던 모습은 어린 시절 기억 속에 사진처럼 박혀 있다. 가던 길에 머루와 다래를 따 먹고 햇살이 나른하면 너른 바위에 누워 아무렇게나 졸던 그런 날이 또 그립다.

그땐 그저 놀이였고 일과였지만 이제는 크게 마음먹고 나서지 않으면 안될 만큼 바빠졌고, 그처럼 여유 있게 반겨 주던 산야초들도 그 수가 조금씩 줄어들고 있다.

재료 : 산야초 10kg(오가피순 5kg · 쑥 4kg, · 생강 1kg), 대추 10알, 설탕 2.4kg, 산야초 발효액 1L

1 오가피와 쑥은 6월경에 채집하여 깨끗이 씻어 물기를 털어내고 잘게 자른다.
2 생강은 껍질을 벗겨 얇게 썰어 준다.
3 오가피 · 쑥 · 생강에 설탕 2kg을 넣어 혼합하여 버무린다.
4 옹기 항아리에 70% 정도를 담고 산야초 발효액을 부어 준다.
5 4를 설탕 400g으로 덮어 준다.
6 항아리 입구를 한지로 봉하고 고무줄로 단단히 묶어 직사광선이 없는 곳에 둔다.
7 3~4일 간격으로 가끔 뒤집어 주며 3개월 정도 발효시킨다.
8 뽀글거리는 거품이 가라앉고 술 냄새가 나면 소쿠리에 밭쳐 건더기를 거르고 다시 삼베 천에서 맑은 액을 거른다.
9 옹기 항아리에 70% 정도 담아 밀봉하여 1년 정도 숙성시킨다.
10 식초의 숙성이 끝나면 면포를 깔고 다시 맑은 액을 여과하여 항아리에 저장한다.

Tip 면포 위에 숯을 올려 놓고, 그 위에 숙성된 식초를 부어 걸러내면 소독의 효과를 더할 수 있다.

대표 요리 산야초샐러드, 미삼초무침, 쑥튀김장, 버섯튀김장, 감잎초절임, 어탕수

솔잎 식초

솔잎으로 만든 식초는 시원한 솔바람 향기가 나서 마음을 맑게 한다.
솔잎은 혈액을 맑게 하는 작용이 있지만, 솔잎에 붙어 있는 끈적끈적한 송진이 혈액 속에 들어가면 혈관을 막히게 하는 원인이 될 수도 있다. 때문에 솔잎을 쓸 때는 송진을 깨끗이 제거하는 것이 중요하다.

재료 : 솔잎 900g, 생강 100g, 백설탕 200g, 생수 2L, 꿀 100g, 누룩 200g

1. 늦가을에서 이른 봄 사이에 솔잎을 채취하여 송진을 떼어낸다.
2. 솔잎을 소금물로 살살 비벼 씻어서 물기를 빼고 생강은 곱게 채 썬다.
3. 손질한 솔잎을 반으로 자르고 믹서에 물 2L 넣고 거칠게 갈아준다.
4. 거칠게 간 솔잎과 생강 채를 누룩·설탕·꿀 100g과 혼합하여 항아리에 담는다.
5. 나머지 설탕 100g은 재료 위에 뿌린다.
6. 항아리 입구에 한지를 덮고 고무줄로 봉해 따뜻한 곳에 둔다.
7. 10일이 지난 후 재료를 뒤집어 주고, 5~6일에 한 번씩 저어준다.
8. 약 6개월이 지나면 시큼한 술 냄새가 난다.
9. 발효된 솔잎액은 고운 천으로 걸러서 액을 항아리에 담고 1년 정도 숙성시킨다.
10. 식초의 숙성이 끝나면 면포를 깔고 다시 맑은 액을 여과하여 항아리에 저장한다.

Tip 면포 위에 숯을 올려 놓고, 그 위에 숙성된 식초를 부어 걸러내면 소독의 효과를 더할 수 있다.

대표 요리 상추겉절이, 참죽전, 골뱅이비빔냉면, 황태튀김장, 양파초절임, 황태초무침

아카시아 식초

아카시아는 봄에 나온 새순을 나물로 쓰며, 꽃과 잎은 섞어서 향기 좋고 아름다운 갖가지 요리를 만든다.

5월 말, 봄이 무르익을 무렵이 되면 학교를 파하고 집으로 돌아오는 길엔 놀이거리가 지천이였다. 이맘 때쯤이면 산길 곳곳에 흰나비처럼 팔락이는 아카시아꽃에 꿀벌이 엉기고 그 온화한 향기에 아지랑이조차 흔들거릴 것이다.

가위! 바위! 보! 아카시아 이파리를 하나씩 떼어낼 때마다 목젖이 보이게 깔깔 웃어대던 친구들이 보고 싶다.

재료 : 아카시아꽃 1kg, 설탕 250g, 현미 식초 1L

1. 신선한 아카시아꽃을 채취하여 연한 소금물에 살살 흔들어 씻어 준다.
2. 줄기를 떼고 소쿠리에 담아 꽃송이의 물기를 제거한다.
3. 손질한 꽃을 설탕 250g으로 잘 버무려서 항아리에 70% 정도 담는다.
4. 항아리 입구를 한지로 봉하고 고무줄로 단단히 묶어준다.
5. 4~5일에 한 번씩 뒤집어 주면서 3개월 정도 발효시킨다.
6. 뽀글거리는 거품이 가라앉으면 건더기를 소쿠리에 밭쳐 거르고 삼베 천에서 다시 맑은 액을 거른다.
7. 옹기 항아리에 70% 정도의 액을 담아 밀봉하고 1년 정도 숙성시킨다.
8. 꽃 식초의 숙성이 끝나면 면포를 깔고 다시 맑은 액을 여과하여 항아리에 저장한다.
9. 꽃을 거르고 난 건더기에는 현미 식초 1L를 부어 1달 정도 숙성시키고 여과하여 맛 식초로 사용한다.

Tip 면포 위에 숯을 올려 놓고, 그 위에 숙성된 식초를 부워 걸러내면 소독의 효과를 더할 수 있다.

대표 요리 아카시아꽃비빔국수, 모듬과일샐러드, 아카시아꽃튀김장, 초란, 꽃초밥

엉겅퀴 식초

길을 걷다가 엉겅퀴를 만나면 언제나 주저 없이 멈춰 선다. 살아 있는 꽃이 아닌 엉겅퀴 사진이나 그림을 볼 때도 마찬가지이다.

특별한 사연이나 이유 같은 건 없다. 엉겅퀴를 보면 지나온 날이 보이고, 또 다른 내가 보이고, 잊고 살던 어머니의 얼굴이 보이기 때문이다.

내가 엉겅퀴를 좋아하는 건 자연에서 얻은 하나의 신앙이다. 피를 엉기게 한다는 엉겅퀴. 가끔 까닭 없이 흐르는 내 눈물마저 엉기게 한다.

재료 : 건조 엉겅퀴 뿌리·꽃 100g, 신선한 엉겅퀴 잎 900g, 생수 2.5L, 고운 엿기름 가루 100g, 누룩 20g, 흑설탕 300g, 소금 1큰술

1 엉겅퀴를 잘게 잘라 씻는다.
2 뿌리를 삶아 물 2L를 만든 후 차게 식힌다.
3 신선한 엉겅퀴의 잎을 엿기름과 누룩, 설탕 250g으로 충분히 버무린다.
4 버무린 재료를 항아리에 70% 정도 담고 엉겅퀴 뿌리 삶은 물 2L에 설탕 50g을 넣어 녹인 후 항아리 속 재료와 혼합한다.
5 4의 재료에 소금을 1큰술 뿌린다.
6 한지로 항아리 입구를 봉하고 고무줄로 단단히 묶어 준다.
7 3~4일에 한 번씩 뒤집어 주면, 3~4개월 정도 후에 발효가 마무리된다.
8 뽀글거리는 거품이 가라앉고 술 냄새가 나면 건더기를 소쿠리에 밭쳐 거르고, 다시 삼베 천에서 맑은 액을 거른다.
9 걸러낸 액을 옹기 항아리에 70% 정도 담아 밀봉하여 1년 정도 숙성시킨다.
10 엉겅퀴 식초의 숙성이 끝나면 면포를 깔고 다시 맑은 액을 여과하여 항아리에 저장한다.

Tip 면포 위에 숯을 올려 놓고, 그 위에 숙성된 식초를 부어 걸러내면 소독의 효과를 더할 수 있다.

대표 요리 돼지고기편채, 묵무침, 산야초주먹밥, 민들레튀김장, 국화전튀김장

매실 식초

매화꽃이 진 자리에 조롱조롱 열린 매실이 익어갈 때 즈음이면 해마다 반가운 전화가 온다. "매실 좀 보내 드릴까요?" 이 짧은 한 마디가 감사하고도 부끄럽다.

늘 나눠주고 나눠먹는 것을 좋아하지만 살아갈수록 주는 일보다 받는 일이 많아진다는 느낌이 든다. 이른 봄, 꽃으로 세상을 밝히고 또 열매로 사람을 살리는 아낌없는 매화나무처럼 욕심 없어 넉넉한 삶을 살아야겠다.

재료 : 매실 1kg, 매실 발효액 1컵, 현미 식초 1L, 백설탕 230g, 소금 1작은술

1 향이 좋은 매실을 씨앗을 빼고 씻어 무게를 잰다.
2 매실에 매실 발효액과 설탕 230g을 넣고 혼합한다.
3 항아리에 매실을 70% 정도 담는다.
4 3에 소금 1작은술을 뿌린다.
5 한지로 항아리 입구를 덮고 고무줄로 묶어준다.
6 시큼하게 술 냄새가 나고 매실이 쪼글거려져 위로 뜰 때까지 30일가량 발효시킨다.
7 소쿠리에 고운 천을 깔고 매실액을 거른다(이때 거르고 난 매실 건더기에 현미 식초를 부어 1달 정도 후에 걸러서 맛 식초로 사용하기도 한다).
8 1년 이상 숙성시키면 상큼하고 달콤한 매실 발효액이 된다.
9 식초의 숙성이 끝나면 면포를 깔고 다시 맑은 액을 여과하여 항아리에 저장한다.

Tip 면포 위에 숯을 올려 놓고, 그 위에 숙성된 식초를 부어 걸러내면 소독의 효과를 더할 수 있다.

대표 요리 송이초절임, 매실초절임, 초란, 미나리강회, 씀바귀겉절이, 참죽전, 뿌리뺑이비빔밥

사과 식초

어린 아이는 '풋사과' 라 하고, 여자 아이의 예쁜 볼은 '잘 익은 사과' 같다고 한다. 친구에게 사과하는 뜻으로 빨간 사과 하나를 쑥스럽게 내미는 아이의 얼굴은 발그레한 '홍옥' 이다.
사과를 크게 한 입 베어 무는 튼튼하고 하얀 이가 예쁘고 사각사각 사과 깎는 소리도 예쁘다. 이처럼 사과는 우리 일상의 과일로 자리잡아 생활의 즐거움까지 느끼게 한다.

재료 : 사과 9kg, 레몬 1kg, 현미 식초 2L, 설탕 1.4kg, 소금 1작은술

1. 빛이 좋은 붉은 사과를 식초를 희석한 물에 10분간 담가 깨끗이 씻어 물기를 말린다.
2. 레몬은 식초를 조금 묻힌 거즈로 표면을 닦고 물로 깨끗이 세척한다.
3. 사과는 잘게 자르거나 갈아준다.
4. 레몬은 껍질을 벗겨 곱게 채 썰고 과육은 씨앗을 빼내고 다져 준다.
5. 사과와 레몬을 섞어서 설탕 1.4kg으로 잘 버무린다.
6. 항아리에 재료를 70% 정도 채워주고 소금 1작은술을 뿌려준다.
7. 한지로 항아리의 입구를 막고 고무줄로 묶어 3~4개월 발효시킨다.
8. 술 냄새가 나면, 소쿠리에 고운 천을 깔고 사과액을 거른다.
9. 6개월 이상 숙성하면 상큼하고 달콤한 사과 발효액이 완성된다.
10. 식초의 숙성이 끝나면 면포를 깔고 다시 맑은 액을 여과하여 항아리에 저장한다.
11. 9에서 식초를 거르고 난 사과 건더기에 현미 식초를 2배 정도 부어 2~3주 후에 걸러서 맛 식초로 사용하기도 한다.

Tip 면포 위에 숯을 올려 놓고, 그 위에 숙성된 식초를 부워 걸러내면 소독의 효과를 더할 수 있다.

대표 요리 산동백잎튀김, 도라지무침, 초란, 산야초주먹밥, 어탕수, 미삼초무침, 황포무침, 돌나물회

포도 식초

예전엔 포도를 수확하면 제사를 올린 후 가장 먼저 큰며느리에게 먹였다고 한다. 신사임당의 포도 그림처럼 규방의 많은 여인네들이 포도를 그려왔던 이유는 포도가 다산(多産)의 상징이기 때문이다.
또 포도의 연약한 덩굴손이 무엇이든 잡고 타고 오르는 모습은 무슨 일이든 할 수 있다는 용기를 주기도 한다.

재료 : 포도 10kg, 백설탕 900g, 소금 5g

1. 포도는 알갱이를 따서 깨끗이 씻어 물기를 말린다.
2. 포도 10kg을 손으로 으깬 다음 설탕 900g을 넣고 완전히 설탕을 녹인다.
3. 항아리에 포도를 70% 정도 담고 소금을 뿌려 준다.
4. 항아리를 한지로 덮어 고무줄로 봉한다.
5. 실온이 25~27℃ 정도로 유지될 수 있도록 한다.
6. 시큰하게 술 냄새가 나고 포도껍질이 위로 뜰 때까지 30일가량 발효시킨다.
7. 소쿠리에 고운 천을 깔고 포도액을 거른다.
8. 1년 이상 숙성시키면 상큼하고 달콤한 포도 식초가 된다.
9. 식초의 숙성이 끝나면 면포를 깔고 다시 맑은 액을 여과하여 항아리에 저장한다.
10. 7의 포도액을 거르고 난 건더기에 현미 식초를 재료의 2배 정도 부은 후, 20~30일 정도 숙성시켜 맛 식초로 사용하기도 한다.

Tip 면포 위에 숯을 올려 놓고, 그 위에 숙성된 식초를 부어 걸러내면 소독의 효과를 더할 수 있다.

대표 요리 연근초절임, 달래초절임, 씀바귀무침, 참치회비빔밥, 두릅튀김장, 냉이초무침

보리 식초

6월, 보리가 누렇게 익어 가면 유난히 생각나는 사람이 많다. 솔가지 모아 불을 지펴 놓고 까만 손 비벼가며 함께 보리를 구워 먹던 어릴 적 친구, 출렁이는 보리밭 길을 깔깔대며 손잡고 거닐던 여학교 동창생, 무작정 찾아갔던 깊은 산 암자. 슬픈 얼굴을 한 내게 아무 말 없이 열무보리밥을 내 주시던 노스님.
보리(菩提)는 이처럼 늘 또 다른 깨달음을 주는 식물이다.

재료 : 생 보리잎 500g, 보리쌀 500g, 누룩 100g, 황설탕 200g, 엿기름 가루 100g, 생수 2L

1 보리쌀을 씻어 24시간 불려 밥을 짓는다.
2 보리잎은 깨끗이 씻어 잘게 잘라 준다.
3 보리밥을 펼쳐서 미지근하게 식힌다.
4 3에 누룩 가루를 뿌려가며 골고루 섞는다.
5 보리밥에 신선한 보리잎과 설탕, 누룩 가루를 섞어 항아리에 담고, 엿기름 가루에 물 2L를 붓고 물을 걸러 항아리에 붓는다.
6 항아리 입구에 한지를 씌워 고무줄로 묶고 따뜻한 곳에 둔다.
7 2~3일 지나면 발효를 시작하는데, 이때 나무주걱으로 가끔 저어 준다.
8 6개월 정도 지나면 소쿠리에 삼베 천을 깔고 액을 거른다.
9 서늘한 곳에서 1년 정도 숙성하면 보리 식초가 완성된다.
10 식초의 숙성이 끝나면 면포를 깔고 다시 맑은 액을 여과하여 항아리에 저장한다.

Tip 면포 위에 숯을 올려놓고, 그 위에 숙성된 식초를 부어 걸러 내면 소독의 효과를 더할 수 있다.

대표 요리 검정콩초절임, 민들레샐러드, 냉이초무침, 콩나물잡채, 오이냉국, 무냉국

현미 식초

백미 한 톨에 함유된 영양분은 쌀 전체 영양분의 5% 밖에 안된다는 보고가 있다. 그만큼 쌀에서 떨어져 나간 쌀겨나 배아에 영양분이 많이 함유되어 있다는 이야기이다.

백미에 비해 많은 영양분을 함유하고 있는 현미는 비타민과 식이섬유 또한 풍부하여 비만·변비·탈모에 효과가 있고, 콜레스테롤의 수치를 줄여 주며 피로회복에도 도움이 된다.

재료 : 현미 1kg, 누룩 500g, 생수 4L

1. 현미를 씻어 24시간 충분히 불려 준다.
2. 현미의 물기를 뺀 후, 물에 적신 면보를 찜솥에 깔고 쌀을 담아 뚜껑을 덮는다.
3. 밀가루 반죽이나 랩으로 찜솥에 물이 새지 않도록 잘 막는다.
4. 1시간가량 충분히 쪄 준다.
5. 따뜻하게 익은 밥을 펼쳐 물과 누룩을 넣고 충분히 치대어 죽 상태로 만든다.
6. 5를 항아리에 70% 정도 담아 입구를 한지로 덮고 고무줄을 동여맨 다음 뚜껑을 덮어 따뜻한 곳에 보관하며 가끔씩 저어 준다.
7. 식초의 발효는 3~6개월 정도 걸린다.
8. 발효가 시작되면 거품이 일어나기 시작하는데, 가끔 물기 없는 나무주걱으로 저어 준다.
9. 신맛과 술 냄새가 나면 건더기를 걸러서 맑은 액을 분리한다.
10. 액만 따로 항아리에 넣어 1년 이상 숙성한다.

Tip 식초가 성숙하면 초파리들이 냄새를 맡고 모여 드는데, 이 초파리가 항아리에 들어가면 '초눈'이라고 하는 애벌레가 생겨 초의 맛이 없어지므로 주의한다.

11. 식초의 숙성이 끝나면 면포를 깔고 다시 맑은 액을 여과하여 항아리에 저장한다.

Tip 면포 위에 숯을 올려놓고, 그 위에 숙성된 식초를 부워 걸러 내면 소독의 효과를 더할 수 있다.
신맛이 강하기 때문에 차로 마실 경우에는 물을 2~3배 섞거나 우유 등에 희석하여 마신다.

대표 요리 빙어무침, 홍어회비빔국수, 해파리냉채, 오징어무침, 생선초밥, 오이초절임, 초란

초란

초란에는 아미노산이 풍부하여 위의 부담을 줄이며, 혈액의 엉킴을 막아 혈액순환에도 도움을 준다. 운동 전후에는 근육을 유연하게 하여 육체적 피로감과 정신적 스트레스를 풀어 주며 배변 기능을 돕기도 한다.

좋은 식초는 산삼과도 안 바꾼다는 말이 있듯, 식초와 완전식품으로 알려진 계란의 만남은 상상 이상으로 강렬하다. 장기 복용에도 부작용이 없는 자연식품으로 오래 전부터 기호식품이나 해독용 가정상비약으로 가정에 비치하였다.

재료 : 유정란 5개, 현미 식초 1L

1. 1.8L의 유리병을 준비하여 끓는 물에 병과 뚜껑을 소독하여 말린다.
2. 날계란을 깨끗이 씻어 마른 행주로 닦는다.
3. 소독한 유리병에 식초를 붓고 계란이 깨지지 않게 넣는다.
4. 병에 식초를 가득 붓고 뚜껑을 꼭 닫는다.
5. 직사광선이 들지 않는 어두운 곳에 두거나 신문지로 병을 싸준다. 20~25℃ 정도 온도가 적당하다.
6. 1주일 정도가 되면 계란의 겉껍질이 녹아 없어지고 흰 막과 노른자만 남는다.
7. 흰 막을 나무젓가락으로 걷어내고 노른자와 식초를 잘 저어 혼합한다.
8. 혼합한 초란액은 냉장고에 보관한다.

Tip 하루 20ml를 식후에 채소즙 · 과일주스 · 과일 발효액 · 산야초 발효액에 혼합하여 마신다.

1. 평소 신트림이 나고 위가 약한 사람들은 원액 복용을 삼간다.
2. 플라스틱 용기는 되도록 사용하지 않도록 한다.

레몬 식초

식초는 일반적으로 요리에 넣어 새콤한 맛을 내는 용도로 사용하지만, 요즘에는 식이요법으로 음료에 넣어 마시기도 한다.
건강을 위해 마시는 대표적인 식초로 레몬 식초를 꼽을 수 있다.
레몬 식초는 요리를 할 때 레몬 즙을 내는 번거로움을 덜어주기도 하는데, 레몬 식초의 좋은 향과 상큼한 맛을 유지하려면 조금씩 만드는 것이 좋으며, 다른 재료와 혼합을 하기 때문에 신맛이 강한 식초를 사용하는 것이 좋다.

재료 : 레몬 3개, 현미 2배 식초 900ml

1 식초를 조금 묻힌 거즈로 레몬의 표면을 닦아 물로 깨끗이 세척한다.
2 물기를 닦은 후 껍질을 벗겨 곱게 채를 썰어 다진 후에 건조시킨다.
3 레몬 과육의 즙을 짜고 현미 식초를 부어서 거즈를 깔고 체에 내린다.
4 소독된 유리병에 다진 레몬 껍질을 넣고 과육과 혼합한 식초를 부어 준다.
5 시원한 곳에서 저장한다.

대표 요리 냉국, 생선초무침, 냉면

1 완성된 식초는 유리용기에 넣고 사용하며, 되도록 플라스틱 용기는 사용하지 않도록 한다.
2 신선한 식초를 이용하려면 한번에 너무 많은 양을 만들지 않도록 한다.

배초향(방아풀) 식초

언젠가 장어구이집에서 장어구이 위에 얇게 채를 썰어 올린 채소를 보고 "깻잎이다! 아니다!" 하며 옥신각신하던 식객들을 본 일이 있다.
배초향의 이파리 모양은 깻잎이나 차즈기잎과 비슷하지만 향이 다르다. 배초향잎에는 특유의 향이 있어 생선요리의 비린 맛을 잡아주고 향미를 높이는데 특별한 능력을 발휘한다.
배초향은 또 사찰음식에 향신료로 쓰이기도 하는데, 가히 최고의 토종 허브라고 할 수 있다.

재료 : 배초향 1kg, 백설탕 48g, 소금 5g, 생수 1L

1. 배초향의 잎을 씻어 잘게 자른다.
2. 잘게 썬 배초향 잎에 백설탕 24g을 넣어서 충분히 버무린다.
3. 버무린 재료를 항아리에 70% 정도 담는다.
4. 생수 또는 끓여서 식힌 물 1L에 백설탕 24g을 충분히 녹여준다.
5. 4를 3의 항아리에 넣어 혼합하고 소금을 뿌려 준다.
6. 한지로 입구를 봉하고 고무줄로 묶어 준다.
7. 약 100일 정도 발효시킨다.
8. 뽀글거리는 거품이 가라앉으면 건더기를 소쿠리에 받쳐 거르고 다시 삼베 천에 맑은 액을 거른다.
9. 거른 액을 옹기 항아리에 70% 정도 담아 밀봉하여 1년 정도 숙성시킨다.
10. 배초향 식초의 숙성이 끝나면 면포를 깔고 다시 맑은 액을 여과하여 항아리에 저장한다.

Tip 면포 위에 숯을 올려 놓고, 그 위에 숙성된 식초를 부어 걸러내면 소독의 효과를 더할 수 있다.

대표 요리 두릅전, 모듬채소샐러드, 토란튀김장, 쇠뜨기숙회, 참치회초밥, 배초향식초차

05
간편하게 맛있는 요리를 만들어 주는 국물양념

약수와 채수·육수

약수란 약초 말린 것을 우려낸 물, 채수란 채소 말린 것을 우려낸 물,
육수란 고기나 생선 종류의 재료를 끓여 낸 물이다.
각종 천연 재료로 우려내어 다양한 조리에 사용하는 국물양념을 뜻하는 것으로,
이 국물양념에 쓰이는 재료들은 잘 말려서 사용해야 물이 맑고 시원하다.

간편하게 맛있는 요리를 만들어 주는 국물양념
약수와 채수 · 육수

　약수란 약초 말린 것을 우려낸 물, 채수란 채소 말린 것을 우려낸 물, 육수란 고기나 생선 종류의 재료를 끓여 낸 물이다. 이것들은 모두 각종 천연재료를 우려내어 다양한 조리에 되는 국물양념을 뜻한다. 그 중에서 특히 약수를 내는 재료들은 잘 말려서 사용해야 물이 맑고 시원한데, 당귀·인삼·명감나무뿌리·다시마·명태·무·대파·양파·생강·고추·마늘 등의 재료는 씻어서 얇게 썬 후 건조시켜 저온 보관하거나 바람이 잘 통하게 망사 주머니에 걸어 보관한다.
　약수를 우려 놓으면 찌개나 국을 간편하게 끓일 수 있고, 3~4일 정도 사용할 분량을 미리 끓여 냉장고에 보관하면 간편하게 맛있는 요리를 만들 수 있다.

채수와 육수 내기

생 재료를 건조시키면 무게가 약 70~90%까지 줄어들기 때문에 쓰는 양에 주의한다.

1　준비한 재료를 10배 정도의 물에 넣어 30분~1시간 정도 담가 불려서 센 불에서 끓인다.
2　끓기 시작하면 약 10%의 소금을 넣고 약한 불에서 10분가량 더 끓인다.
3　끓여 놓은 채수를 약 10분간 우려내어 거즈를 깔고 맑은 액을 분리한 후 차게 식힌다.
4　유리용기에 넣어 3~4일간 저온 보관하거나 비닐 팩에 1/2 분량으로 넣어 냉동 보관한다.

■ 생선 육수 내기

재료 : 말린 생선 30g, 채소 우린 물 500ml, 청주 20ml

1. 우럭·아귀·돔·조기·광어 등의 생선은 내장을 가르고 비늘을 손질하여 둔다(또는 회를 뜨고 난 머리를 잘라 술을 부어 주물러 씻는다).
2. 냉수에 약 10%의 소금을 넣고 손질한 재료를 씻어서 물기를 제거한 후 건조시킨다.
3. 물에 약 3%의 소금을 넣고, 건조시킨 양파·무·생강·대파·홍고추를 혼합하여 만든 채수를 붓는다.
4. 3에 준비한 재료를 넣고 처음에는 센 불로 끓이다가 물이 끓으면 중간 불로 물을 1/3로 졸인 후, 20ml의 청주를 넣고 한소끔 끓인다.
5. 뜨거운 육수를 그대로 소쿠리에 거른 후 다시 거즈를 깔고 맑은 액을 분리한다.
6. 완성된 생선 육수를 차게 식힌다.
7. 소독한 유리용기에 넣어 3~4일간 저온 보관한다. 또는 비닐 팩에 1/2 정도 분량으로 넣어 냉동 보관하거나 얼음 틀에 넣어 얼려 둔다.

재료 : 멸치·새우·황태·홍합 등 50g, 물 1L, 청주 40ml

1. 마른 명태는 머리와 껍질은 잘게 찢고 멸치는 내장을 뺀 후 살짝 볶아 말려 준다.
2. 새우·홍합은 수염 부분을 손질하고 다시마는 표면의 흰 가루를 젖은 수건으로 닦아내고 잘라서 말려 준다.
3. 잘 혼합한 말린 재료 50g을 냉수에 20~30분 담가둔 후 센 불에서 끓인다.
4. 물이 우러나면 0.3%의 소금을 넣고 청주를 넣어 중간 불에서 10분간 더 끓인다.
5. 끓인 육수를 약 10분간 우려내어 거즈를 깔고 맑은 액을 분리한 후 차게 식힌다.
6. 소독한 유리용기에 넣어 3~4일간 저온 보관한다. 또는 비닐 팩에 1/2 정도 분량으로 넣어 냉동 보관하거나 얼음 틀에 넣어 얼려 둔다.

* 냉동 보관하여 얼린 육수는 한 달가량 보관이 가능하다.

검은콩 약수

검은콩은 불포화지방산과 단백질이 풍부하여 성인병 약을 많이 복용하는 사람들의 해독을 돕는다.
따라서 식생활에 적극 활용하면 좋은데, 볶아서 가루내어 선식이나 차를 끓여 마시고 식초에 담가 두었다가 먹기도 한다. 약수를 우리고 거른 콩은 장조림을 하거나 밥에 놓아 먹는다. 갓난 아이의 눈처럼 반짝이는 검은콩 장조림은 보는 것만으로도 식욕을 자극한다.

재료 : 검은콩 100g, 물 2L

1. 건조된 검은콩을 씻어 물기를 말린 후 살짝 볶는다.
2. 볶은 콩에 물 2L을 넣고 센 불에서 끓인다.
3. 끓기 시작하면 약한 불에서 물이 1.5L가 되도록 더 끓인 후에 불을 끄고 30분간 우려 낸다.
4. 체에 거즈를 올리고 액을 걸러 낸다.
5. 약수를 식혀서 유리용기에 넣고 냉장 보관하거나 얼음 팩에 넣어 냉동 보관한다.
6. 필요할 때마다 조금씩 꺼내 사용한다.

대표 요리 쌀밥, 율무죽, 잉어탕, 차

검은콩 약수는 비장이 약하여 속이 더부룩하거나 설사를 하는 사람은 복용에 주의하며, 한꺼번에 많이 먹지 않는다.

겨우살이 약수

겨우살이는 고혈압으로 생긴 두통이나 어깨나 관절이 무겁고 아프며 눈이 침침할 때 사용하면 효과가 있다. 또 출산 후 출혈에도 쓰였다.
겨우살이는 높은 산에 자생하는 참나무나 오래된 동백나무에 까치 둥지 모양을 하고 기생하는 식물인데, 그 출발은 기생이지만 요즘에는 사람에게는 큰 도움을 주는 공생식물로 주목을 받고 있다.

재료 : 겨우살이 100g, 물 1L

1 겨우살이의 마디마디를 손으로 잘라 그늘에 말린다.
2 말린 겨우살이를 깨끗이 씻어 법랑주전자나 약탕관에 넣고 물을 부어 센 불로 끓인다.
3 끓기 시작하면 중간 불에서 20분간 더 끓여 1시간가량 우려낸다.
4 체에 거즈를 깔고 걸러서 유리용기에 넣어 냉장고에 보관한다.

대표 요리   겨우살이약밥, 찹쌀죽, 차, 소갈비탕

완성된 겨우살이 약수는 하루 9~15g 정도 차로 복용하며, 밤나무나 떡갈나무에 기생하는 것은 사용하지 않는다.

구기자 · 하수오 약수

구기자의 열매는 작은 타원형으로 붉은 색을 띠고 있는데 맛이 달콤하다. 잎을 따서 차를 덖어 마시기도 하고 나물로 먹기도 한다.
가을에 붉게 열매가 익으면 볕에 말려 약으로 쓰는데, 무릎과 허리통증을 다스리며 백내장에 효과가 있다고 하여 장독대 주변에 한두 그루 심어 민간에서 많이 사용하던 약재이다.
신약 열풍에 많이 베어져 나간 구기자나무. 이제는 다시 마당으로 돌아와야 할 때이다.

재료 : 구기자 300g 하수오 50g, 물 3L

1. 잘 씻은 하수오를 물 1L에 1시간가량 담가 준다.
2. 하수오 불린 물과 하수오를 솥에 넣고 물 2L을 더 부어 끓인다.
3. 끓기 시작하면 중간 불로 30분간 더 달여 준다.
4. 하수오 끓인 물에 구기자를 넣고 센 불에서 끓이다가 끓기 시작하면 중간 불로 30분가량 졸인다.
5. 불을 끄고 30분가량 우려낸 후 고운 체에 거른다.
6. 걸러 낸 액을 유리용기에 넣어 냉장 보관한다.

대표 요리 과일화채, 차, 물김치, 닭백숙, 돼지고기찜

평소에 변이 묽고 설사를 자주하는 사람은 섭취에 주의한다.

꿀풀(하고초) 약수

늦봄에 산길에서 만난 한 무더기의 보랏빛 꿀풀 꽃은 앙증맞은 도깨비 방망이 모양을 하고 있다. 꽃잎을 뽑아 먹으면 달콤한 꿀맛이 나기에 '꿀풀'이라는 이름이 붙여졌지만 뒷맛은 오히려 조금 쓰기도 하다.

꿀풀은 고혈압으로 오른 열을 내려 주고, 뭉친 것을 풀며 부종을 완화시킨다. 여름이면 말라버리는 천형을 안고 살지만, 그 약효만은 겨우내 내 청청하다.

재료 : 꿀풀 꽃대 말린 것 300g, 물 3L

1 꿀풀의 꽃이 지기 시작할 때 꽃대와 뿌리를 채취하여 3cm 크기로 잘라 건조시킨다.
2 재료를 씻어서 물을 넣고 끓인다.
3 끓기 시작하면 중간 불에서 더 졸여 준다.
4 불을 끄고 30분 정도 우린 후에 체에 밭쳐 거른다.
5 걸러 낸 약수를 1/3 정도 진하게 우린 다음 식혀서 얼음 틀에 넣고 얼린다.
6 필요시에 물에 녹여 사용한다.

꿀풀의 전초를 달인 약수는 국간장과 혼합하여 게장을 담글 때 사용한다. 꿀풀의 잎은 살짝 데쳐 말려 두었다가 물에 불려서 꼬들꼬들하게 다시 말린 후 나물로 사용한다. 꽃으로는 찹쌀 풀을 입혀 부각을 만들거나 튀김을 한다.

대표 요리 쌀죽, 간장게장, 돼지고기불고기, 차, 뽕잎간장장아찌

완성된 꿀풀 약수는 하루에 6~12g을 섭취하며, 비위가 차가워서 속이 냉한 사람은 섭취를 삼간다.

능이버섯 약수

'버섯은 제1 능이, 제2 표고, 제3 송이'라고 한다. 이같이 귀하게 대접받는 능이버섯은 가을 수확철 들녘의 풍년가와 함께 깊은 산으로부터 오는 자연의 큰 선물이다.
특히 고지혈증이나 고혈압에 좋다하여 환자식에 많이 사용되며, 닭백숙이나 돼지고기요리에 쓰면 그 향과 맛이 일품이다. 기름기가 거의 없어 느끼함이 없으며 쫄깃하고 맛이 담백하다.

재료 : 능이버섯 말린 것 30g, 물 3L

1. 가을에 능이버섯을 채취하여 알맞은 크기로 찢어 햇볕에 말린다.
2. 버섯을 씻어 한 번 끓인 후 중간 불에서 30분 정도 더 끓인다.
3. 다 끓으면 불을 끄고 30분간 우려낸 후에 능이버섯을 건져 물기를 꼭 짠다.
4. 버섯 우린 물을 다시 반으로 졸여 식힌 후 얼음 틀에 넣고 냉동실에 보관한다.
5. 건더기는 불고기나 고기볶음에 사용한다.

능이버섯 약수는 육류를 활용하여 국이나 찌개를 끓이거나 샤브샤브 육수를 낼 때 양념으로 사용한다. 능이버섯은 찢어서 건조시킨 후 햇볕이 잘 드는 옹기 항아리에 보관하고, 조금씩 꺼내 물에 불려 삶은 뒤 물기를 꼭 짜서 갈비탕이나 국에 넣어 이용하기도 한다.

대표 요리 소고기샤브샤브, 찹쌀죽, 오골계탕

1. 한꺼번에 많은 양을 만들어 냉동실 얼음 틀에 넣어 두고, 조금씩 꺼내 물에 희석하여 사용한다.
2. 신선한 생 버섯은 즉시 잘게 찢어서 볕에 건조한다. 시일이 경과하거나 활짝 핀 버섯은 씻어서 물에 데친 후 비닐 팩에 넣어 냉동 보관한다.

당귀 약수

당귀는 전쟁터에 나가는 남편의 주머니에 넣어 주면 그 당귀를 먹고 기운을 차려 '마땅히 돌아온다' 하여 당귀(當歸)라고 불렀다는 전설이 있는 아내의 기도 같은 약재이다.

특히 혈색이 좋지 않고 빈혈이 있거나 두통이 있는 여성의 혈액을 생성하는데 큰 도움이 되며, 여러 가지 요리에 사용되기도 한다.

잎은 장아찌나 쌈으로 먹고, 뿌리는 얇게 썰어 말려 두었다가 황기 약수와 혼합하여 사용하기도 한다.

재료 : 당귀의 뿌리 100g, 대추 10알, 물 4L

1. 잘게 썬 당귀의 뿌리에 대추 10알을 넣고 물 3L를 부은 후 끓인다.
   - Tip 당귀 뿌리는 잔가지를 제거하지 않고 몸통과 함께 사용한다.
2. 물의 양이 반으로 줄 때까지 달인다.
3. 완성된 당귀 약수를 식혀서 얼음 틀에 넣고 얼린 후 1개씩 꺼내 물에 녹여 사용한다.

당귀 약수는 고기를 요리할 때 주로 사용한다. 또 간장에 혼합하여 갈비찜 등의 맛내기 양념으로도 사용한다.

대표 요리 소고기장조림, 수육, 차, 김치, 찹쌀죽, 닭찜

배가 더부룩하거나 만성설사를 하는 사람, 또는 변이 묽은 사람은 섭취를 삼간다.

산수유 약수

시골집 돌담길을 지날 때 잎보다 먼저 핀 샛노란 산수유 꽃은 봄이 문턱까지 왔음을 알려주고, 산수유의 열매가 빨갛게 익으면 가을도 따라 익어 간다.

산수유의 빨간 열매를 따서 씨앗을 빼고 볕에 말려 사용하면 노년기에 허리와 무릎이 시리고 아프며 어지러운 사람들에게 좋은 약재가 된다. 식은땀이 자주 나거나 생리과다증 여성에게도 좋다고 전해진다.

재료 : 산수유 말린 열매 90g, 물 3L

1. 말린 산수유를 깨끗이 씻는다.
2. 물을 넣고 끓기 시작하면 중간 불에서 30분간 더 끓인다.
3. 불을 끄고 30분간 우려낸 후, 체에 밭쳐 건더기를 걸러 낸다.
4. 유리 용기에 넣어 냉장 보관한다.

대표 요리 계란찜, 쌀죽, 차, 물김치

산수유 약수는 맛이 시고 떫다. 때문에 한꺼번에 많은 양을 섭취를 하지 않는다.

연잎 약수

연잎을 사용할 때는 가능한 두꺼운 잎을 추석 전에 채취한다.

연잎은 지방을 분해하는 효과가 있어 말려서 차로 끓여 꾸준히 마시면 비만에 좋을 뿐 아니라 몸에서 마음까지 은은한 향이 돈다.

연근과 연자를 견과류와 섞어 찰밥을 지어낸 후 연잎에 싸서 한 번 쪄내면 맛과 향이 뛰어난 최고의 영양식 연잎밥이 되는데, 이 연잎밥을 얼려 두었다가 소풍이나 휴가 때 한 번 찐 후 간단한 장아찌 몇 개를 곁들여 도시락으로 준비하면 잘 상하지 않고 맛 좋은 음식을 장만할 수 있다.

재료 : 건조시킨 연잎 50g, 물 1L

1. 연잎을 깨끗이 씻는다.
2. 5cm×5mm 크기로 얇게 채 썰어 그늘에서 말린다.
3. 물에 넣고 끓기 시작하면 연잎을 넣어 한 번 끓이고, 중간 불에서 10분간 더 끓인다.
4. 불을 끄고 30분 후에 거른다.
5. 걸러 낸 액을 병에 담아 냉장고에 저장한다.

대표 요리 쌀죽, 율무죽, 돼지갈비, 수육, 연밥

완성된 연잎 약수는 한번에 많은 양을 섭취를 하지 않으며, 오래 두고 먹을 때는 3일에 한 번씩 다시 끓여 준다.

오미자 · 인삼 약수

오미자와 인삼을 배합하면 원기를 채우고 폐를 윤택하게 하며, 갈증을 해소하고 기침을 멎게 한다고 한다.
여름철 찬 음식에 탈이 나거나 갈증이 생길 때에 도움을 주는 식품으로 여기에 맥문동 8g을 첨가하면 여름철 전통 음료 생맥산이 만들어진다.
다섯 가지 맛을 낸다는 오미자는 맛과 향, 빛깔이 모두 좋아 오감을 자극하는 우리 전통음식의 빛과 같은 존재이다.

재료 : 말린 인삼 4g, 오미자 4g, 물 1L

1. 말린 인삼을 미지근한 물에 30분가량 불린 다음 끓여 준다.
2. 끓기 시작하면 중간 불에서 30분가량 졸인 후 불을 끄고 30분간 우려낸다.
3. 인삼 우린 물을 걸러 미지근하게 식힌 후, 오미자를 씻어 6시간 정도 담가 준다.
4. 3에 소금 3g을 넣어 살짝 끓여낸 후 식혀 유리용기에 넣고 냉장 보관한다.

대표 요리   김치, 차, 과편, 배숙

평소 열이 많거나 고혈압 등으로 열이 나는 경우, 또 감기초기에는 복용을 삼간다.

조릿대 약수

조릿대는 전국 야산 어디에서나 흔히 볼 수 있으며 보통 '산죽'이라 부르기도 한다. 꽃이 피지 않은 잎과 속대를 계절에 관계없이 채취하여 생으로 썰어 그늘에 말려 쓴다.

조릿대는 일반적으로 해독과 강정작용을 하며 혈당량을 줄이는 효과가 있다. 때문에 심장에 열이 많거나 눈에서 열이 날 때, 동맥경화·가래·기침·열독에 쓰거나 당뇨로 오는 갈증 등에 차처럼 꾸준히 마시면 좋다.

재료 : 건조된 조릿대의 잎과 속대 20g, 물 2L

1. 꽃이 피지 않은 조릿대의 잎과 속대를 이른 봄이나 겨울에 채취한다.
2. 채취한 조릿대를 3cm 크기로 썰어 그늘에 말린다.
3. 두꺼운 팬에 살짝 볶아서 보관한다.
4. 약탕기에 20g정도 넣고 물 2L를 부어 1/3로 졸인다.
5. 완성된 조릿대 약수를 식혀 냉장고에 보관한다.

Tip 냉장 보관은 약 3일 정도 가능하다.

국이나 찌개, 밥을 지을 때 첨가하여 사용하고 차 대신 마셔도 좋다.

대표 요리 돼지감자밥, 조릿대다시마밥, 물김치, 조릿대식혜, 댓잎차

1. 평소에 몸이 냉한 사람은 섭취를 금하며 하루 복용량은 9~15g을 초과하지 않는다.
2. 조릿대는 오래 묵힐수록 약성이 좋아진다.

청미래덩굴 약수

흔히 '맹감나무', '명감나무'라 부르는 청미래덩굴은 뿌리줄기를 이른 봄이나 가을에 채취한다. 봄에 난 잎은 찹쌀가루를 입혀 튀겨 먹고, 떡이나 밥을 지을 때 첨가하면 음식이 상하지 않게 한다.

종기에는 생잎을 짓이겨 붙이는데, 각종 염증과 공해 · 수은의 독을 풀어 준다. 하트 모양의 파란 봄 잎과 새빨간 가을 열매가 눈부시게 아름다운 청미래덩굴은 뿌리까지 소중한 약재이다.

재료 : 건조된 청미래덩굴 뿌리 15g, 물 2L

1. 이른 봄이나 가을 · 겨울에 청미래덩굴의 뿌리를 채집하여 잔가지는 자르고 씻는다.
2. 2mm 정도로 얇게 자른 후에 물에 담가 쓴맛을 우려내고 햇볕에 건조시킨다.
3. 건조시킨 청미래덩굴의 뿌리를 팩에 담아 저온 저장한다.
4. 약탕기에 건조된 청미래덩굴의 뿌리 15g을 넣고 물 2L를 부어 끓인다.
5. 물이 끓기 시작한 후 약 30분 정도 더 끓이다가 불을 끄고 식힌다.
6. 완성된 청미래덩굴 약수를 식혀 유리병에 보관한다.

청미래덩굴 약수는 차로 마시거나 밥, 찌개, 국, 물김치 등의 요리에 첨가하여 사용한다.

대표 요리 송편, 밥, 수제비, 국수, 돼지고기찌개, 간장, 차

완성된 청미래덩굴 약수의 하루 복용량은 15~30g이며, 한꺼번에 많은 양을 섭취하면 변비가 생길 수 있다.

표고버섯 약수

표고버섯은 지방의 축적을 예방하고 느끼함을 줄여 주기 때문에 일반적으로 육류요리에 많이 사용한다. 기름진 음식을 조리할 때 맛을 돋우며 각종 채소요리에도 풍미를 더해 준다.
표고버섯은 신선할 때 데쳐서 초고추장을 찍어 먹기도 하는데, 볶음이나 국물요리에는 말려서 불린 후 사용하는 편이 더 좋다.

재료 : 썰어서 건조시킨 표고버섯 10g, 건조 양파 5g, 물 2L

1. 표고버섯을 편으로 잘라서 건조기에 넣고 말린다.
2. 말린 표고버섯을 미지근한 물에 30분에서 1시간정도 불린다.
3. 센 불에서 끓여 끓기 시작하면 약한 불에서 10분간 더 끓인다.
4. 불을 끄고 10분간 우려내고 고운 체에 밭쳐 거른 후 건더기는 물기를 짜서 건져낸다.
5. 버섯 우린 물에 양파 껍질 말린 것을 넣고 끓인다.
6. 끓기 시작하면 약 20분 정도 중간 불에서 졸인 다음 체에 거른다.
7. 완성된 표고버섯 약수를 식혀서 얼음 틀에 넣고 냉동 보관한다.
8. 요리할 때 냉수에 2~3개씩 녹여서 쓴다.

표고버섯 약수는 된장찌개를 만들 때 사용한다.

대표 요리 돼지갈비찜, 소고기탕, 쌀죽, 선지우거지국, 두부조림

 완성된 표고버섯 약수는 한꺼번에 많이 먹지 않으며, 만성가려움증 환자들은 섭취를 금한다.

하수오(큰조롱)약수

하수오는 간장과 신장을 보하고 정혈을 도우며 머리를 검게 하는 작용이 있다. 또한 고혈압과 고지혈증을 다스린다고도 전해진다.
예부터 민간에서는 하수오를 노인들의 보약으로 여겨 왔으며, 뼈와 힘줄을 강화시키는 효능이 있기 때문에 병후 쇠약환자에게도 사용하였다.

재료 : 건조된 하수오의 뿌리 10g, 물 3L

1 이른 봄이나 늦가을에 하수오 뿌리를 채취하거나 구입한다.
2 준비한 하수오의 겉껍질을 긁어낸다.
3 손질한 하수오를 대나무 칼로 얇게 썰어서 햇볕에 말린다.
4 약탕기에 하수오 10g을 넣고 물 3L를 부은 후 2시간 정도 달인다.
5 완성된 하수오 약수를 식혀서 유리병에 넣고 냉장 보관한다.
6 사용할 때에는 대추 2알을 넣어 함께 조리한다.

하수오 약수는 밥에 물 대신 첨가하거나 차로 이용한다.

대표 요리 버섯쌀죽, 된장국, 된장찌개, 닭요리, 오골계탕, 소고기국, 붕어찜, 가물치탕, 검정콩조림

1 돼지고기나 양고기, 마늘·선지·대파·무와 함께 먹으면 약효가 현저히 떨어지므로 함께 먹지 않도록 한다.
2 변이 묽고 설사를 할 때에는 섭취를 금하며 하루 섭취량은 18g을 초과하지 않도록 한다.

환삼덩굴 약수

환삼덩굴은 꽃이 피기 시작하는 여름부터 가을 사이에 꽃을 포함한 잎과 줄기를 채취한다.
농부에겐 성가시고 불편하고 거칠기 짝이 없는 잡초지만 봄에 어린 순을 데쳐서 쓴맛을 우리고 나물로 먹거나 튀김옷을 입혀 튀기면 의외로 부드럽고 맛있는 제철 음식이 된다.
또 소화불량과 급성 위장염을 치료하고, 해열·해독작용이 있으며, 습진이나 부스럼이 있을 때 말린 약수로 목욕을 하면 효과가 있다.

재료 : 건조된 환삼덩굴의 줄기와 잎 7~10g, 물 2L

1 초여름에 환삼덩굴의 연한 줄기와 꽃과 잎을 채취한 후 잘게 썬다.
2 재료를 씻어 살짝 데친 후 햇볕에 건조한다.
3 건조시킨 환삼덩굴을 지퍼 백에 넣어 저온 저장한다.
4 법랑주전자나 스테인리스 주전자에 건조된 환삼덩굴 7g과 물 2L를 붓고 끓기 시작하면 바로 불을 끈다.
5 10분간 우려내어 맑은 물을 거른다.
6 유리용기에 넣고 차게 식혀 냉장 보관한다.

환삼덩굴 약수는 밥, 국, 찌개, 물김치 등을 만들 때 물 대신 사용한다.

환삼덩굴 약수는 독이 없어 차로 마시기도 좋으나 지나치게 많은 양은 먹지 않는다. 단, 목욕제로 이용할 경우에는 양을 3배 이상 늘일 수 있다.

06

식용과 약용으로 사용되던 당(糖)

청과 조청

청과 조청은 제철에 흔한 재료를 꿀이나 설탕에 졸여 만든다.
대부분의 요리에 설탕 대신 사용하고,
특히 조림이나 볶음요리에 넣으면 음식에 윤기가 돌고 풍미가 좋아진다.

식용과 약용으로 사용되던 당(糖)

청과 조청

청

청은 주로 제철에 흔한 과일의 씨앗을 제거하여 잘게 썰고, 약초는 그대로 잘게 썰어 그 즙을 추출하여 꿀이나 설탕에 졸여 만든다. 조청과는 달리 별도의 발효 과정을 거치지 않고 즙액을 졸여서 만든 것으로 조청보다 묽은 것이 특징이다.

약초·과일·채소 청은 재료를 진하게 달인 후, 건더기를 건져내고 약초물만 뭉근히 졸여 꿀이나 설탕을 넣어 다시 졸이다가 걸쭉해지기 시작하면 마늘이나 생강즙을 내어 묽게 졸여서 만든다.

청은 요리에 사용하기에 편리하며 육류나 생선요리를 부드럽게 한다. 때문에 떡이나 채소·과일 샐러드를 만들 때 첨가하면 좋다. 과일 청은 맛과 향이 좋아 우유나 연유를 넣어 얼리면 아이들이 좋아하는 아이스크림을 만들 수 있고 물에 희석하여 차로 마시기도 하며 화채를 만들 때도 사용한다. 또 향이 좋은 채소나 약초로 기능성 청을 만들어 필요에 따라 사용하기도 한다.

용도에 따른 청 만들기

곡물이나 채소 또는 약초의 성분을 추출하여 그 즙 졸여서 만든다. 농도는 사용처에 따라 달리하며 농도가 낮을 시에는 공기와의 접촉에 유의한다.

▼ 과일 청 모음(왼쪽)과 산야초 조청(오른쪽)

조청

조청은 약초를 삶은 약수나 생수에 불린 엿기름을 주물러서 즙을 받아낸 뒤, 익힌 쌀·보리·고구마 등을 엿기름물에 삭혀 당화시킨 다음, 밥알이나 건더기를 건져서 짜내고 그 물을 뭉근히 졸여 꿀처럼 만든 것이다. 탄수화물이 많은 곡물과 엿기름이 주재료이며 청보다는 진하고 엿보다는 묽은 상태이다. 물에 타서 차로 마시기도 하고 요리에 단맛을 내는 양념으로 쓰기도 하며 특수한 경우 치료를 목적으로 사용하기도 한다.

조청은 곡물을 호화*시킨 후, 당을 발효 분해하여 나온 즙을 졸여서 만든 것으로 음식에 단맛을 내어주는 양념이다. 요리의 형태에 따라 농도를 조절하여 사용하며, 농도가 묽으면 공기와의 접촉에 주의한다. 졸일 때 약초 등을 첨가하여 약성을 높이기도 한다(조청을 만들 때 쓰는 엿기름은 건조한 지 2개월이 넘지 않은 것이 좋다).

설탕이 없거나 흔하지 않던 시절, 우리 선조들은 이처럼 곡물을 직접 발효시켜 당을 만들고 식용과 약용으로 사용해 온 것이다.

조청의 종류

조청의 종류는 찹쌀 조청, 보리 조청, 오곡 조청, 무 조청, 도라지 조청, 사물탕 조청, 쑥·매실·사과 조청 등 무수히 많은 약초와 과일로 다양한 종류를 만들 수 있다.

조청의 응용

조청에 쓰이는 엿기름은 자양성 건위제로서 식욕부진과 소화불량에 좋다. 찹쌀은 몸에 원기를 생성하고, 쑥은 냉성 위장병이나 부인병에 널리 쓰이는 약초로 위·십이지장 궤양 뿐 아니라 만성 위장병에도 좋다.

조청은 대부분의 요리에 설탕 대신 사용하는데, 특히 조림이나 볶음요리에 넣으면 음식에 윤기가 돌고 풍미가 좋아진다. 그러나 조청은 인공첨가물이 없는 천연조미료이기 때문에 보관기간이 아주 짧아 냉장 보관을 해야 하므로 조금씩 만들어 쓰는데, 농도를 조절하면 오래 보관할 수도 있다. 조청은 고유의 색이 있어 맑은 국물 요리에는 잘 어울리지 않으니 사용에 주의한다.

* 호화 : 녹말에 물을 섞고 열을 가하면 점성도가 높아지고 반투명한 색으로 변하는 현상을 가리킨다.

과일을 이용한 청

귤청

귤은 비타민이 부족하기 쉬운 겨울철에 먹는 맛있는 비타민으로, 폐를 윤택하게 하고 기침을 다스려 가래를 없애 준다.
또 가슴 답답함과 숙취를 해소하며 심혈관 질환을 개선하는 효능도 있다. 그러나 각혈이나 토혈을 하는 사람들은 복용을 삼가는 것이 좋다.

재료 : 귤 1kg, 백설탕 500g

1. 잘 익은 귤을 준비하여서 표면의 이물질을 닦아낸다.
2. 껍질은 까서 곱게 채 썰고, 알맹이는 분리시켜 다져 준다.
3. 껍질과 알맹이를 두꺼운 냄비에 넣고 설탕을 부어 잘 혼합한다.
4. 나무주걱으로 눌어붙지 않게 저어가며 거품을 걷어내고 10분간 졸인다.
5. 완성된 귤 청을 소독된 유리나 도자기 용기에 담아 냉장고에 보관한다.

대표 요리 귤차, 샤베트, 시루떡, 들깻잎 · 엉겅퀴 · 민들레김치

딸기 청

산길을 다니다 배가 고프면 산딸기나 몇 개 따먹던 어린 시절, 꼬맹이 주먹만한 요즘의 딸기를 처음 맛보던 날을 생각하면 그 향긋하고 달콤했던 기억이 아직도 입 속에 생생하다.

지금은 기술이 발달하여 사계절 내내 싱싱한 딸기를 즐길 수 있지만, 내 마음 속에서는 여전히 귀한 과일이다.

딸기는 맛도 좋지만 고지혈증과 심장병, 뇌출혈에도 치료 효과가 있다고 하며, 식전·식후 소화에도 도움을 주는 것으로 알려져 있다.

재료 : 딸기 1kg, 백설탕 500g, 소금 5g

1. 잘 익은 딸기를 소금물에 씻어 꼭지를 떼어낸다.
2. 딸기와 백설탕을 버무려서 20일간 발효를 시킨다.
3. 발효가 된 딸기 발효액과 건더기에 소금을 넣어 두꺼운 냄비에 1/3 정도 채워 끓인다.
4. 끓기 시작하면 내용물이 넘치지 않도록 주의하면서 자작하게 졸이고 눋지 않도록 나무주걱으로 저어서 걸쭉하게 졸여낸다.

   Tip 여기에서 더 많이 졸이면 잼이 된다.

5. 완성된 딸기 청을 유리용기나 도자기 용기에 담아 냉장고에 보관한다.

대표 요리 구기자차, 도라지물김치, 딸기우유, 딸기샤베트, 과일샐러드, 시루떡, 딸기고추장

과일을 이용한 청

레몬 청

레몬은 주로 즙을 내어 생선요리나 각종 샐러드에 향긋한 신맛을 낼 때 사용하거나, 닭고기의 비린내를 없애주기 위하여 사용한다.
또한 겉껍질을 얇게 썰어 말려서 꿀에 재어 차를 만들거나 말려 끓인 것을 목욕제로 사용하고, 청주를 넣고 우려내어 화장수를 만들기도 한다.

재료 : 레몬 1kg, 백설탕 600g

1. 레몬의 미끄러운 표면에 묻은 이물질을 식초 물로 씻어 헹궈 준다.
2. 씨앗을 제거하고 껍질은 곱게 채 썰고 알맹이는 다져준다.
3. 껍질과 알맹이를 두꺼운 냄비에 넣고 설탕을 부어 잘 혼합한다.
4. 나무주걱으로 눌어붙지 않게 저어가며 거품을 걷어내고 10분간 졸여 준다.
5. 완성된 레몬 청을 소독된 유리나 도자기 용기에 담아 냉장고에 보관한다.

대표 요리 오리주물럭, 돼지불고기, 구기자레몬냉차, 양상치샐러드

배 청

배는 열병을 앓거나 폐에 열이 나서 기침이 심하고 갈증이 나는 사람들이 즐겨 찾으며, 예부터 씨앗을 파내고 꿀을 넣어 고아서 먹으면 감기를 다스린다 하였다. 또 고기를 과식하고 난 후에 먹으면 소화를 돕는다.
어릴 적 동네에 살던 동무 하나가 심하게 열병을 앓다가 어린 나이에 세상을 등지고 말았는데, 그 동무의 마지막 말이 " 배 하나 먹고 싶다."였다고 들었다.
아마도 그 아이의 몸이 원하여 무의식 중에 그와 같은 말을 한 것은 아니었는지 생각하게 된다.

재료 : 배 1kg, 백설탕 500g, 소금 5g

1. 배를 4등분하여 껍질을 벗기고 씨앗을 제거한다.
2. 굵은 채로 썬 후 다져 준다.
3. 두꺼운 냄비에 배·설탕·소금을 함께 넣어 잘 혼합한다.
4. 나무주걱으로 눌어 붙지 않게 저어서 거품을 걷어내고 10분간 졸여 준다.
5. 완성된 배 청을 소독된 유리나 도자기 용기에 담아 냉장고에 보관한다.

배 청은 감기 증상이 있을 때 물에 희석하여 마신다.

대표 요리   닭볶음, 닭가슴살양상치샐러드, 돌나물물김치, 열무김치, 인삼정과

과일을 이용한 청

복분자청

너른 들판에 누렇게 보리가 익는 6월이면 장마가 오기 전에 복분자 수확을 해야 하는 고창 아낙네들의 마음이 바쁘다.
이 유명한 자양강장제는 눈과 귀를 밝게 하고, 심신을 안정시키며, 변비를 예방하는 효능까지 있다. 때문에 요즘은 수요가 늘어나 여러 곳에서 농사를 짓는 농촌의 효자 상품이다.

재료 : 복분자 1kg, 황설탕 650g

1 복분자를 주물러서 굵은 체에 밭쳐 씨를 걸러낸다.
2 두꺼운 냄비에 복분자를 넣고 혼합한다.
3 나무주걱으로 눌어붙지 않게 저어가며 거품을 걷어내고 10분간 졸여 준다.
4 완성된 복분자청을 소독된 유리나 도자기 용기에 담아 냉장고에 보관한다.

대표 요리 복분자차, 샤베트, 시루떡, 쌈된장, 복분자고추장, 돼지고기볶음

완성된 복숭아 청은 상온에 오래두면 곰팡이가 생기거나 시어지므로 반드시 냉장 보관한다.

복숭아 청

복숭아는 소화분비액을 촉진시키고, 피로를 풀어주며, 피부를 윤택하게 하고, 생리통을 완화시키는 효능이 있어 여성에게 특히 좋다. 또 나트륨을 배출시키는 작용이 좋아 몸이 붓는 증상을 해소하므로 다이어트식으로 많이 사용한다.

열매는 많이 열렸지만 열매가 채 익기도 전 벌레들이 먼저 맛을 보거나 아예 그 속에 집을 짓고 있는 것이 대부분이었던 시골집의 오래된 복숭아 나무, 캄캄한 밤에 벌레가 숨어 있는지도 모르고 한 입 크게 베어 물던 때가 생각난다.

재료 : 복숭아 1kg, 백설탕 700g, 소금 5g

1. 복숭아 표면의 이물질을 소금물에 씻어 헹궈준다.
2. 복숭아를 4등분하여 씨앗을 제거한다.
3. 연한 소금물에 데쳐 껍질을 벗겨낸다.
   > **Tip** 익어서 물러진 것을 사용하면 껍질이 더 잘 벗겨진다.
4. 3을 냉수에 헹구고 굵게 채 썰어 다져준다.
5. 두꺼운 냄비에 복숭아·설탕·소금을 넣어 잘 혼합한다.
6. 나무주걱으로 눌어붙지 않게 저어가며 거품을 걷어내고 10분간 졸인다.
7. 완성된 복숭아 청을 소독된 유리나 도자기 용기에 담아 냉장고에 보관한다.

대표 요리 복숭아차, 과일화채, 샤베트, 시루떡, 미나리물김치, 복숭아초고추장

완성된 복숭아 청은 상온에 오래두면 곰팡이가 생기거나 시어지므로 반드시 냉장 보관한다.

과일을 이용한 청

사과 청

여학교 시절 도시락 준비가 여의치 않을 때 사과 한 알을 책가방에 넣어 가서 점심대용으로 먹기도 하였다. 가끔 빨갛게 잘 익은 모양이 예쁜 사과를 만나면 보기도 아까워 먹지도 못하고 며칠씩 가지고 다니기도 했다.
이와 같은 사과가 소화작용을 돕고, 변비와 복통 설사에 두루 좋으며 체지방을 분해하는 작용이 있는지 그때는 왜 몰랐을까? 어찌 보면 여학생에게 필수품이란 것을.

재료 : 사과 1kg, 백설탕 700g, 소금 5g

1. 사과 표면의 이물질을 소금물에 씻어 헹궈 준다.
2. 사과를 4등분하여 씨앗을 제거한다.
3. 굵게 채 썰어 다져 준다.
4. 사과·설탕·소금을 넣고 혼합하여 두꺼운 냄비에 넣고 끓인다.
5. 나무주걱으로 눌어붙지 않게 저어가며 거품을 걷어내고 10분간 졸인다.
6. 완성된 사과 청을 소독된 유리나 도자기 용기에 담아 냉장고에 보관한다.

대표 요리 우유사과주스, 사과떡, 과일화채, 사과차, 사과초고추장, 조기조림, 아구찜

살구청

'살구꽃 핀 마을은 어디나 고향 같다. 만나는 사람마다 등이라도 치고 지고…(중략).' 학창시절 이호우 시인의 시를 읽으며 난 늘 강원도 고향집을 그리곤 했다.

살구꽃이 필 즈음엔 사람들 얼굴에도 봄이 물들고 꽃이 핀다. 이즈음에는 낯선 마을 어딜 가도 '만나는 사람마다 등이라도 치고 지고' 할 것 같다. 꼭 살구꽃이 아니더라도 길을 걷다 만나는 낯선 이들이 서로 인사 나누고 무사를 빌던 그 시절이 자꾸만 그립다. 요즘 들어 시큼하고도 달콤한 살구맛이 입 안을 맴돈다.

재료 : 살구 1kg, 백설탕 700g

1 살구는 잘 익은 것으로 골라서 표면의 이물질을 소금물에 씻어 헹궈 준다.
2 연한 소금물을 끓여 데쳐서 겉껍질을 벗겨낸다.
3 반으로 갈라 씨앗을 제거하고 과육만 따로 준비한다.
4 껍질 벗긴 살구 1kg을 다져 준다.
5 두꺼운 냄비에 다진 살구를 넣고 설탕을 부어 잘 혼합한다.
6 나무주걱으로 눋지 않게 저어가며 거품을 걷어내고 10분간 졸여 준다.
7 완성된 살구청을 소독된 유리나 도자기 용기에 담아 냉장고에 보관한다.

대표 요리 살구우유차, 샤베트, 시루떡, 연근샐러드, 도라지고추장무침

과일을 이용한 청

생강 청

생강은 감기 몸살 초기에 몸이 으슬으슬 떨리고 추울 때 차로 끓여 마시면 몸을 따뜻하게 보해 주는 환절기 건강 식품이다.

생선의 신선함을 유지시키고 육류의 누린내를 없애주는 생강을 청으로 만들어 쓰면 달콤한 향까지 추가되어 음식의 풍미를 높여 주며, 또한 차로 마시기도 편리하다.

설탕이 귀하던 어린 시절, 뽀얗게 설탕을 뒤집어 쓴 마른 편강을 주머니에 넣어 다니시며 아껴 드시던 외할아버지 생각이 나게 하는 약재이다.

재료 : 깐생강 500g, 아카시아꿀 420g(또는 흑설탕 400g), 대추 100g

1. 생강의 마디를 자른 후 소쿠리에 비벼 흙을 씻어 낸다.
   Tip 이 과정을 3~4차례 하여 껍질을 벗긴다.
2. 생강을 곱게 채로 썬다.
3. 대추는 씨앗을 분리하여 곱게 채 썬다.
4. 생강에 꿀과 대추를 혼합하여 거품을 걷어 내고 10분간 졸인다.
5. 완성된 생강 청을 식혀서 소독된 유리 용기에 넣어 냉장 보관한다.

대표 요리 조기튀김장, 무생채, 무장아찌, 배추겉절이, 황태강정, 황태채고추장볶음

완성된 생강 청은 상온에 오래두면 곰팡이가 생기거나 시어지므로 반드시 냉장 보관한다.

유자청

따뜻한 물에 유자청을 넣고 우려 마시면 상큼하고 향기로우며, 감기로 열이 나고 가래가 생길 때 마시면 목이 편안하다. 또한 유자는 소화를 도와 주며 숙취를 해소하기도 한다.
한 때 고흥에서는 유자나무를 '대학나무' 라고 불렀다는 재미있는 이야기가 있다. 고흥유자가 그만큼 경제적으로 보탬이 되었다는 얘기이다.
맛과 향, 좋은 효능까지 두루 갖춘 유자는 고흥 뿐 아니라 점차 여러 지역에서 상품화되고 있다.

재료 : 유자 1kg, 생강즙 10g, 백설탕 700g

1. 유자 표면의 끈적끈적한 이물질을 소금물에 씻어 헹궈 준다.
2. 유자의 껍질과 과육을 분리한다.
3. 껍질은 곱게 채로 썰고 알맹이는 다진다.
4. 두꺼운 냄비에 유자와 설탕을 넣고 혼합한다.
5. 나무주걱으로 눌어붙지 않게 저어주고 생강즙을 넣어 준다.
6. 끓기 시작하면 거품을 걷어내고 10분간 졸여 준다.
7. 완성된 유자청을 소독된 유리나 도자기 용기에 담아 냉장고에 보관한다.

대표 요리 유자차, 청국장샐러드, 쌈된장, 고등어조림, 갈치조림, 얼갈이배추겉절이

완성된 유자 청은 상온에 오래두면 곰팡이가 생기거나 시어지므로 반드시 냉장 보관한다.

과일을 이용한 청

토마토 청

베타카로틴이 풍부한 토마토는 피부를 부드럽게 하고 감기예방에도 도움을 준다. 주스로 마시면 구강 트러블이나 위장장애 개선에 도움을 주고 칼륨이 많아 고혈압 예방에도 좋다.
특히 토마토에 많이 함유된 리코펜이라는 색소는 암이나 동맥경화 등을 예방하는 강력한 항산화물질로 알려져 요즘 최고의 인기를 구가하고 있다.
목마른 더운 여름 날, 파란 기운 가시지 않은 싱싱한 토마토 한 입 크게 베어 물면 입안으로 쏟아져 내리는 시원한 과육의 맛이 황홀할 정도이다.

재료: 토마토 1kg, 백설탕 750g, 소금 5g

1 잘 익은 토마토는 윗부분에 십자로 칼금을 내고 끓는 물에 데쳐낸다.
2 토마토의 껍질을 벗겨내고 잘게 다진다.
3 두꺼운 냄비에 다진 토마토·설탕·소금을 넣어 잘 혼합한다.
4 나무주걱으로 눌어붙지 않게 저어가며 거품을 걷어내고 10분간 졸인다.
5 완성된 토마토 청을 소독된 유리나 도자기 용기에 담아 냉장고에 보관한다.

대표 요리 차, 샤베트, 과일샐러드, 닭바베큐, 토마토고추장, 배추김치, 파김치

완성된 토마토 청은 상온에 오래두면 곰팡이가 생기거나 시어지므로 반드시 냉장 보관한다.

포도청

뽀얀 가루 때문에 포도의 껍질을 모두 버리는 사람이 많다. 하지만 이 가루는 당의 결정체이며 껍질에 다량 포함된 안토시아닌은 강력한 항산화 물질이기 때문에 껍질을 버리면 포도 영양분의 절반을 그냥 버리는 것과도 같다. 따라서 포도는 흐르는 물에 깨끗이 씻어 껍질째 먹는 것이 좋다.

포도는 말 그대로 포도당과 과당의 보고(寶庫)이며, 이들은 몸 안에서 바로 에너지로 변해 신체 활력과 피로회복에 큰 도움을 준다. 포도 뿐 아니라 건포도도 매일 몇 알씩 먹으면 빈혈을 막을 수 있다고 한다.

재료 : 포도 1kg, 황설탕 700g

1. 포도는 송이송이 따서 표면의 이물질을 소금물에 씻어 헹궈 준다.
2. 손으로 주물러 껍질과 씨앗을 분리하고 알맹이만 따로 준비한다.
3. 겉껍질과 씨앗은 물 반 컵을 넣고 끓인 후, 주물러서 진한 액을 거른다.
4. 두꺼운 냄비에 포도껍질물과 포도 알맹이를 넣고 설탕을 부어 잘 혼합한다.
5. 나무주걱으로 눌어붙지 않게 저어가며 거품을 걷어내고 10분간 졸여준다.
6. 완성된 포도 청을 소독된 유리나 도자기 용기에 담아 냉장고에 보관한다.

대표 요리   포도차, 샤베트, 시루떡, 도라지정과, 쌈된장

 완성된 포도 청은 상온에 오래두면 곰팡이가 생기거나 시어지므로 반드시 냉장 보관한다.

산야초를 이용한 조청

돼지감자조청

모든 약초를 달일 때는 건조한 것을 잘게 잘라서 달여야 잘 우러나고 맛이 좋으며 맑은 약수를 얻을 수 있다. 산야초를 활용한 재료들은 자양강장과 신경안정에 효과가 있어 피로를 풀어 준다. 또한 해열 · 염증치료 · 진통 등에도 효과가 있으며, 당뇨병 치료에도 도움을 준다.

재료 : 보리쌀 1kg, 돼지감자 가루 1컵, 엿기름 1kg
산야초 약수 : 뽕잎 10g, 하수오 10g, 닭의장풀 5g, 대추 3알을 우려내어 3L 분량으로 만든다.

1. 준비한 산야초를 씻어 삶아서 약수를 낸다(약 3L 정도).
2. 보리쌀은 씻어서 약 7~8시간 정도 충분히 물에 불린 후, 너무 질거나 되지 않도록 약수를 부어 고슬고슬하게 고두밥을 만든다.
3. 엿기름에 물 1L를 붓고 손으로 주물러 준 다음 2~3시간 정도 불린다.
4. 불린 엿기름에 약수를 부은 후 2~3번 반복하여 체에 밭치거나 자루에 넣어 꼭 짜서 찌꺼기는 버리고 엿기름물을 받는다.

   Tip 식혜를 만들 때는 엿기름을 5~6시간 침전시켜서 뽀얗게 가라앉은 찌꺼기는 사용하지 않고 맑은 윗물만 떠낸다.

5. 만들어 놓은 고두밥이 따뜻할 때 보온밥솥에 넣고 돼지감자 가루 1컵을 넣은 다음 엿기름물을 부어 잘 섞이도록 저어 준다(엿기름물이 따뜻하면 발효가 더 잘 된다).
6. 60℃ 온도에서 약 7~8시간 정도 발효시키며, 밥알이 삭아서 투명해지면 완성된 것이다.

   Tip 온도가 낮으면 신맛이 나고, 발효 시간이 짧으면 식혜가 잘 되지 않으니 온도와 시간을 잘 맞춘다.

7. 잘 삭은 밥알을 삼베 자루에 넣은 후, 꼭 짜서 찌꺼기는 버리고 원액만 분리한다.
8. 솥이나 두꺼운 냄비에 원액을 넣고 처음에는 센 불에서 끓이다가 윗면에 거품이 생기면 걷어내고 조청이 넘치지 않도록 약한 불에서 뭉근하게 졸인다.
9. 농도가 걸쭉해지고 꽈리가 일어나며, 주걱으로 떠 보아서 꿀처럼 걸쭉하게 뚝뚝 떨어지면 조청이 완성된 것이다.
10. 완성된 조청은 식힌 후, 끓인 물로 살균한 유리나 도자기 병에 담아 냉장 보관한다(물엿을 만들었을 때는 조청보다 보존 기간이 짧으므로 조금씩 만들어 사용한다).
11. 기호에 따라 조청의 양을 가감하여 물에 희석해서 마신다.

* 돼지감자 조청은 한과, 강정, 맛간장, 돼지감자 고추장, 돼지감자 장아찌, 깻잎 장아찌, 쇠비름고추장무침, 뱅어포구이 등에 이용된다.

산야초를 이용한 조청

사물탕 조청

사물탕은 체력이 약하고 손발이 차며, 피부가 거칠고 혈액순환이 되지 않아 혈색이 나쁠 때 쓰는 약이다. 건조한 피부를 윤택하게 하고 혈액순환을 도와 여성들의 빈혈이나 월경통에 좋은 효과를 준다. 특히 출산으로 상한 몸을 보하며 피로회복에도 도움을 준다.

재료 : 찹쌀 1kg, 엿기름 1kg, 물 6L
사물탕 : 당귀 5g, 천궁 5g, 백작약 5g, 숙지황 5g, 대추 5알, 감초 3개를 우려내어 3L 분량으로 만든다.

1. 준비한 사물탕 재료를 물에 넣고 삶아 약수를 낸다(약 3L 정도).
2. 찹쌀은 씻어서 약 7~8시간 정도 충분히 물에 불린 후, 너무 질거나 되지 않도록 약수를 부어 고슬고슬하게 고두밥을 만든다.
3. 엿기름에 물 1L를 붓고 손으로 주물러 준 다음 2~3시간 정도 불린다.
4. 불린 엿기름에 약수를 부은 후 2~3번 반복하여 체에 밭치거나 자루에 넣어 꼭 짜서 찌꺼기는 버리고 엿기름물을 받는다.

   Tip 식혜를 만들 때는 엿기름을 5~6시간 침전시켜서 뽀얗게 가라앉은 찌꺼기는 사용하지 않고 맑은 윗물만 떠낸다.

5. 만들어 놓은 고두밥이 따뜻할 때 보온밥솥에 넣고 엿기름물을 부어 잘 섞이도록 저어 준다.
   (엿기름물이 따뜻하면 발효가 더 잘 된다.)
6. 60℃ 온도에서 약 7~8시간 정도 발효시키며, 밥알이 삭아서 투명해지면 완성된 것이다.

   Tip 온도가 낮으면 신맛이 나고, 발효 시간이 짧으면 식혜가 잘 되지 않으니 온도와 시간을 잘 맞춘다.

7. 잘 삭은 밥알을 삼베 자루에 넣은 후, 꼭 짜서 찌꺼기는 버리고 원액만 분리한다.
8. 솥이나 두꺼운 냄비에 원액을 넣고 처음에는 센 불에서 끓이다가 윗면에 거품이 생기면 걷어내고 조청이 넘치지 않도록 약한 불에서 뭉근하게 졸인다.
9. 농도가 걸쭉해지고 꽈리가 일어나며, 주걱으로 떠 보아서 꿀처럼 걸쭉하게 뚝뚝 떨어지면 조청이 완성된 것이다.
10. 완성된 조청은 식힌 후, 끓인 물로 살균한 유리나 도자기 병에 담아 냉장 보관한다.

* 사물탕 조청은 한과, 강정, 맛간장, 사물탕 고추장, 뽕잎 장아찌, 쌈고추장, 차, 돼지갈비찜, 사물탕 식혜 등에 이용된다.
* 생리 전후의 여성은 뜨거운 물 1컵에 조청 1/2큰술을 희석하여 마시거나, 기혈이 부족한 사람들은 기호에 따라 조청의 양을 가감하여 물에 희석해 마신다.

산야초를 이용한 조청

쑥 조청

단군신화에도 기록되어 있는 쑥은 우리 민족과 뗄 수 없는 사이이다. 식재료 뿐 아니라 민간요법으로도 많이 사용되는 쑥은 봄부터 가을까지 어린 싹·꽃·뿌리까지 두루 쓰이는 흔하고도 귀한 보약이다. 쑥은 그 향기만으로도 치료 효과가 있는데, 진통·지혈·살균·소독작용이 있을 뿐 아니라, 소화를 돕고 간을 이롭게 하는 등의 능력을 구비한 신화 속에서 튀어 나온 것 같은 식물이다.

재료 : 찹쌀 1kg, 엿기름 1kg, 생쑥즙 1컵(생쑥 10g)
산야초 약수 : 쑥 20g, 건조 생강 3g, 대추 5알을 우려내어 3L 분량으로 만든다.

1. 쑥과 생강, 대추를 씻어 물에 넣고 삶아 약수를 낸다(약 3L 정도).
2. 찹쌀은 씻어서 약 7~8시간 정도 충분히 물에 불린 후, 너무 질거나 되지 않도록 생쑥즙을 넣고 물을 첨가하여 고슬고슬하게 고두밥을 만든다.
3. 엿기름에 물을 자박하게 붓고 손으로 주물러 준 다음 2~3시간 정도 불린다.
4. 불린 엿기름에 약수를 부은 후 2~3번 반복하여 체에 밭치거나 자루에 넣어 꼭 짜서 찌꺼기는 버리고 엿기름물을 받는다.
   > **Tip** 식혜를 만들 때는 엿기름을 5~6시간 침전시켜서 뽀얗게 가라앉은 찌꺼기는 사용하지 않고 맑은 윗물만 떠낸다.
5. 만들어 놓은 고두밥이 따뜻할 때 보온밥솥에 넣고 엿기름물을 부어 잘 섞이도록 저어 준다.
   (엿기름물이 따뜻하면 발효가 더 잘 된다.)
6. 60℃ 온도에서 약 7~8시간 정도 발효시키며, 밥알이 삭아서 투명해지면 완성된 것이다.
   > **Tip** 온도가 낮으면 신맛이 나고, 발효 시간이 짧으면 식혜가 잘 되지 않으니 온도와 시간을 잘 맞춘다.
7. 잘 삭은 밥알을 삼베 자루에 넣은 후, 꼭 짜서 찌꺼기는 버리고 원액만 분리한다.
8. 솥이나 두꺼운 냄비에 원액을 넣고 처음에는 센 불에서 끓이다가 윗면에 거품이 생기면 걷어 내고 조청이 넘치지 않도록 약한 불에서 뭉근하게 졸인다.
9. 농도가 걸쭉해지고 꽈리가 일어나며, 주걱으로 떠 보아서 꿀처럼 걸쭉하게 뚝뚝 떨어지면 조청이 완성된 것이다.
10. 완성된 조청은 식힌 후, 끓인 물로 살균한 유리나 도자기 병에 담아 냉장 보관한다.
11. 기호에 따라 조청의 양을 가감하여 물에 희석해 마시며, 요리용으로 사용할 때는 조청 양의 반 정도의 물을 붓고 희석한 후 묽게 졸여서 사용한다.

* 쑥 조청은 차, 한과, 강정, 맛간장, 쑥 고추장, 연근 장아찌, 쌈장, 병어조림, 쑥 식혜, 오이소박이 등의 요리에 이용된다.

산야초를 이용한 조청

산야초 조청

오래 전부터 우리 가정에서는 겨울철에 산야초 달인 물로 조청을 만들어 먹었다. 이 조청은 근골을 튼튼히 하고 경락을 통하게 하며 염증을 다스리기 때문에 무릎이 시리고 아프거나 몸이 피곤할 때 먹으면 좋은 치료 효과를 보인다.

재료 : 찹쌀 1kg, 겨우살이 20g, 엿기름 1kg
산야초 약수 : 쇠무릎지기뿌리 10g, 느릅나무껍질 5g, 엄나무가지 5g, 골담초꽃 3g, 인동초줄기 3g, 두충잎 3g, 꾸지뽕뿌리 5g, 대추 5알, 생강 3쪽 우려내어 3L 분량으로 만든다.

1 겨우살이 등 산야초들을 씻어 삶아서 약수를 낸다(약 3L 정도).
2 찹쌀은 씻어서 약 7~8시간 정도 충분히 물에 불린 후, 너무 질거나 되지 않도록 약수를 부어 고슬고슬하게 고두밥을 만든다.
3 엿기름에 약수 1L를 자박하게 붓고 손으로 주물러 준 다음 2~3시간 정도 불린다.
4 불린 엿기름에 나머지 약수를 부은 후 2~3번 반복하여 체에 받치거나 자루에 넣어 꼭 짜서 찌꺼기는 버리고 엿기름물을 받는다.

> **Tip** 식혜를 만들 때는 엿기름을 5~6시간 침전시켜서 뽀얗게 가라앉은 찌꺼기는 사용하지 않고 맑은 윗물만 떠낸다.

5 만들어 놓은 고두밥이 따뜻할 때 보온밥솥에 넣고 엿기름물을 부어 잘 섞이도록 저어 준다.
   (엿기름물이 따뜻하면 발효가 더 잘 된다.)
6 60℃ 온도에서 약 7~8시간 정도 발효시키며, 밥알이 삭아서 투명해지면 완성된 것이다.

> **Tip** 온도가 낮으면 신맛이 나고, 발효 시간이 짧으면 식혜가 잘 되지 않으니 온도와 시간을 잘 맞춘다.

7 잘 삭은 밥알을 삼베 자루에 넣은 후, 꼭 짜서 찌꺼기는 버리고 원액만 분리한다.
8 솥이나 두꺼운 냄비에 원액을 넣고 처음에는 센 불에서 끓이다가 윗면에 거품이 생기면 걷어내고 조청이 넘치지 않도록 약한 불에서 뭉근하게 졸인다.
9 농도가 걸쭉해지고 꽈리가 일어나며, 주걱으로 떠 보아서 꿀처럼 걸쭉하게 뚝뚝 떨어지면 조청이 완성된 것이다.
10 완성된 조청은 식힌 후, 끓인 물로 살균한 유리나 도자기 병에 담아 냉장 보관한다.
11 기호에 따라 조청의 양을 가감하여 물에 희석해서 마신다.

* 산야초 조청은 한과, 강정, 맛간장, 약초 고추장, 닭강정, 떡꼬치 등에 이용한다.

산야초를 이용한 조청

현미오곡 조청

재료 : 현미 4kg, 잡곡(율무·수수·차조·통밀) 2kg, 엿기름 6kg, 물 20L

1 물에 불리기
준비한 곡식들을 씻어서 물에 약 10시간 정도 충분히 불린다.

2 고두밥 만들기
불려 낸 곡식에 물을 적당히 부어서 너무 질거나 되지 않도록 고슬고슬한 고두밥을 만든다.

3 엿기름물 만들기
엿기름에 물을 자박하게 붓고 손으로 주물러 준 다음 2~3시간 정도 불린다. 불린 엿기름에 물을 부은 후 2~3번 반복하여 체에 밭치거나 자루에 넣어 꼭 짜서 찌꺼기는 버리고 엿기름물을 받는다.

4 고두밥 발효하기
2에서 만들어 놓은 고두밥이 따뜻할 정도로 식으면, 보온밥솥이나 가마솥에 넣고 엿기름물을 부어 잘 섞이도록 저어 준다(엿기름물이 따뜻하면 발효가 더 잘 된다).

5 식혜 만들기
보온밥솥에 4의 재료를 넣고 60℃ 온도에서 약 7~8시간을 발효시킨다. 가마솥에서 발효시킬 때는 약하게 불을 지펴 같은 온도를 유지하여 준다. 밥알이 삭아서 투명해지면 완성된 것이다.

> **Tip** 온도가 낮으면 신맛이 나고, 발효 시간이 짧으면 식혜가 잘 되지 않으니 온도와 시간을 잘 맞춘다.

6 조청 졸이기
잘 삭은 밥알을 삼베 자루에 넣은 후 꼭 짜서 찌꺼기는 버리고 원액만을 분리한다. 이 원액을 솥이나 두꺼운 냄비에 넣고 처음에는 센 불에서 끓이다가 윗면에 거품이 생기면 걷어내고 약한 불에서 뭉근하게 졸인다. 농도가 걸쭉해지고 꽈리가 일어나며, 주걱으로 떠 보아서 꿀처럼 걸쭉하게 뚝뚝 떨어지면 조청이 완성된 것이다.

> **Tip** 달이는 동안 나무주걱으로 가끔 저어 주어야 조청이 눌어붙지 않는다.

7 보관법
완성된 조청은 식힌 후, 끓인 물로 살균한 유리나 도자기 병에 담아 냉장 보관한다.

* 현미오곡 조청은 현미오곡 고추장, 현미오곡 식혜, 장아찌 양념, 맛간장 제조, 소갈비찜, 닭불고기, 두부조림, 멸치볶음, 연근조림 등에 이용한다.

산야초를 이용한 조청

현미찹쌀 조청

재료 : 현미찹쌀 400g, 엿기름 400g, 물 1.5L

1. **물에 불리기**
   준비한 현미찹쌀을 씻어서 물에 약 10시간 정도 충분히 불린다.

2. **고두밥 만들기**
   불려 낸 곡식에 물을 적당히 부어서 너무 질거나 되지 않도록 고슬고슬한 고두밥을 만든다.

3. **엿기름물 만들기**
   엿기름에 물을 자박하게 붓고 손으로 주물러 준 다음 2~3시간 정도 불린다. 불린 엿기름에 물을 부은 후 2~3번 반복하여 체에 밭치거나 자루에 넣어 꼭 짜서 찌꺼기는 버리고 엿기름물을 받는다.

4. **고두밥 발효하기**
   2에서 만들어 놓은 고두밥이 따뜻할 정도로 식으면, 보온밥솥이나 가마솥에 넣고 엿기름물을 부어 잘 섞이도록 저어 준다(엿기름물이 따뜻하면 발효가 더 잘 된다).

5. **식혜 만들기**
   보온밥솥에 4의 재료를 넣고 60℃ 온도에서 약 7~8시간을 발효시킨다. 가마솥에서 발효시킬 때는 약하게 불을 지펴 같은 온도를 유지하여 준다. 밥알이 삭아서 투명해지면 완성된 것이다.
   Tip 온도가 낮으면 신맛이 나고, 발효 시간이 짧으면 식혜가 잘 되지 않으니 온도와 시간을 잘 맞춘다.

6. **조청 졸이기**
   잘 삭은 밥알을 삼베 자루에 넣은 후 꼭 짜서 찌꺼기는 버리고 원액만을 분리한다. 이 원액을 솥이나 두꺼운 냄비에 넣고 처음에는 센 불에서 끓이다가 윗면에 거품이 생기면 걷어내고 약한 불에서 뭉근하게 졸인다. 농도가 걸쭉해지고 꽈리가 일어나며, 주걱으로 떠 보아서 꿀처럼 걸쭉하게 뚝뚝 떨어지면 조청이 완성된 것이다.
   Tip 달이는 동안 나무주걱으로 가끔 저어 주어야 조청이 눌어붙지 않는다.

7. **보관법**
   완성된 조청은 식힌 후, 끓인 물로 살균한 유리나 도자기 병에 담아 냉장 보관한다.

* 현미찹쌀 조청은 강정, 맛간장, 현미찹쌀 고추장, 현미찹쌀 식혜, 연근조림, 멸치조림, 더덕구이, 황태구이 등에 이용한다.

조청 응용 요리 1

사과 한과

사과 한과는 산야초 초청에서 풍기는 쑥의 은은한 향기와 사과의 맛이 어우러져 달콤하고 향긋하면서 건강까지 고려한 간식이 된다.

재료 : 쑥 조청, 사과, 보리쌀 튀밥 적당량

1 사과는 소금물에 씻어 소독한다.
2 사과의 가운데 씨를 도려내고 둥근 모양으로 2~3cm 정도로 썰어 연한 소금물에 잠시 담근다.
3 채반에 널거나 건조기에 넣어 바싹 말린다.
4 보리쌀 튀밥을 절구로 굵게 빻아 둔다.
5 건조된 사과에 쑥 조청을 얇게 바르고, 보리쌀 튀밥을 고루 무친다.
6 완성된 한과를 접시에 담거나 한지로 포장한다.

* 완성된 한과는 서늘한 곳에 보관하며, 소량씩 만들어 빠른 시일 내에 이용하는 것이 좋다.

 사과 한과를 만들 때 주의할 점
완성된 한과에 습기가 스며들면 눅눅해지므로 많은 양을 만들지 않으며 빠른 시일 안에 이용한다.

조청 응용 요리 2

약초 식혜

겨울철에 관절이 시리고 통증을 느끼면 우리 어머니, 할머니들은 약초 식혜를 만들어 드시기도 하였다.

재료: 골담초 뿌리 10g, 쇠무릎지기 10g, 엉겅퀴 뿌리 10g, 쑥 3g, 당귀 3g, 천궁 3g, 건생강 3g, 대추 5알, 멥쌀(또는 찹쌀) 800g, 건조 엿기름 200g, 약초 엿기름물 2.7~3L

* 모든 약재는 건조 후에 사용하며, 당화시간은 원료의 종류와 엿기름 온도에 따라 차이가 있다.

1. 멥쌀을 냉수에 씻어 하룻밤(약 12시간) 정도 담가 둔다(여름철에는 8시간).
2. 쑥·생강·대추를 씻어 냉수에 넣고 끓인다.
3. 2가 끓기 시작한 후부터 1시간 정도 우려내고 거즈를 이용하여 3L 정도 걸러 낸다.
4. 엿기름을 따뜻한 물 3L에 1~2시간 정도 불려서 삼베 주머니에 넣고 뿌연 물이 나오도록 누른다.
5. 다시 따뜻한(약 40℃) 물 1L에 30분 정도 불려서 삼베 주머니에 넣고 뿌연 물이 나오도록 한다.
6. 4와 5 모두 건더기는 침전시키고 맑은 윗물만 2.7~3L 정도 준비한다.
7. 1에서 충분히 불린 쌀은 시루에 면보를 깔고 고두밥을 짓는다.
8. 고두밥이 완성되면 뜨거울 때 6의 엿기름물을 혼합하여 보온 상태(55~60℃)에 놓아 둔다.
9. 6~8시간 정도 지나면 밥알이 삭아서 약간(10알 정도) 위로 동동 뜨게 되는데, 밥알을 거른다.
10. 걸러 낸 물을 솥에 옮겨 센 불에서 끓이다가 끓기 시작하면 중간 불에서 30분 정도 졸이면서 떠오르는 단백질 거품을 걷어낸다.
11. 당도가 완성되면 불을 끄고, 뜨겁게 데우거나 차게 식혀 마신다.

07

음식의 향취를 돋우는

천연 기름

기름은 식물성 재료 중 정유성분이 많은 씨앗을 볶아서 짜내는 고소한 향신료이다.
주로 들깨·참깨·땅콩·유채·콩·산초·달맞이의 잘 여문 씨앗 등을 사용한다.
기름을 짜고 나온 찌꺼기는 '깻묵'이라 하는데, 물고기 떡밥으로 쓰거나
발효하여 가축의 먹이 또는 거름으로 사용한다.

음식의 향취를 돋우는
천연 기름(Oil)

기름은 식물성 재료 중 정유성분이 많은 씨앗을 볶아서 짜내는 고소한 향신료이다. 냉장고가 없던 시절에는 소독된 병에 담아 시원하고 어두운 소금자루 속에 묻어두고 조금씩 덜어서 먹었다. 주로 들깨·참깨·땅콩·유채·콩·산초·달맞이의 잘 여문 씨앗 등을 사용한다. 기름을 짜고 나온 찌꺼기는 '깻묵' 이라 하는데, 물고기 떡밥으로 쓰거나 발효하여 가축의 먹이 또는 거름으로 사용하였다.

요즘에는 향이 없고 맑은 콩기름이나 올리브유를 40℃ 정도로 데워서 향이 있는 허브 등의 재료를 넣어 방향성기름을 만들거나 마늘·생강·파·건홍고추·매운 고추 등과 같은 재료를 곱게 다져 볶은 뒤, 데운 기름에 재료를 우려내고 걸러서 소독된 유리병에 넣고 시원한 곳에 저장하여 보관하기도 한다. 이러한 방법으로 만든 오일의 보존 기간은 2개월 정도이다.

■ 허브오일의 맛과 향

금잔화
약간 매운맛과 후추향

나스터튬
매운맛과 매콤한 향

라베지
신맛과 셀러리향

레몬밤
약간 단맛과 레몬향

로케트샐러드(로켓)
매운맛과 참깨향

보리지
새콤한 맛과 오이향

세이보리
약간 쓴맛과 후추향

센티드제라늄
신맛과

장미
쓴맛과 달콤한 향

차이브
약간 단맛과 양파향

강한 향기가 나는 허브의 잎이나 꽃을 부재료로 사용하여 기름을 내려 이용하면 살균과 소독, 항염작용을 한다.

식용 기름

주방에서 흔히 사용하는 씨앗을 볶아 즙을 추출하여 만든 기름들은 공기 중에 오래 노출되면 산화되어 건강을 해칠 수 있으므로 조금씩 짜서 빠른 시일에 소비를 하는 것이 좋다. 이 같은 기름의 보존 기간은 6개월 정도이다. 오래 두고 보관할 시에는 작은 병을 준비해 여러 병으로 나누어 빛이 스며들지 않게 냉장 보관한다.

강한 향기가 나는 허브식물들의 잎이나 꽃을 부재료로 사용하면 살균·소독작용과 항염작용을 하고 향기 성분들이 흥분작용을 하여 기분을 좋게 한다. 유럽에서는 오래 전부터 육류요리 등에 사용하였고, 우리나라에서도 국화류나 쑥·방아(배초향)·들깻잎 등을 사용해 염증 치료에 활용하였다. 또 허브로 만든 오일은 육류나 생선 등의 비린 냄새를 줄여 주고 음식의 향취를 좋게 한다.

달맞이 씨앗 기름

달맞이는 예쁜 얼굴처럼 염증을 삭히고 피부를 곱게 하는 능력을 지녔다.

달을 향해 피어 있는 노랗고 귀여운 달맞이꽃은 여름밤을 곱게 만든다. 달맞이는 꽃이 지고 나면 참깨처럼 작은 열매가 열리는데, 이 씨앗은 아주 잘아서 채집하기가 쉽지 않다.

열매가 익어 씨앗이 벌어지기 전에 낫으로 꽃대를 길게 베어 두꺼운 비닐 위에 서로 맞대어 세우고 통풍이 잘 되도록 묶어 놓으면, 씨앗이 터져 나오는데 검불을 골라내고 씨앗을 모아 볕에 다시 말린다.

달맞이 씨앗은 작아서 씻기가 불편하므로 고운 체에 밭쳐가며 조심스럽게 일구어 씻는다.

재료 : 달맞이 씨앗 2kg, 고운 체, 두꺼운 솥, 나무 주걱, 가정용 기름 기계, 2홉짜리 유리병 1개

1 잘 여문 달맞이 씨앗을 함지박에 넣고 맑은 생수를 부어 살짝 조물거리고, 고운 체를 밭쳐 모래 등 이물질을 골라내면서 여러 번 헹구어 씻는다.

2 씨앗을 고운 체에 담아 물기를 완전히 빼준다.
3 두꺼운 솥에 씨앗을 30% 정도 담고 타지 않도록 나무주걱으로 저어 주며 볶는다.
4 15~20분가량 저으면서 씨앗이 고소한 맛이 날 때까지 볶는다.
5 볶은 씨앗을 기름 짜는 기계에 넣어 즙을 짜낸다.
6 유리병은 끓인 물에 소독하여 거꾸로 놓고 물기를 완전히 말린다.
7 소독된 유리병에 기름을 담아 뚜껑을 꼭 닫고 햇볕이 들지 않는 냉장고에 보관한다.
8 공기와의 접촉이 많아지면 산화되어 변질될 우려가 높기 때문에 소량씩 병에 담아 햇볕을 차단하여 서늘한 곳에 저장하여 두고 사용하는 것이 좋다.

대표 요리 구운김무침, 달맞이나물볶음, 나물비빔밥, 계란프라이, 쇠비름나물볶음, 버섯돼지고기볶음

들깨 씨앗 기름

들깨의 어린 순은 나물과 쌈으로 먹으며 누렇게 익은 잎은 장아찌를 담그고, 덜 여문 씨앗은 부각으로 잘 여문 씨앗은 기름을 짜서 먹는다.
예부터 들깨는 기침이 나거나 벌레에 물렸을 때 기름을 마시거나 생 씨앗을 씹어 가려운 부위에 붙이는 등의 민간요법으로도 이용되어 왔다.
주로 순환계나 소화계통에 약으로 사용하며, 고혈압이나 고지혈증 등을 예방하고 뇌기능을 향상시키는 효능이 있다.
들깨를 요리에 이용할 때는 생선요리나 육류요리에 넣으면 비린내와 누린내를 잡아 준다.

재료 : 들깨 씨앗 2kg, 고운 체, 두꺼운 솥, 나무 주걱, 가정용 기름 기계, 2홉짜리 유리병 3개

1. 잘 여문 들깨 씨앗을 함지박에 넣고 맑은 생수를 부어 살짝 조물거리고, 고운 체를 받쳐 모래 등 이물질을 골라내면서 여러 번 헹구면서 씻는다.
2. 씨앗을 고운 체에 담아 물기를 완전히 빼 준다.
3. 두꺼운 솥에 들깨를 30% 정도 담고 타지 않도록 나무주걱으로 저어 주며 20~30분간 볶는다.
4. 씨앗을 손으로 비벼서 완전히 부서질 때까지 계속 나무주걱으로 저어 가며 볶는다.
5. 볶은 씨앗을 기름 짜는 기계에 넣어 즙을 짜낸다.
6. 유리병은 끓인 물에 소독하여 거꾸로 놓고 물기를 완전히 말린다.
7. 소독된 유리병에 기름을 담아 뚜껑을 꼭 닫고 햇볕이 들지 않는 냉장고에 보관한다.
8. 공기와의 접촉이 많아지면 산화되어 변질될 우려가 높기 때문에 소량씩 병에 담아 햇볕을 차단하여 서늘한 곳에 저장하여 두고 사용하는 것이 좋다.

들기름은 주로 익혀 먹는 요리에 넣어 먹는다.

대표 요리 김치삼겹살볶음, 취나물고사리볶음, 토란대나물볶음, 하지감자갈치조림, 돼지고기볶음, 두부구이, 김치전

산초 씨앗 기름

산초는 향기가 매우 독특하여 주로 향신료로 사용되었는데, 요즘 들어 이용하는 범위가 다양해졌다. 농가에서도 약초 재배 품목에 들어가는 산초는 고소득을 창출하는 효자 역할을 한다.
예부터 씨앗의 껍질을 곱게 가루내어 비린 맛이 나는 민물고기 등을 조리할 때에 사용하였으며, 까맣게 여문 씨앗을 볶아 기름을 짜서 약으로 사용하기도 하였다.
또한 사찰에서는 덜 여문 산사의 파란 열매를 소금에 절여 식초를 붓고 장아찌를 만들어 먹기도 하였다.

재료 : 산초 씨앗 2kg, 고운 체, 두꺼운 솥, 나무주걱, 가정용 기름 기계, 2홉짜리 유리병 1개

1 가을에 잘 여문 까만 씨앗의 겉껍질을 분리하여 햇볕에 바싹 건조시킨다.
2 건조시킨 씨앗을 살살 씻어 물기를 말린다.
3 고소한 맛을 더하기 위해 팬에 넣고 타지 않도록 나무주걱으로 잘 저어 20~30분 가량 볶는다.
4 볶은 씨앗을 기름 짜는 기계에 넣어 즙을 짜낸다.
5 소독한 유리병에 씨앗 기름을 조금씩 담아 뚜껑을 꼭 닫고 햇볕이 들지 않는 냉장고에 보관한다.
6 향기와 맛이 강하므로 사용할 때에는 일반 식용유와 혼합하여 사용하거나 소량 사용한다.

산초 씨앗 기름은 간장과 혼합하여 소스를 만들어서 생선조림에 이용한다.

대표 요리 동태찜, 동태탕, 삼겹살구이기름장, 고기된장쌈장, 두부구이, 배추김치, 갓김치, 열무김치, 겉절이

야관문 씨앗 기름

'밤에 문을 연다'는 뜻의 야관문은 요즘 그 성분을 추출하여 약술로 마시는 사람들이 부쩍 늘어나고 있는 식물이다.

씨앗도 제법 먹을 만해서 볶아서 맛을 보니 향기가 참으로 고소하다. 씨앗의 굵기는 들깨와 비슷하기 때문에 볶아서 가루내어 들깨 가루처럼 사용하기도 한다.

봄에 채취하는 어린 새순은 데쳐서 볶아 나물로 먹거나 고추장에 무쳐 먹어도 그 맛이 훌륭하다.

재료 : 야관문 씨앗 2kg, 고운 체, 두꺼운 솥, 나무 주걱, 가정용 기름 기계, 2홉짜리 유리병 1개

1 씨앗을 함지박에 넣고 냉수로 씻으면서 고운 체로 밭쳐서 새어 나가지 않도록 한다.
2 고소한 풍미를 더하기 위해 솥을 따뜻하게 달군 후, 물기를 뺀 씨앗을 넣고 볶는다.
3 씨앗이 타지 않도록 조심하여 약 20분가량 볶아서 씨앗을 비벼 부서지면 불을 끈다.
4 볶아낸 씨앗을 기름 짜는 기계에 넣어 즙을 짜낸다.
5 짜낸 기름을 준비한 유리병에 조금씩 담아 뚜껑을 꼭 닫고, 햇볕이 들지 않는 곳이나 냉장고에 보관하며 덜어서 사용한다.

대표 요리 취나물 등 묵나물볶음, 산채비빔밥, 고사리조기조림

유채 씨앗 기름

유채는 이른 봄에 노란 꽃의 장관을 이루는데, 그 모양과 맛이 배추꽃과 흡사하다.
흔히 샐러드나 비빔밥에 넣거나 생으로 먹어도 상큼한 맛이 있으며, 살짝 소금물에 데쳐서 나물로 무쳐 먹기도 한다.
유채의 씨앗은 들깨보다 작으며 약간 자줏빛이 난다. 보기도 좋고 몸에도 좋은 유채는 봄 들판을 밝히는 환한 빛과 같은 식물이다.

재료 : 유채 씨앗 2kg, 고운 체, 두꺼운 솥, 나무주걱, 가정용 기름 기계, 2홉짜리 유리병 2개

1. 유채의 씨앗을 함지박에 넣고 냉수로 씻으면서 고운 체로 받쳐서 새어 나가지 않도록 씻는다.
2. 고소한 풍미를 더하기 위해 솥을 따뜻하게 달궈서 물기를 뺀 씨앗을 넣고 볶는다.
   - **Tip** 씨앗이 타지 않도록 조심하며 20분가량 볶아 씨앗을 비벼서 부서지면 불을 끈다.
3. 볶은 씨앗을 기름 짜는 기계에 넣어 즙을 짜낸다.
4. 준비한 유리병에 조금씩 담아 뚜껑을 꼭 닫고 햇볕이 들지 않는 냉장고에 보관하여 덜어서 사용한다.

대표 요리 개망초묵나물 · 호박나물 · 무청나물 등 묵나물 등을 볶을 때, 나물비빔밥

참깨 씨앗 기름

참깨는 혈액의 콜레스테롤을 줄이며 장 운동을 활발하게 하고 피부의 신진대사를 도와 건조함을 예방하여 피부를 윤택하게 해준다.

참깨는 작은 종처럼 생긴 연분홍색 꽃이 피는데 꽃이 지고 나면 씨앗 주머니가 생긴다.

노랗고 통통하게 여문 씨앗이 터지기 전에 베어 바닥을 깐 뒤 통풍이 잘 되도록 서로 맞대어 세우고 충분히 말려주면 씨앗이 터져 나오는데, 잘 건조된 씨앗의 잔검불들을 추려내어 깨끗이 씻고 깨소금을 만들거나 기름을 짤 때 사용한다. 충분히 건조가 되지 않으면 기름이 조금 밖에 나오지 않으니 주의한다.

재료 : 참깨 씨앗 2kg, 고운 체, 두꺼운 솥, 나무 주걱, 가정용 기름 기계, 2홉짜리 유리병 3개

1. 참깨의 씨앗을 함지박에 넣고 맑은 생수를 부어 살짝 조물거리고 고운 체를 받쳐 모래 등의 이물질을 골라내면서 여러 번 헹구어 씻는다.
2. 씨앗을 고운 체에 담아 물기를 빼준다.
3. 두꺼운 솥에 씨앗을 30% 정도 담고 씨앗이 타지 않도록 잘 저어 주면서 20~30분가량 노릇노릇할 때까지 볶는다.
4. 씨앗을 손으로 비벼서 완전히 부서질 때까지 나무주걱으로 계속 저어 가며 볶는다.
5. 볶은 씨앗을 기름 짜는 기계에 넣어 즙을 짜낸다.
6. 유리병은 끓인 물에 소독하여 거꾸로 놓고 물기를 완전히 말린다.
7. 소독된 유리병에 참깨씨앗 기름을 담아 뚜껑을 꼭 닫고 햇볕이 들지 않는 냉장고에 보관한다.

나물을 생으로 무칠 때 참기름을 사용하면 생채소의 조직을 부드럽게 하여 소화에 도움을 줄 뿐 아니라, 채소에 묻은 농약이나 벌레 알 등을 살균·소독하고 맛도 좋게 한다.

대표 요리 얼갈이겉절이, 생채소샐러드, 데친채소나물무침

* 참깨를 수확한 추석 무렵, 시골 방앗간은 고소한 참기름 냄새로 넘쳐났다. 직접 농사지어 털어 온 얼마 안되는 참깨가 혹여 중국산과 바뀔까 자리를 지키고 앉아 기름 짜는 내내 집안에 대소사나 외지에 나간 자식 이야기로 시간을 보내던 정겨운 풍습이 이제는 점차 사라져 가고 있다.

레몬오일

상큼한 청량감으로 더위조차 풀어 주는 레몬. 레몬을 보면 레몬을 기다리던 아내에게 눈물로 적은 시(詩)가 한 편 생각난다.

레몬애가(哀歌) / 다카무라 고타로

애타도록 당신은 레몬을 찾고 있었다
죽음의 슬프고도 화려한 병상에서
내가 쥐어준 레몬 한 알을
당신의 하이얀 이가 생큼히 깨물었다
토파즈 빛으로 튀는 향기
하늘의 것인 듯 몇 방울의 레몬즙이
당신의 정신을 잠시 맑게 되돌려 놓았다
푸르고 맑은 눈빛으로 가냘피 웃는 당신
내 손에 꼬옥 쥔 당신의 싱그러움이여
당신의 목 깊숙이에서 바람소리 일지만
생과 사의 어려운 골목에서
그대는 옛날의 그대가 되어
생애의 사랑을 이 순간에 다 쏟은 것인가
그리고 잠시
그 옛날 산마루에 올라 쉬던 심호흡 하나 쉬고
당신의 모습은 그대로 멈췄다
벚꽃 그늘이 있는 사진 앞에
토파즈빛 향기의 레몬은 오늘도 두자

재료 : 레몬껍질 5개, 올리브유 450ml, 500ml 유리용기

1 레몬의 표면을 식초로 문질러 닦고 맑은 물로 씻어 준다.
2 마른 거즈로 껍질의 물기를 깨끗이 닦아내고 과육을 뺀 후 껍질만 얇게 채 썬다.
3 채 썬 껍질을 소독된 유리용기에 담고 올리브유를 가득 붓는다.
4 용기 뚜껑을 꼭 닫아 햇볕이 들지 않는 곳에 2~3주간 보관한다. 색과 향이 나도록 가끔 흔들어 준다.
5 재료의 건더기를 걸러 내고, 오일은 냉장 보관하며 사용한다.

레몬 오일은 과일이나 채소 등을 썰어서 소스를 만들 때 사용하며, 김치고등어조림이나 닭볶음 등을 할 때 재료를 오일에 5~10분간 재어 두었다가 요리하면 비린내가 나지 않고 향긋해진다.

대표 요리 김치고등어조림, 닭볶음

배초향(허브)오일

봄에 배초향의 어린 순은 나물로 먹고, 자란 잎은 기름에 우려내면 향기로운 허브 오일이 된다. 배초향 오일은 음식물의 각종 나쁜 냄새를 잡아 줄 뿐 아니라 뛰어난 방충효과가 있어 된장과 간장을 담글 때에도 유용하다.
또한 위장을 보하고 기분을 맑게 하는 등, 수많은 약성으로 한방에서도 소중한 약재로 쓰인다.

재료 : 로즈마리 3줄기, 민트 6줄기, 바질 5줄기, 배초향 3줄기, 쑥 10줄기, 올리브유 450ml

* 각각의 재료를 따로 만들어 사용한다.

1 신선한 허브를 씻어서 유리병에 담기 좋게 잘라 물기를 말린다.

   > **Tip** 건조된 재료는 잘게 썰어 5~6작은술을 유리병에 그대로 넣어 사용한다.

2 잎을 살짝만 비벼서 향기가 잘 우러나오도록 해준다.

3 소독된 유리용기에 허브를 약 30% 정도 담고 올리브유를 가득 붓는다. 건조된 것을 사용할 때에는 기름을 70℃ 정도로 데워서 붓는다.

4 햇볕이 들지 않는 곳에 2~3주가량 보관한다. 색과 향이 잘 나도록 가끔 흔들어준다.

5 재료의 건더기를 걸러 내고, 오일은 냉장 보관하며 사용한다.

배초향 오일은 생선요리나 육류요리에 곁들이는 각종 채소샐러드에 드레싱으로 사용한다. 또 생선이나 육류요리를 만들 때 재료에 뿌려서 재어 두면 맛을 좋게 한다.

대표 요리 삼치구이, 너비아니, 두부구이, 양상추샐러드, 버섯닭가슴살볶음, 계란말이

08

염분과 미네랄의 보급처

장류

지구에서 살아가고 있는 모든 생명체들의 생명활동에는 소금이 절대적으로 필요하다.
특히 우리 인체에 염분이 부족하면 신진대사가 부진해져서
근육이 딱딱해지고 소화력이 떨어지며 권태감과 피로감을 쉽게 느낀다.
간장·된장·고추장과 같은 우리 전통 장류는
우리 몸에서 염분과 미네랄의 보급처와 같은 역할을 한다.

독성 없는 발효장
간장

　지구에서 살아가고 있는 모든 생명체들의 생명활동에는 예외 없이 소금이 절대적으로 필요하다. 봄이 되면 모든 생물이 일제히 생명활동을 시작하는데, 이 시기에는 동물 뿐 아니라 식물들도 염분흡수를 시작하기 때문에 근처 장독 속의 간장 맛에 영향을 미친다. 그래서 경험이 있는 어머니들은 봄에 간장독의 뚜껑을 열어두지 않는다. 이 시기에 사람들은 대기 중으로 많은 양의 염분을 빼앗기게 되므로 대사기능이 떨어지고 면역력과 치유력이 저하되므로 허약한 사람이나 어르신들은 특히 건강에 주의해야 한다.

　인체에 염분이 부족하면 신진대사가 부진해 근육이 딱딱해지고 소화력이 떨어지며 권태감과 피로감을 쉽게 느낀다. 또 인체의 생리기능을 원활하게 유지하기 위하여 나트륨·칼륨·철·아연 등의 미네랄이 절대적으로 필요한데, 소금이나 간장의 섭취로 일정량을 공급받을 수 있다. 미네랄은 소화를 도와주고 장의 기능을 활성화하여 인체를 정화시키며 단백질이 소변으로 배출되는 것을 막기도 한다. 갈증이 날 때 물에 소금이나 간장을 조금 타서 먹게 되면 물보다 흡수가 빨라 갈증해소에도 도움이 된다. 잘 발효된 간장은 우리 몸 곳곳에 스며들어 염분과 미네랄을 보급하는 건강의 지킴이이다.

간장을 담그는 시기
　선조들은 음력 1월 중 말날(오일, 午日)이나 3월중 말날을 택일했다. 이때 장을 담가야 장에 변질이 없고 맛있는 장이 된다고 믿었기 때문이다. 또 공기 중에 수분이 많은 날에는 장맛에 변화가 일어나는데, 이는 수분이 염도를 낮추어 싱겁게 변하기 때문이다.

음력 정월 그믐도 길일이라 전해지며 조선후기의 학자 홍만선(洪萬選, 1643~1715)이 지은 농서《산림경제》에는 우수를 전후하여 장을 담그면 그 맛이 좋다 하였다.

그러나 사정에 따라 2월장, 3월장을 담을 수도 있다. 장은 담그는 시기에 따라 기온의 차이가 있기 때문에 늦게 담글수록 소금양이 증가되어야 맛이 변질되지 않는다. 최근에는 보통 우수일 또는 경칩일에도 많이 담는다.

■ 전통 발효 간장 비율표

메주	물	소 금			소금물의 양
1말(8kg)	1동이(20L)	1월장 (양 2월 26일) 염도 17% 숙성 70~80일	2월장 (양 3월 24일) 염도 18% 숙성 50~60일	3월장 (양 4월 7일) 염도 19% 숙성 40~50일	염도 18% 기준
8kg	20L	4kg	4.3kg	4.6kg	24L
	30L	6kg	6.5kg	6.9kg	35L
	40L	8kg	8.6kg	9.2kg	47L
16kg	60L	12kg	12.9kg	13.8kg	71L
	70L	14kg	15.6kg	16.1kg	83L
24kg	80L	16kg	17.2kg	18.4kg	94L

* 이 표는 소금의 간수 상태에 따라 다소 차이가 있음.

* 보통은 메주 1말(8kg)에 소금물 40L(2동이)를 넣는다(산출물 간장 약 20L, 부산물 된장 약 16kg).
* 메주의 양과 소금물의 양에 따라 된장과 간장의 맛이 다르다.
* 항아리에 메주를 넣고 물을 부어줄 때에는 항아리에 소쿠리를 올리고 베보자기를 씌운 후 소금물을 부어 준다.
* 항아리에 메주와 소금물을 넣어 메주가 소금물 위로 1cm 정도 떠오르면, 대추와 고추를 넣고 숯을 불에 달궈서 뜨거울 때 소금물 속 메주 사이에 넣고 뚜껑을 달아 준다.
* 독이 기울어지면 곰팡이 같은 백태가 끼게 되므로 장을 담을 항아리는 평평한 곳에 놓아두고 항아리를 늘 깨끗이 닦아준다.
* 항아리 주변에 벌레나 파리 등이 들어갈 수 있으니, 된장이나 간장 항아리 입구를 망으로 덮고 고무줄로 묶어 둔다.
* 간장과 된장, 고추장 등 장을 담글 때 사용되는 소금은 모두 **천일염**을 쓴다.

간장의 종류

- **농도와 쓰임에 따라**

    약식, 장아찌 : 진간장(陳醬). 5년 이상된 맛이 달고 색이 진한 장.
    찌개, 무침 : 중간장. 3~4년 정도된 장.
    국, 찌개 : 묽은 간장(淸醬). 1~2년 정도된 맑은 장.

- **원료에 따라**

    양조 · 화학장류 : 일본간장. 콩과 전분질을 원료로 혼합하여 사용. Aspergillusoryzae (누룩곰팡이) 미생물 발효장.
    막간장 · 겹장 : 조선간장. 콩을 원료로 사용. Bacillus subtilis(바실러스) 미생물 발효장.
    생선 활용장 : 어(魚)간장. 어체나 그 내장을 원료로 특별히 미생물의 힘을 빌리지 않고 자체의 효소에 의해서 분해 숙성

- **제조법에 따라**

    메주 사용 : 재래간장(양조간장). 순 콩으로 간장을 만든다.
    코지 사용 : 개량간장(양조간장). 콩, 밀로 제조하여 부산물인 된장이 나오지 않는다.
    염산가수 분해 : 아미노산간장(화학간장). 단백질의 분해를 산(염산)으로 가수 분해하여 짧은 시간에 제조한다.

산야초 간장

해독작용과 강정효과를 높이는 재료를 주로 활용하여 만든다. 장은 보통 짜고 특유의 냄새가 있기 때문에 소스로서 다양하게 사용하지 않은 경우가 많은데 유자청이나 견과류 · 과일즙 · 향신채 · 향신료 등과 함께 배합하면 향기가 좋은 장 소스를 만들어 먹을 수 있다.

소화에 좋은 약재 : 생강나무, 애덕나무, 토복령(명감나무뿌리), 유근피(느릅나무껍질)
관절에 좋은 약재 : 우슬(쇠무릎지기), 생강나무(산동백), 토복령, 골담초, 산초나무
기력에 좋은 약재 : 하수오, 오가피, 헛개나무, 토복령, 삼백초, 야관문(비수리)
염증에 좋은 약재 : 어성초, 삼백초, 강아지풀, 자소, 굴껍질, 줄풀, 쇠비름, 민들레
간(肝)에 좋은 약재 : 겨우살이, 엉겅퀴, 아카시아꽃, 뽕(상근피), 더위지기, 구기자, 조릿대

* 모든 재료는 잘 건조시킨 후 사용한다.

소금물(간수) 내리기

재료 : 소금(천일염), 물, 소쿠리, 베보자기, 쳇다리, 바가지, 계란(유정란) 1개

1. 장 담그기 최소 3~4일 전에 넓은 통에 쳇다리를 올리고, 고운 망사천이나 베보자기로 소쿠리를 덮은 후에 소금을 부어 준다(사진 ①~⑦번까지의 설명).
2. 소금 위에 물을 한 바가지씩 골고루 뿌려가며 천천히 붓고, 소금이 서서히 녹으면서 소금물이 되어 다 내려가기를 기다린다. 이를 반복한다(사진 ⑧번의 설명).
3. 소금물이 만들어지면 계란을 띄워 본다(사진 ⑨번의 설명).
    Tip 계란이 동전 크기로 떠오르면, 소금물통의 뚜껑을 덮어 소금의 불순물을 3~4일간 침전시킨다.

* 냉장고에 보관한 계란을 하루 전에 꺼내어 놓으면 좀 더 정확한 계량이 가능하다.
* 소금은 간수가 빠진 상태에 따라 분량에 다소 차이가 있으므로, 계란이 가라앉아 위로 뜰 때의 크기 상태를 확인하여 소금을 더 넣어 준다.
* 계란이 동전 크기로 수면에 올라오지 않으면 소금물이 싱거운 것이고 너무 많이 뜨면 짠 것이다.

장 항아리에 '뱀 사(巳)' 자를 거꾸로 붙이는 것은 입을 벌리고 있는 뱀을 형상화하여 벌레 등이 접근하지 못하게 하기 위함이다.

전통 발효 간장

재료: 정월 메주 8kg, 소금(천일염) 8kg, 물 40L, 건홍고추 5개, 참숯 1개, 대추 5알
2월 메주 8kg, 소금(천일염) 9.2kg, 물 40L, 건홍고추 5개, 참숯 1개, 대추 5알
3월 메주 8kg, 소금(천일염) 10.4kg, 물 40L, 건홍고추 5개, 참숯 1개, 대추 5알

* 날씨에 따른 온도 차에 다라 소금의 양을 가감할 수 있다.

1. 장 담기 하루나 이틀 전날 옹기 항아리에 끓는 물을 부어 소독하고 물기는 햇볕에 말린다.
2. 소금물이 들어갈 넓은 함지박에 쳇다리를 올려놓고 그 위에 소쿠리와 삼베 보자기를 올린다.
3. 2에 소금을 한 바가지씩 넣고 물을 조심스럽게 부어가며 아래로 떨어지는 소금물을 받는다.
4. 3의 과정을 반복하여 소금물을 받아 불순물을 가라앉히고 맑은 윗물만 분리한다.

   Tip 이때 소금의 염도는 18~20% 정도로 계란(유정란)을 띄워 보아 500원짜리 동전만하게 뜨는 상태가 적당하다. 계란이 가라앉으면 염도가 낮은 것이니 소금을 더 첨가하는 것이 좋지만, 간수가 빠진 상태에 따라 염도가 낮을 수 있으니 이점을 유의하여 소금의 양을 가감한다.

5. 준비한 메주를 소독된 옹기 항아리에 넣고 4의 소금물을 붓는다.
6. 붉은 건고추와 대추·숯을 띄운다.
7. 장 담기가 끝나면 옹기 항아리의 표면을 깨끗이 닦아내고 바로 뚜껑을 덮어 3일간 열지 않는다.
8. 3일 후, 오전 10시경에 옹기 항아리의 뚜껑을 열어 두었다가 오후 4시경에 닫는다.

   Tip 이 과정은 볕이 좋은 날 진행하는 것이 좋다. 장을 담근 뒤 3~4일 후부터 맑고 쾌청한 날을 골라 환기를 시켜서 바람과 햇볕이 조화롭게 발효를 돕게 한다.

9. 60~70일 정도(정월 메주 기준) 두면 메주가 약간 풀어진 느낌이 드는데, 이때 된장과 간장을 분리하면서 고추와 대추·숯을 건져낸다.

   Tip 2월 메주는 50~60일, 3월 메주는 40~50일 가량 발효 후 간장과 된장을 가른다.

10. 넓은 함지박에 쳇다리를 올려놓고 소쿠리와 삼베 보자기를 올려 분리한 간장물을 내린다.
11. 간장의 맑은 물을 소독된 옹기 항아리에 옮겨 담는다.
12. 이 간장물은 끓이지 말고, 맑고 쾌청한 날을 골라 옹기 항아리의 뚜껑을 열어 두고 맑은 공기와 햇볕으로 숙성시킨다(이 과정을 여러 차례 진행하면 장맛이 좋아진다).

    Tip 간혹 간장 항아리 안에 흰곰팡이가 생길 때는 참숯을 불에 달궈서 장 항아리 속에 넣고 즉시 뚜껑을 닫은 후 3일 후에 열어 햇볕을 쬐어 준다. 이것을 2~3번 정도 반복하면 곰팡이가 사라진다.

13. 뿌연 간장물이 뜨기 시작하여 가라앉을 때까지 보통 6~7개월가량이 걸린다(충분히 가라앉아 안정되는 기간까지 고려하면 시일이 좀 더 걸릴 수 있다).

전통 발효 간장을 응용한 맛간장

아카시아꽃 맛간장

재료 : 정월 메주 4kg, 소금 4kg, 물 12L, 건표고버섯 10개, 건대추 10알, 건홍고추 5개, 참숯 1~2개
약초물 : 아카시아꽃 말린 것 1kg, 생강나무(산동백) 500g, 청미래덩굴 뿌리 30g, 청미래덩굴 잎 말린 것 10g

1. 장 담기 하루나 이틀 전날 옹기 항아리에 끓는 물을 부어 소독하고 물기는 햇볕에 말린다.
2. 물 10L에 약초물 재료를 넣고 끓여서 8L 정도로 졸인다(졸인 후 약초 건더기는 건져낸다).
3. 소금물이 들어갈 넓은 함지박에 쳇다리를 올려놓고 그 위에 소쿠리와 삼베 보자기를 올린다.
4. 3에 소금을 한 바가지씩 넣고 물을 조심스럽게 부어가며 아래로 떨어지는 소금물을 받는다.
5. 4의 과정을 반복하여 소금물을 받아 불순물을 가라앉히고 맑은 윗물만 분리한다.

    Tip 이때 소금의 염도는 18~20% 정도로 계란(유정란)을 띄워 보아 500원짜리 동전만하게 뜨는 상태가 적당하다. 계란이 가라앉으면 염도가 낮은 것이니 소금을 더 첨가하는 것이 좋지만, 간수가 빠진 상태에 따라 염도가 낮을 수 있으니 이점을 유의하여 소금의 양을 가감한다.

6. 2에서 건져 낸 약초를 삼베 주머니에 넣어 내용물 흘러나오지 않도록 묶어 주머니를 만든다.
7. 약초 주머니를 항아리 바닥에 깔고 메주와 소금물을 넣는다.
8. 붉은 건고추와 대추·숯을 띄운다.
9. 장 담기가 끝나면 옹기 항아리의 표면을 깨끗이 닦아내고 바로 뚜껑을 덮어 3일간 열지 않는다.
10. 3일 후, 오전 10시경에 옹기 항아리의 뚜껑을 열고 오후 4시경에 닫는다.
11. 60~70일 정도(정월 메주 기준) 두면 메주가 약간 풀어진 느낌이 드는데, 이때 된장과 간장을 분리하면서 고추와 대추·숯을 건져낸다.

    Tip 2월 메주는 50~60일, 3월 메주는 40~50일 가량 발효 후 간장과 된장을 가른다.

12. 넓은 함지박에 쳇다리를 올려놓고 소쿠리와 삼베 보자기를 올려 분리한 간장물을 내린다.
13. 간장의 맑은 물을 소독된 옹기 항아리에 옮겨 담는다.
14. 이 간장물은 끓이지 말고, 맑고 쾌청한 날을 골라 옹기 항아리의 뚜껑을 열어 두고 맑은 공기와 햇볕으로 숙성시킨다(이 과정을 여러 차례 진행하면 장맛이 좋아진다).
15. 뿌연 간장물이 뜨기 시작하여 가라앉을 때까지 보통 6~7개월가량 걸린다(충분히 가라앉아 안정되는 기간까지 고려하면 시일이 좀 더 걸릴 수 있다).

* 장을 담글 때 재료로 쓰는 말린 꽃과 약초 뿌리는 햇볕에 1시간 정도 널어서 소독한 후 사용하도록 한다.

전통 발효 간장을 응용한 맛간장

엉겅퀴 맛간장

재료 : 정월 메주 4kg, 소금 4kg, 건표고버섯 10개, 건대추 10알, 건홍고추 5개, 참숯 1~2개, 갱엿 2장
약초물 : 엉겅퀴 50g, 헛깨나무 10g, 가시오가피 10g, 천마 10g, 연근 10g, 유근피 10g, 삼지구엽초 5g, 칡뿌리(갈근) 5g

1. 장 담기 하루나 이틀 전날 옹기 항아리에 끓는 물을 부어 소독하고 물기는 햇볕에 말린다.
2. 약초물 재료를 물 10L에 1일 정도 담가서 8L 정도 되게 끓인 후, 건더기를 걸러 내고 차게 식혀 약초 우린 물을 만든다(이때 약초 건더기는 건져낸다).
3. 소금물이 들어갈 넓은 함지박에 쳇다리를 올려놓고 그 위에 소쿠리와 삼베 보자기를 올린다.
4. 3에 소금을 한 바가지씩 넣고 약초물을 조심스럽게 부어가며 아래로 떨어지는 소금물을 받는다.
5. 4의 과정을 반복하여 불순물을 가라앉히고 맑은 윗물만을 분리한다.

   Tip 이때 소금의 염도는 18~20% 정도로 계란(유정란)을 띄워 보아 500원짜리 동전만하게 뜨는 상태가 적당하다. 계란이 가라앉으면 염도가 낮은 것이니 소금을 더 첨가하는 것이 좋지만, 간수가 빠진 상태에 따라 염도가 낮을 수 있으니 이점을 유의하여 소금의 양을 가감한다.

6. 2에서 건져 낸 약초를 삼베 주머니에 넣어 내용물 흘러나오지 않도록 묶어 주머니를 만든다.
7. 약초 주머니를 항아리 바닥에 깔고 메주와 소금물을 넣는다.
8. 붉은 건고추와 대추 · 숯을 띄운다.
9. 25~30일가량 두면 메주가 약간 풀어진 느낌이 드는데, 이때 된장과 간장을 분리하면서 고추와 대추를 건져낸다(숯은 약 20일경에 건져낸다).
10. 옹기 항아리에 갱엿을 넣고 10에서 분리한 간장을 넣는다.
11. 쾌적한 날을 골라 오전 10시~오후 4시까지 햇볕을 쬐어서 바람과 태양으로 간장을 졸이듯이 관리한다.
12. 약 1년이 지난 이듬해부터 이용할 수 있다.

전통 발효 간장을 응용한 맛간장

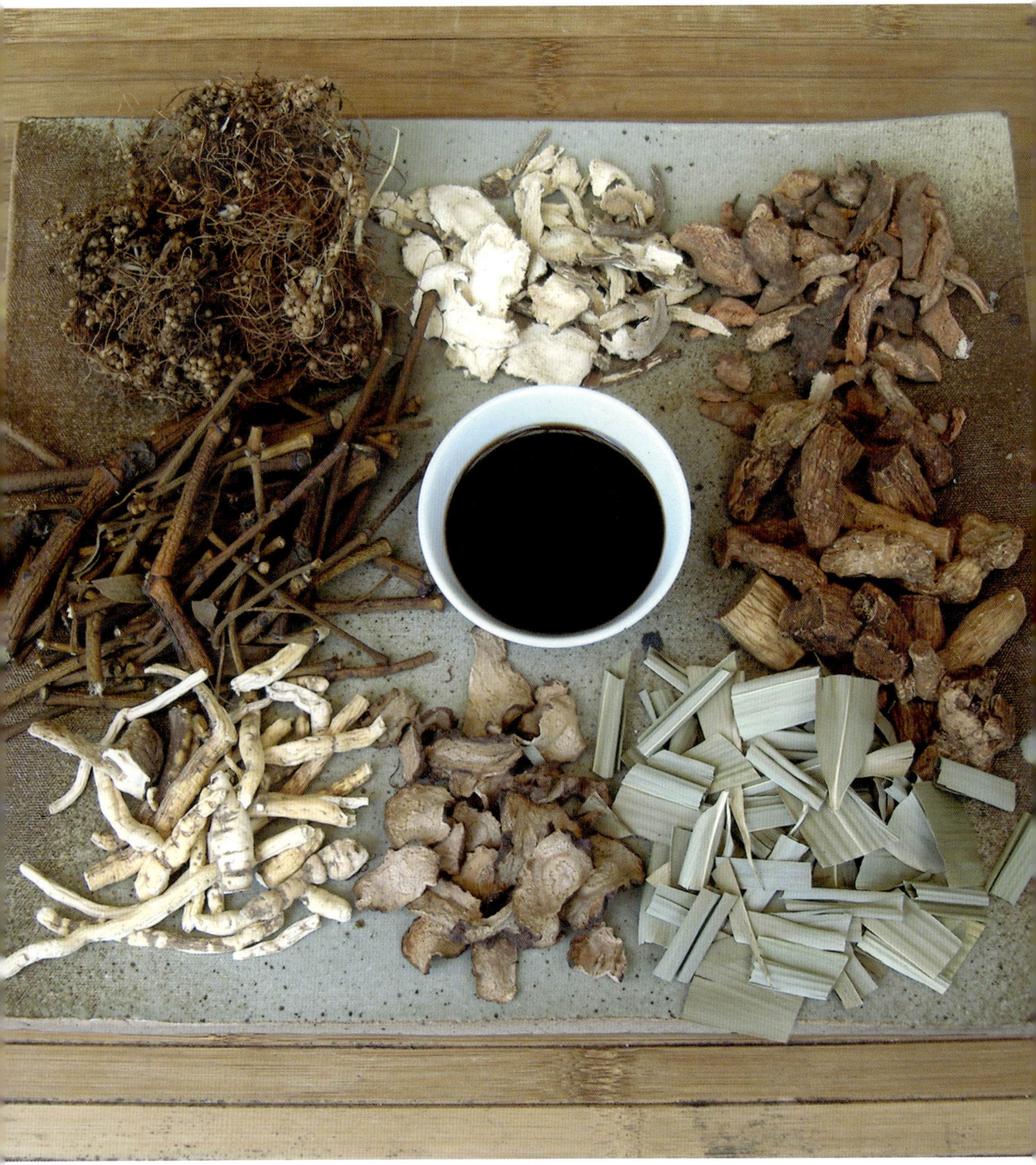

조릿대 맛간장

재료 : 정월 메주 8kg, 소금 8kg, 건대추 10알, 건홍고추 7~10개, 참숯 2~3개, 통북어 1개, 갱엿 2개, 다시마 (30cm×20cm) 2개, 건표고버섯(중간 크기) 10개

약초물 : 조릿대 50g, 하수오 20g, 새삼 10g, 당귀 5g, 천궁 5g, 둥글레 10g, 아카시아꽃 20g, 쇠비름뿌리 (우슬) 20g, 겨우살이 30g, 명감나무 뿌리 15g

1. 장 담기 하루나 이틀 전날 옹기 항아리에 끓는 물을 부어 소독하고 물기는 햇볕을 쬐어서 정갈하게 말린다.
2. 약초물 재료를 물 10L에 1일 정도 담가서 8L 정도 되게 끓인 후, 건더기를 걸러 내고 차게 식혀 약초 우린 물을 만든다(이때 약초 건더기는 건져낸다).
3. 소금물이 들어갈 넓은 함지박에 쳇다리를 올려놓고 그 위에 소쿠리와 삼베 보자기를 올린다.
4. 4에 소금을 한 바가지씩 넣고 약초물을 조심스럽게 부어 아래로 떨어지는 소금물을 받는다.
5. 5의 과정을 반복하여 불순물을 가라앉히고 맑은 윗물만을 분리한다.

    Tip 이때 소금의 염도는 18~20% 정도로 계란(유정란)을 띄워 보아 500원짜리 동전만하게 뜨는 상태가 적당하다. 계란이 가라앉으면 염도가 낮은 것이니 소금을 더 첨가하는 것이 좋지만, 간수가 빠진 상태에 따라 염도가 낮을 수 있으니 이점을 유의하여 소금의 양을 가감한다.

6. 2에서 걸러 낸 약초를 삼베 주머니에 넣어 내용물 흘러나오지 않도록 묶어 주머니를 만든다.
7. 약초 주머니를 항아리 바닥에 깔고 메주와 소금물을 넣는다.
8. 붉은 건고추와 대추·숯을 띄운다.
9. 25~30일가량 두면 메주가 약간 풀어진 느낌이 드는데, 이때 된장과 간장을 분리하면서 고추와 대추를 건져낸다(숯은 약 20일경에 건져낸다).
10. 옹기 항아리에 갱엿을 넣고 10에서 분리한 간장을 넣는다.
11. 쾌적한 날을 골라 오전 10시~오후 4시까지 햇볕을 쬐어서 바람과 태양으로 간장을 졸이듯이 관리한다.
12. 약 1년이 지난 이듬해부터 이용할 수 있다.

전통 발효 간장을 응용한 맛간장

옻 간장

재료 : 정월 메주 8kg, 소금 8kg, 물 8L, 건대추 10알, 건홍고추 7~10개, 명감나무뿌리 15g, 참숯 2~3개, 다시마(30cm×20cm) 2장, 건표고버섯(중간 크기) 10개, 통북어 1개, 갱엿 2개
약초물 : 옻나무가지 2kg, 오가피나무가지 500g

* 옻나무 같은 약재로 장을 담글 경우, 한꺼번에 많이 담가 오래 두고 먹으면 더 깊은 풍미를 느낄 수 있다.
* 평소에 옻을 타는 사람들은 3년가량 묵혀서 먹으면 이용이 가능하다.
* 평소 옻을 타는 사람이 달일 때에는 옻나무를 청주에 1루 정도 담가 닭발(200g)을 넣어 달여 기름을 걷어 내고 사용한다.

1. 장 담기 하루나 이틀 전날 옹기 항아리에 끓는 물을 부어 소독하고 물기는 햇볕을 쬐어서 정갈하게 말린다.
2. 말린 옻나무와 오가피 가지를 찬물에 씻어 3시간가량 불린 후 스테인리스 솥에 넣고 진하게 우려낸다(이때 약초 건더기는 건져 낸다).

   > **Tip** 생 옻나무와 생 오가피는 굵은 가지는 말려서 준비하고 잔가지와 잎은 그대로 사용한다.
   > 너무 오랫동안 물에 담가 놓으면 떫은 맛이 나므로 주의한다.

3. 소금물이 들어갈 넓은 함지박에 쳇다리를 올려놓고 그 위에 소쿠리와 삼베 보자기를 올린다.
4. 3에 소금을 한 바가지씩 넣고 약초물을 조심스럽게 부어 아래로 떨어지는 소금물을 받는다.
5. 4의 과정을 반복하여 불순물을 가라앉히고 맑은 윗물만을 분리한다.

   > **Tip** 이때 소금의 염도는 18~20% 정도로 계란(유정란)을 띄워 보아 500원짜리 동전 만하게 뜨는 상태가 적당하다. 계란이 가라앉으면 염도가 낮은 것이니 소금을 더 첨가하는 것이 좋지만, 간수가 빠진 상태에 따라 염도가 낮을 수 있으니 이점을 유의하여 소금의 양을 가감한다.

6. 2에서 건져 낸 약초를 삼베 주머니에 넣어 내용물 흘러나오지 않도록 묶어 주머니를 만든다.
7. 소독된 옹기 항아리 바닥에 약초 주머니를 넣고 메주를 넣는다.
8. 소금물을 붓고 붉은 건고추와 대추·약초·숯을 띄운 후 재료와 메주가 떠오르지 않게 대나무 가지를 활용하여 누른다.
9. 25~30일가량 두면 메주가 약간 풀어진 느낌이 드는데, 이때 된장과 간장을 분리하면서 고추와 대추를 건져낸다(숯은 약 20일경에 건져낸다).
10. 옹기 항아리에 갱엿을 넣고 9에서 분리한 간장을 넣는다.
11. 쾌적한 날을 골라 오전 10시~오후 4시까지 햇볕을 쬐어서 바람과 태양으로 간장을 졸이듯이 관리한다.
12. 약 1년이 지난 이듬해부터 이용할 수 있다.

전통 발효 간장을 응용한 맛간장

엿 간장

재료 : 막(햇)간장 20L, 갱엿 3~4장, 건표고버섯 10개, 다시마(60cm×30cm), 1장 건대추 10알, 건홍고추 5개, 참숯 1~2개

* 엿기름을 쌀과 함께 발효하여 고아서 만든 엿을 '갱엿' 이라 한다.
* 발효가 잘 되도록 바람과 햇볕이 잘 드는 양지바른 곳에 장독을 두고 간장을 담근다.

1 장 담기 하루나 이틀 전날 옹기 항아리에 끓는 물을 부어 소독하고 물기는 햇볕을 쬐어서 정갈하게 말린다.
2 항아리 바닥에 갱엿을 3~4장 넣고 작년에 담은 막간장을 붓는다.
3 건표고버섯 · 다시마 · 대추 · 홍고추를 넣는다.
   > **Tip** 다시마는 밑으로 가라앉지 않도록 하며 끈끈한 점액이 나오기 전인 약 한 달 후에 건져낸다.
4 마지막으로 불에 달군 참숯을 넣어 훈증하여 뚜껑을 닫는다.
5 약 3일 후, 오전 10시에서 오후 4시까지 옹기 항아리의 뚜껑을 열고 햇볕을 쬔다.
6 15일 후에 숯을 거르고, 한 달경에는 다시마 · 표고버섯 · 대추 · 홍고추를 건져낸다.
7 1년 이상 숙성시킨 후 이용한다.

현대 발효 간장

재료 : 3월 메주 8kg, 물 40L, 소금(천일염) 8kg, 건홍고추 5개, 참숯 1개, 명태 1마리, 대추 5알

* 장을 담글 때는 숨을 쉬는 전통 옹기를 사용해야 하며, 메주콩과 소금, 물의 선택에 신중을 기해야 한다.

준비 하기

1. 장 담기 하루나 이틀 전날 옹기 항아리에 끓는 물을 부어 소독하고 물기는 햇볕을 쬐어서 정갈하게 말린다.
2. 소쿠리에 소금을 넣고 물을 부어가며 아래로 떨어지는 소금물을 받아 불순물을 가라앉히고 맑은 윗물만 분리한다.

   > **Tip** 이때 소금의 염도는 계란(유정란)을 띄워서 동전 만하게 뜨는 상태가 적당하다. 계란이 가라앉으면 염도가 낮은 것이니 소금을 더 첨가하는 것이 좋다.

장 담기

1. 준비한 메주를 옹기 항아리에 넣고 약 2배 정도의 소금물을 붓는다.
2. 붉은 건고추와 숯을 띄우고 대추와 명태를 넣는다.
3. 장을 담근지 3~4일 후부터 맑고 쾌청한 날을 골라 바람과 햇볕이 조화롭게 발효를 돕게 한다.
4. 40~50일 정도 두면 메주가 약간 풀어진 느낌이 드는데, 이때 된장과 간장을 분리시킨다.
5. 분리시킨 된장과 간장을 1년 6개월가량 각각 발효 숙성시키면 이용할 수 있다.

덧간장(진간장)

육포나 약식·장아찌·불고기 등의 양념에 사용되던 고급 간장이다.

재료 : 3월 메주 8kg, 작년 간장 30~40L, 통북어 1개, 건표고버섯(중간 크기) 5개, 다시마 1장, 건대추 10알, 건홍고추 5개, 참숯 1~2개

1. 장 담기 하루나 이틀 전에 옹기 항아리에 끓는 물을 부어 소독하고 햇볕을 쬐어 물기를 정갈하게 말린다.
2. 소독된 항아리 바닥에 표고버섯을 넣은 후, 메주를 차곡차곡 담는다. 또 다시마와 북어를 반으로 잘라 사이에 넣는다.
   - Tip 옹기 항아리에 비해 메주가 크면 반으로 쪼개어 넣는다.
3. 메주가 떠오르도록 항아리에 간장을 부어준 다음 고추와 대추를 넣고, 참숯을 불에 달궈 메주 사이에 넣는다.
4. 떠오른 메주에 소금을 1수저 정도 올리고 항아리 뚜껑을 닫는다. 이때 옹기 항아리의 표면은 깨끗이 소독된 면행주로 닦아 준다.
5. 약 3일 후에 날이 좋으면 항아리 뚜껑을 열어 햇볕을 쬐어 준다.
   - Tip 쾌청한 날씨라면 오전 10시에서 오후 4시경까지가 적당하다.
6. 약 40~60일 후, 메주가 부드러워지고 약간 풀어지면 걸러주기를 한다.
   - Tip 함지박에 쳇다리를 올려 넣고 소쿠리와 삼베 보자기를 올려 장물을 내리고, 가라앉은 장물을 분리시켜 윗물만 소독된 옹기 항아리에 옮겨 담는다.

어(魚)간장

재료 : 메주 4kg, 말린 무 100g, 말린 양파 100g, 다시마, 산초 20g, 계피 10g, 건홍고추 10개, 대추 10알, 참숯 2개, 생선 발효액 40~50L

생선발효액 : 멸치·새우·전어 등 잔생선 10kg, 소금 3kg

※ 잔생선을 이용하여 담근 간장은 무침이나 조림 요리·탕·전골, 그 밖에 다양한 소스양념으로 사용된다.

1. 옹기 항아리에 끓는 물을 부어 소독하고 물기는 햇볕을 쬐어서 말려 둔다.
2. 멸치·새우·전어 등의 잔생선을 소금 2kg으로 버무려 옹기 항아리에 담는다.
3. 항아리 윗부분에 비닐을 씌우고 고무줄로 밀봉한다.
4. 6개월에서 1년 정도 발효시켜 갈색의 맑은 액이 갈색으로 나오고 재료가 위로 둥둥 뜨면 건더기와 액을 분리한다.
5. 걸러 낸 액을 끓이면서 표면에 떠오르는 검은 거품을 걷어낸다.
6. 약 30분~1시간가량 더 끓여 맑은 국물을 얻는다.
7. 맑은 생선 액을 차게 식힌다.
8. 말린 무·양파·다시마·계피·산초를 삼베 주머니에 넣고 소독된 옹기 항아리 바닥에 깐다.
9. 메주를 씻어 햇볕에 말리고 반으로 쪼개어 8의 항아리에 담고 생선 액을 부어 준다.
10. 고추·대추·불에 달군 숯을 넣고 뚜껑을 닫는다.
11. 3일 후, 오전 10시경에 옹기 항아리의 뚜껑을 열고 오후 4시경에 닫는다(이 과정은 볕이 좋은 날 진행하는 것이 좋다).
12. 30일가량 후에 걸러 내어 액을 분리한 후, 1년 이상 숙성시킨다.

Tip 한여름에는 뚜껑 위에 흰색 한지를 바르고 강한 빛을 차단시켜서 장이 급하게 졸여지는 것을 예방한다. 가을에는 다시 옹기 뚜껑으로 바꾸어 덮는다.

조기·돔·북어·새우 등의 생선과 고추씨·갱엿을 이용하여 또 다른 어간장을 만들 수도 있다. ▶

어육(魚肉) 간장

예부터 귀한 음식으로 대접받던 어육장은 재료를 마련하고 손질하는 데도 정성을 많이 기울여야 하고 오래 숙성시켜야 그 맛과 향이 좋다. 또 항아리에 비닐을 씌워 벌레 등이 들어가지 않도록 주의하며 재료를 나누어서 3차 숙성까지 하기도 하지만, 한꺼번에 담그기도 한다. 말린 어패류와 육류를 따로따로 담가 어(魚)장, 육(肉)장이라고도 한다.

재료 : 정월 메주 8kg, 소금 12kg, 물 60L, 닭 1마리, 쇠볼기살 1근, 도미 2마리, 조기 5마리, 수삼 5뿌리, 대추 1줌, 참숯 2~3개, 고추 5개, 갱엿 1개, 다시마 1장, 당귀 5g, 표고버섯 30개

1 닭은 내장을 제거 후 살짝 데쳐 건조한다.
2 소고기는 편으로 썰어 살짝 데쳐 건조한다.
3 수삼은 뇌두를 자르고 통째로 말린다.
4 옹기에 닭·소고기·삼·메주를 넣고 소금물을 부어 대추를 넣는다.
5 소금물에 숯을 달궈 넣은 후 고추를 넣고 뚜껑을 닫는다.
6 3~4일 후에 비닐을 씌워 1년 정도 발효한다.
7 메주와 건더기를 걸러 내고 맑은 액만 분리한다.
   Tip 걸러 낸 메주와 고기를 갈아서 삶은 콩과 섞어 된장을 만든다.
8 분리한 액에 갱엿·다시마(멸치·새우)·버섯·당귀를 넣고 1년 이상 2차 숙성한다.
9 장물과 건더기를 분리하고 1년 이상 3차 숙성한다.

간장 응용 요리

개망초 나물 간장 볶음

꽃이 조그만 달걀 속처럼 생겨 '달걀꽃'이라 부르는 개망초. 5월경부터 늦가을까지 쉼 없이 꽃을 피워 올리는 엄청난 생명력 때문에 농사를 다 망친다 하여 '망초'라는 이름이 붙었다. 하지만 봄에 새순을 따서 데친 후 묵나물로 만들어 볶아 먹는 개망초는 별미 중에 별미다. 개망초와 비슷하지만 아주 조그만 꽃을 피우는 망초를 찾아보는 일도 재미있다.

재료 : 개망초 묵나물 50g, 들기름 1큰술, 다진 파 1/3큰술
소스 : 발효 간장 1/2큰술, 혼합 맛가루 1작은술, 들깨 맛가루 1큰술

1. 개망초를 채취하여 삶아낸다.
2. 삶은 개망초를 소스와 섞고 발효 간장·들기름·들깨 가루와 조물조물 무쳐 간을 맞춘다.
3. 들기름과 파를 넣어 두꺼운 팬에 살짝 볶는다.

   Tip 완전히 익은 재료이므로 오래 볶지 않으며, 마지막에 불을 끄고 파를 넣어 섞으면 향이 은은하다. 마늘을 넣으면 재료의 향과 맛을 해치기 쉬우므로 넣지 않는 것이 좋다.

개망초를 이용할 때 주의할 점

봄에 개망초의 어린 순을 생으로 삶아서 바로 고추장이나 간장, 참기름을 넣어 무쳐 먹기도 하는데 나물이 차가운 성질이기 때문에 평소 설사를 자주하고 몸이 냉한 사람이 생으로 삶아서 많이 먹으면 설사를 유발할 수 있으므로 주의한다. 하지만 묵나물로 먹으면 탈이 없다.

한국 음식의 대표 양념

된장

간장에서 된장 가르기

준비물 : 바가지, 마른행주, 소쿠리, 쳇다리, 삼베 보자기, 용수, 소독한 항아리

1. 간장 항아리 가운데에 용수를 박아 장물은 떠내고 메주는 건져 간장은 항아리에 붓는다.
   > **Tip** 용수가 없을 때는 메주를 부서지지 않도록 떠내어 소쿠리에 베보자기를 깔고 맑은 장물을 거른다.
2. 간장과 분리된 메주의 건더기를 '된장' 이라 하는데 덩어리 진 것을 간장물에 잘 풀어 질척할 정도로 배합한다.
3. 된장을 담을 항아리는 깨끗이 소독하고 바싹 말려 준비한다.
4. 항아리 바닥에 소금을 하얗게 뿌리고 된장을 꼭꼭 눌러 담은 후 다시 소금을 뿌린다.
5. 3~4달 이상 햇빛을 쬐면서 숙성시키면 맛이 든다.
   > **Tip** 된장의 양을 늘릴 때는 멸치나 표고버섯 또는 혼합 맛가루를 섞어 숙성시키면 영양가도 높아지고 맛은 더욱 깊어진다. 된장을 더 맛있게 먹으려면 콩 한 되를 무르게 삶고 청국장 가루를 3컵 정도 보태 섞어주거나 보리밥을 지어 섞고 두부를 넣어 주기도 한다.

* 된장이 너무 오래 되어 된장 맛이 없을 때에는 콩 삶은 물을 넣어 무르게 치대어 된장과 섞어 숙성한다.
* 국이나 찌개를 끓일 때 쌀뜨물이나 녹말을 조금 넣어 주면 된장이 물에 잘 섞이고 쉽게 식지 않는다.

장독과 관련된 재료들(오행과 장독)

오행에 의거하면 가운데 장독을 두고 동쪽을 담당하는 수문장인 푸른 솔가지(木), 남쪽의 붉은 고추(火), 서쪽의 흰 종이버선(金) 그리고 북쪽의 검은 참숯(水), 중앙의 누런 장독(土)이 장을 보호한다고 한다.

금줄

장독대의 금줄은 건조된 볏짚으로, 발효에 도움이 되는 좋은 미생물을 많이 가지고 있어 장맛을 좋게 하는 미생물의 번식을 더욱 도와주라는 의미가 있다. 왼쪽 방향으로 새끼를 꼬아서 항아리 몸을 묶어 주거나 메주 속에 꽂아 두어 부정을 막고 가정 건강을 기원하며 좋은 장맛을 염원하였다.

숯

장을 담글 때 소금물을 부은 후 불에 달군 참숯을 몇 개 넣어 주는데, 이는 장맛에 변화를 주는 미생물 번식을 억제하기 위함이다.

붉은 고추와 대추

고추와 대추의 붉은 색과 매운맛은 장맛을 변하게 하는 잡귀를 몰아낸다고 한다.

또한 고추에 함유된 캡사이신은 살균과 방부작용을 하여 미생물의 번식을 억제하며, 대추에 들어 있는 단맛은 장맛을 달고 좋게 한다.

푸른 솔가지와 흰 버선본

솔가지는 불쾌한 맛을 내는 미생물의 번식을 방지한다. 때문에 벌레가 항아리로 올라오지 못하도록 금줄에 엮어서 옹기 항아리 주변에 걸어 두었다. 또한 거꾸로 붙인 흰 버선본은 혹시 장맛이 변해버렸을 때 다시 돌아오라는 의미가 있는데, 사실 흰 버선본이 빛을 반사하기 때문에 노래기, 지네 등의 벌레를 쫓아내기 위한 목적으로 이용하였다고 볼 수 있다.

된장

재료 : 3월 메주 8kg, 대추 10알, 고추 5개, 참숯 1개, 웃소금 100g, 소금물 20L(소금 4.2kg, 물 20L)

＊ 된장은 국과 찌개, 생선이나 고기 요리 등 어느 요리에나 다양하게 이용할 수 있다.

1. 장 담기 하루나 이틀 전날 옹기 항아리에 끓는 물을 부어 소독하고 물기는 햇볕을 쬐어서 정갈하게 말린다.
2. 소금물이 들어갈 넓은 함지박에 쳇다리를 올려놓고 그 위에 소쿠리와 삼베 보자기를 차례로 올린다.
3. 2에 소금을 1바가지씩 넣고 물을 조심스럽게 부어가며 아래로 떨어지는 소금물을 받는다.
4. 3의 과정을 반복하여 불순물을 가라앉히고 맑은 윗물만을 분리한다.

   > **Tip** 이때 소금의 염도는 10~15% 정도가 적당하다. 계란(유정란)을 띄워 보아 100원짜리 동전 만하게 뜨는 상태가 적당하다. 계란이 가라앉으면 염도가 낮은 것이니 소금을 더 첨가하는 것이 좋지만, 간수가 빠진 상태에 따라 염도가 낮을 수 있으니 이점을 유의하여 소금의 양을 가감한다.

5. 메주를 소독된 옹기 항아리에 넣고 준비한 소금물을 항아리에 붓는다.
6. 붉은 건고추와 대추·숯을 띄운다.
7. 장 담기가 끝나면 옹기 항아리의 표면을 깨끗이 닦아내고 뚜껑을 덮어 3일간 열지 않는다.
8. 3일 후, 오전 10시경에 옹기 항아리의 뚜껑을 열고 오후 4시경에 닫는다.

   > **Tip** 이 과정은 볕이 좋은 날 진행하는 것이 좋으며, 장을 담근지 3~4일 후부터 맑고 쾌청한 날을 골라 바람과 햇볕이 조화롭게 발효를 돕게 한다.

9. 25~30일가량 후에 고추와 대추·숯을 건져낸다(이때 약간의 간장 물을 얻을 수 있다).
10. 메주 덩이를 넓은 함지박에 담고 덩어리를 풀어 치댄다(너무 오래 치대면 맛이 떨어질 수 있으니 덩어리를 풀어 주는 정도로 한다).
11. 풀어진 메주 덩이에 9에서 얻은 간장을 조금씩 넣어주면서 걸쭉하게 농도를 조절하여 옹기 항아리에 70% 정도 담는다.
12. 메주가 보이지 얇게 소금 1kg을 덮어 주고 항아리 윗부분에 망을 씌운 후 고무줄로 단단하게 묶어 햇볕을 가끔 쬐어 준다.

    > **Tip** 이슬을 닦아낸 콩잎 등으로 된장 위를 덮고 망을 씌운 후 강한 햇볕을 쬐어 주어도 좋다.

13. 발효가 진행되면서 소금이 녹고 위로 된장이 조금 떠오르는데 다시 가라앉는 시기부터 6개월 정도 후에 이용할 수 있다.

＊ 한여름에는 항아리 주변을 청결하게 해서 초파리 같은 해충의 접근을 막고, 빗물과 이슬이 맞지 않도록 주의한다.

된장을 응용한 맛된장

냉이 맛된장

재료 : 된장 4kg, 메주콩 800g, 소금 300g, 냉이 가루 100g, 천연 맛가루(멸치·다시마·풋마늘·표고버섯) 3컵, 양파 발효액 1L

1 메주콩을 충분히 불려 불린 콩의 3배가량 물을 붓고 무르게 삶는다(이때 콩물은 따로 분리해 둔다).
2 삶은 콩에 소금 250g을 넣고 으깬다.
3 2에 된장과 천연 맛가루·양파 발효액·냉이 가루를 혼합한 후 콩물을 부어 걸쭉하게 농도를 맞춘다.
4 웃소금을 50g 정도 넣은 후, 고르게 섞어 항아리에 담아 망을 씌우고 뚜껑을 닫는다.
5 볕이 좋은 날 햇볕을 쬐어 장을 보름 정도 숙성한다.

* 한여름철에는 항아리 뚜껑을 오래 열어 두면 장이 마르기 때문에 된장 위에 콩잎이나 칡잎, 호박잎을 덮어 준다.

녹차 맛된장

재료 : 된장 4kg, 메주콩 800g, 보리쌀 400g, 소금 350g, 녹차 가루 100g, 천연 맛가루(멸치·다시마·풋마늘·표고버섯) 3컵, 양념 발효액 1L

1 메주콩을 충분히 불려 불린 콩의 3배가량 물을 붓고 무르게 삶는다(이때 콩물은 따로 분리해 둔다).
2 준비한 보리쌀로 밥을 짓는다(충분히 뜸을 들인다).
3 삶은 콩에 소금 300g을 넣고 으깬다.
4 3에 된장과 천연 맛가루·양념 발효액·녹차 가루를 혼합한 후 콩물을 부어 걸쭉하게 농도를 맞춘다.
5 웃소금을 50g 정도 넣은 후, 고르게 섞어 항아리에 담아 망을 씌우고 뚜껑을 닫는다.
6 볕이 좋은 날 햇볕을 쬐어 장을 한 달 정도 숙성한다.

쑥 맛된장

재료 : 된장 4kg, 메주콩 800g, 소금 250g, 쑥 가루 100g, 천연 맛가루(멸치·다시마·풋마늘·표고버섯) 3컵, 쑥 발효액 1L

1 메주콩을 충분히 불려 불린 콩의 3배가량 물을 붓고 무르게 삶는다(이때 콩물은 따로 분리해 둔다).
2 삶은 콩에 소금 200g을 넣고 으깬다.
3 2에 된장과 천연 맛가루·쑥 발효액·쑥 가루를 혼합한 후 콩물을 부어 걸쭉하게 농도를 맞춘다.
4 웃소금을 50g 정도 넣은 후, 고르게 섞어 항아리에 담아 망을 씌우고 뚜껑을 닫는다.
5 볕이 좋은 날 햇볕을 쬐어 장을 보름 정도 숙성한다.

* 한여름철에는 항아리 뚜껑을 오래 열어 두면 장이 마르기 때문에 된장 위에 콩잎이나 칡잎, 호박잎을 덮어 준다.

북어 맛된장

재료 : 된장 4kg, 메주콩 800g, 소금 200g, 북어(또는 황태) 3개, 건표고버섯 가루 100g, 양파 발효액 1L

1 메주콩을 충분히 불려 불린 콩의 3배가량 물을 붓고 무르게 삶는다(이때 콩물은 따로 분리해 둔다).
2 삶은 콩에 소금 150g을 넣고 으깬다.
3 황태를 준비하여 껍질을 벗기고 가시를 제거한 후, 살을 잘게 찢어 둔다.
4 2에 된장과 황태·양파 발효액·표고버섯 가루를 혼합한 후 콩물을 부어 걸쭉하게 농도를 맞춘다.
5 웃소금을 50g 정도 넣은 후, 고르게 섞어 항아리에 담아 망을 씌우고 뚜껑을 닫는다.
6 볕이 좋은 날 햇볕을 쬐어 장을 보름 정도 숙성한다.

된장을 응용한 맛된장

돼지감자 맛된장

재료 : 된장 4kg, 메주콩 800g, 소금 250g, 돼지감자 가루 100g, 천연 맛가루(멸치·다시마·풋마늘·표고버섯 중) 3컵, 양파 발효액 1L

1 메주콩을 충분히 불려 불린 콩의 3배가량 물을 붓고 무르게 삶는다(이때 콩물은 따로 분리해 둔다).
2 삶은 콩에 소금 200g을 넣고 으깬다.
3 2에 된장과 천연 맛가루·양파 발효액·돼지감자 가루를 혼합한 후 콩물을 부어 걸쭉하게 농도를 맞춘다.
4 웃소금을 50g 정도 넣은 후, 고루 섞어 항아리에 담아 망을 씌우고 뚜껑을 닫는다.
5 볕이 좋은 날 햇볕을 쬐어 주어 장을 보름 정도 숙성시킨다.

연근 맛된장

재료 : 된장 4kg, 메주콩 800g, 보리쌀 400g, 소금 300g, 녹차 가루 100g, 천연 맛가루(멸치·다시마·풋마늘·표고버섯 중) 3컵, 양념 발효액 1L, 고추씨 가루 50g

1 메주콩을 충분히 불려 불린 콩의 3배가량 물을 붓고 무르게 삶는다(이때 콩물은 따로 분리해 둔다).
2 준비한 보리쌀로 밥을 짓는다(충분히 뜸을 들여 짓는다).
3 삶은 콩과 보리밥, 소금 200g을 넣고 으깬다.
4 3에 된장과 천연 맛가루·양념 발효액·연근 가루·고추씨 가루를 혼합한 후 콩물을 부어 걸쭉하게 농도를 맞춘다.
5 웃소금을 50g 정도 넣은 후, 고루 섞어 항아리에 담아 망을 씌우고 뚜껑을 닫는다.
6 볕이 좋은 날 햇볕을 쬐어 주어 장을 한 달 정도 숙성시킨다.

* 한여름철에는 항아리 뚜껑을 오래 열어 두면 장이 마르기 때문에 된장 위에 콩잎이나 칡잎, 호박잎을 덮어 준다.
* 연근이나 연잎을 많이 넣으면 된장 맛이 떨어지므로 양을 조절한다.

고유의 전통발효식품

고추장

고추장은 간장, 된장과 함께 우리 고유의 전통발효식품이다. 고추가 우리나라에 도입된 초기에는 고추 자체를 술안주로 사용하거나, 고추씨를 양념으로 사용하다가 17세기 후반에 와서 말린 고추를 가루로 내어 이전부터 사용했던 향신료인 후추와 천초(초피나무 열매 껍질)를 섞어 장을 담았다. 이후 점차 고추 재배가 확산되고 고추의 쓰임이 일반화되어 종래의 된장·간장·겸용장에 매운맛을 첨가시키는 과정을 거쳐 지금의 고추장으로 변천·발달되었다. 변천 과정에서 점차 고춧가루의 사용량이 늘어났으며, 세월이 흐르면서 간을 맞추는 방법이 청장(맑은 간장)에서 소금으로 변하였다.

 고추장 담그기

1. 간장을 담근 후, 더워지기 전인 음력 3~4월에 담글 준비를 한다(날씨가 따뜻한 가을에 담그기도 한다).
2. 찹쌀 가루를 쪄서 당화시켜 묽어지면 고춧가루와 메주 가루를 섞고 소금으로 간을 하여 숙성시킨다.

    > **Tip** 고추장은 익힌 재료를 바로 버무려 만들기 때문에 혼합 후 항아리 뚜껑을 곧바로 덮으면 더운 김이 완전히 빠지지 않아 습기가 차고 곰팡이가 생기기 쉽다. 때문에 하룻밤 김이 나가게 두고 다음날 뚜껑을 덮는다.

3. 지역마다 보관하는 온도와 장소에 따라 간의 세기를 다르게 하지만, 보통은 양력으로 4~5월에 담가 가끔 햇볕을 쬐이면 한 달쯤 지난 후부터 이용할 수 있다.

    > **Tip** 시중에 판매하는 항아리용 유리뚜껑을 구입하여 사용할 경우에는 따로 빛을 쬐이지 않아도 된다.

* 고추장을 담그는 소금은 볶은 소금을 곱게 가루내어 사용하는 것이 좋다.
* 매운맛을 좋아하면 고춧가루 양을 좀 더 늘리고, 묽게 하려면 엿기름을 좀 더 넣는다.
* 한여름에는 습기나 곰팡이, 벌레가 생기지 않도록 고추장 표면에 소주를 뿌리고, 고추장이 보이지 않게 소금을 얇게 덮은 후 김 2장이나 다시마 1장을 올린다. 그 후에 망사를 씌워 뚜껑을 덮어 두다가 햇볕이 좋은 날에는 뚜껑을 열고 볕을 쬐어 맛을 익힌다. 또 항아리 뚜껑 위에 한지를 덮어 강한 빛을 차단하여 장을 마르지 않게 한다.
* 고추장이 오래되어 색이 검게 된 것은 맛이 없다. 때문에 이럴 때는 콩과 보리쌀을 물에 불려 삶아낸 물을 고추장과 혼합하고 천연 맛가루(새우·홍합·양파 등)와 소금을 소량 첨가하여 숙성시킨다.
* 고추장(또는 된장)은 항아리에 70% 정도 채운다(간장은 햇볕에 졸이기 때문에 항아리 입구까지 채운다).

고추장 항아리 관리

고추장 항아리는 입이 좁은 것이 좋으며, 고추장이 완전히 식은 후에 뚜껑을 덮는다. 처음 고추장을 담글 때 소금이 충분히 녹지 않았을 경우에는 고추장을 담근 후에도 여러 번 저어 주어야 넘치지 않으며 장마철에는 반드시 웃소금을 더 넣어 준다.

고추장의 표면은 공기에 많이 노출되면 색이 검어지며 흰색의 곰팡이가 번식을 하기도 하는데, 이러한 증세를 예방하기 위해서는 날씨가 좋은 날에 뚜껑을 열어 햇볕을 쬐여 주는 것이 좋다.

또 담근지 얼마 되지 않아 부글거리며 넘치는 경우에는 엿물과 곡물이 충분히 달여지지 않았거나 싱겁거나 빗물이 들어갔을 경우이다. 이때에는 소금을 좀 더 넣어 저어 주거나 다시 한 번 끓여서 식힌 후 항아리에 넣어 주는데, 처음의 맛과 조금 차이가 날 수도 있다.

역사 속에 고추장

조선 중기 《증보산림경제(增補山林經濟)》의 기록을 살펴보면 고추장의 맛을 좋게 하기 위해 말린 생선과 곤포(昆布, 다시마) 등을 첨가한 기록이 있다. 영조 때 이표가 쓴 《수문사설(謏聞事說)》에는 곡창지대인 전북 순창의 고추장에는 말린 전복·왕새우·홍합·생강 등을 첨가했다고 기록되어 있으며, 《역주방문(歷酒方文)》에는 보리쌀을 섞고 청장(맑은 간장)을 이용하여 간을 맞추는 방법이 기록되어 있다. 1815년에 기록된 《규합총서(閨閤叢書)》 속의 고추장은 좀 더 진보된 형태로 꿀·육포·대추를 섞는 담금법을 제시하고 있다.

▲ 찹쌀 고추장(위)과 오복 고추장(아래)

찹쌀 고추장

재료 : 찹쌀 800g, 건조 엿기름 800g, 엿기름물 3L, 메주 가루(또는 청국장 가루) 400g, 고춧가루 600g, 소금 400g
* 고춧가루는 기호에 따라 가감할 수 있으며, 간장을 약간 넣을 수도 있다.

1. 찹쌀을 깨끗이 씻어서 물에 12시간 정도 불린 후 시루에 찐다.
2. 물을 끓인 후 45~60℃ 정도로 식혀서 엿기름 가루를 풀고 1시간가량 둔다.
3. 2를 삼베 주머니에 넣고 주물러서 건더기는 꼭 짜서 버리고 엿기름물은 가라앉힌다.
4. 큰솥에 엿기름물의 맑은 윗물만을 따라 붓고, 1의 찰밥을 넣고 혼합한다.
   - **Tip** 밥 대신 찹쌀 가루를 넣을 수도 있는데, 가루를 곱게 밭쳐 쓰지 않을 경우 고추장이 거칠어진다.
5. 4를 불에 얹어 따뜻한(55~60℃) 정도로 데워지면 불을 끄고 뚜껑을 덮어 둔다.
6. 약 1시간 정도 지나면 찰밥이 삭아서 묽어진다.
7. 삭힌 밥알을 소쿠리에 건져내어 자루에 넣고 치댄 후 꼭 짠다.
8. 7에서 얻은 물을 불에 올린 후, 한소끔 끓으면 불을 약하게 하여 3~4시간 정도 졸인다.
   - **Tip** 엿물을 충분히 졸이지 않으면 숙성 중에 고추장이 넘칠 수 있으니 주의한다.
9. 처음 분량의 약 1/3 정도가 되도록 묽은 조청을 만든다.
10. 9를 넓은 그릇에 쏟아서 식힌 후, 메주 가루와 고춧가루를 넣고 고루 섞어 실온에서 하룻밤 재워 둔다.
11. 다음 날 간장과 소금을 넣고 고루 저어 간을 맞춘다(담그는 시기에 따라 소금량을 가감한다).
12. 만들어진 고추장을 항아리에 8부 정도 담고 위에 웃소금을 뿌린 다음, 얇은 헝겊이나 망사를 덮어서 햇볕에 놓고 한 달 이상 익힌다.
    - **Tip** 고추장이 끓어서 부글거리며 넘칠 때에는 막대기로 3~4일에 한 번씩 3회 정도 고추장을 저어서 고루 발효가 되도록 한다.

오복 고추장*

오복 고추장은 위의 찹쌀 고추장을 담그는 방법과 거의 동일하다.
단, 찹쌀 고추장 7번 레시피의 삭힌 밥물에 오미자즙 300㎖와 복분자즙 300㎖를 첨가한다.

▲ 아카시아 고추장(위)과 진달래 고추장(아래)

아카시아 고추장

재료 : 찹쌀 800g, 메주 가루(청국장 가루) 300g, 고춧가루 500g, 소금 300g, 간장과 육젓 약간, 물 2L, 엿기름 가루 400g
찻물 : 건조 아카시아꽃 15g, 건조 명감나무 10g를 우려서 1L의 양으로 만든다.

1. 건조시킨 명감나무를 씻어서 물에 넣고 1시간 정도 끓여 찻물을 끓인 후, 아카시아꽃을 넣고 우려낸다.
2. 거즈에 밭쳐 재료를 걸러 내고 맑은 액만 1L가량 준비한다.
3. 찹쌀을 깨끗이 씻어서 물에 12시간 정도 불린 후 시루에 찐다.
4. 물을 끓인 후 45~60℃ 정도로 식혀서 엿기름 가루를 풀고 1시간가량 둔다.
5. 4를 삼베 주머니에 넣고 주물러서 건더기는 꼭 짜서 버리고 엿기름물은 가라앉힌다.
6. 큰솥에 엿기름물의 맑은 윗물만을 따라 붓고, 3의 찰밥을 넣고 혼합한다.
   Tip 밥 대신 찹쌀 가루를 넣을 수도 있는데, 가루를 곱게 밭쳐 쓰지 않을 경우 고추장이 거칠어진다.
7. 6을 불에 얹어 따뜻한(55~60℃) 정도로 데워지면 불을 끄고 뚜껑을 덮어 둔다.
8. 약 1시간 정도 지나면 찰밥이 삭아서 묽어진다.
9. 삭힌 밥알을 소쿠리에 건져내어 자루에 넣고 치댄 후 꼭 짠다.
10. 9에서 얻은 물과 2의 찻물을 혼합하여 불에 올리고 한소끔 끓으면 불을 약하게 하여 3~4시간 정도 졸인다.
11. 처음 분량의 약 1/3 정도가 되도록 묽은 조청을 만든다.
12. 11을 넓은 그릇에 쏟아서 식힌 후, 청국장 가루(또는 메주 가루)와 고춧가루를 넣고 고루 섞어 하룻밤 정도 둔다.
13. 다음날 간장과 생선 액젓, 소금을 넣고 고루 저어 간을 맞춘다.
    Tip 이때 소금은 담그는 시기에 따라 가감하기도 한다.
14. 만들어진 고추장을 항아리에 8부 정도 담고 위에 웃소금을 뿌린 다음, 얇은 헝겊이나 망사를 덮어서 햇볕에 놓고 한 달 이상 익힌다(바로 사용하면 고추장의 맛은 달지만 질감이 거칠다).

진달래 고추장*

진달래 고추장은 위의 아카시아 고추장을 담그는 방법과 거의 동일하다.
단, 아카시아 고추장 1번 레시피의 아카시아꽃 대신, 수술을 제거하고 소금물에 세척한 생 진달래꽃 200g을 믹서에 갈아 명감나무 찻물과 혼합한다.

고추장 응용 요리

자리공순 고추장 볶음

이른 봄에 어린 순을 따서 나물로 먹으면 입맛을 살려 주는 것들이 많다. 원추리 · 쇠비름 · 쑥부쟁이 · 냉이 · 자리공 · 씀바귀 · 개망초 · 뽕잎 · 오가피 · 명아주 등이 그것들이다. 그 중 자리공순은 예로부터 농촌 어르신들이 즐겨 드셨는데 나물을 삶은 후 소금물에 데쳐서 햇볕에 말려 두었다가 묵혀서 볶아먹으면 알싸한 맛이 별미이다. 이렇게 햇볕에 말려서 묵힌 나물들은 비타민D가 풍부한데, 잔생선을 발효시켜 만든 액젓으로 간을 맞추어 볶으면 맛이 더욱 부드러워지고 칼슘 섭취에도 도움을 준다.

재료 : 자리공순나물 200g, 고추장 1큰술, 양파 발효액 1큰술, 다시마물 2작은술, 다진 파 1작은술, 들깨 가루 · 들기름 약간

1 건조시킨 자리공순을 냉수에 담가 불린 후에 무르도록 삶아서 여러 번 물을 갈면서 우려낸다.
   Tip 자리공순에는 약간의 아린 맛이 있으므로 쌀뜨물에 담갔다가 삶아 내면 맛이 부드러워진다.
2 삶아 낸 나물을 잘게 찢어서 발효 액젓과 들깨 맛가루 · 들기름 · 마늘을 넣고 조물조물 무쳐서 간을 맞춘다.
3 두꺼운 팬에서 살짝 볶아 준다.

 자리공순을 이용할 때 주의할 점
자리공순과 같은 재료를 나물로 이용하고자 할 때는 햇볕에 건조시키며, 양념으로 이용하고자 할 때에는 건조기에 넣어 건조시키는 것이 좋다.

09

제철의 신선한 재료를 사철 즐기게 하는

장아찌

장아찌는 산야초·채소·과일 등을
간장·된장·고추장·젓국·소금·식초·조청·술지게미 등에
절여서 만드는 저장식품이다.
제철에 난 신선한 재료들로 장아찌를 만들면
그 향과 맛을 사철 즐길 수 있다.

제철의 신선한 재료를 사철 즐기게 하는
장아찌

장아찌는 산야초·채소·과일 등을 간장·된장·고추장·젓국·소금·식초·조청·술지게미 등에 절여서 만드는 저장식품이다. 봄에 연한 뿌리나 잎을 절이거나 가을에 단풍이 든 잎을 소금에 삭혀 만들면 그냥 먹거나 씻어 무치거나 볶거나 쪄 먹어도 좋은, 연중 즐길 수 있는 밑반찬이 된다. 되도록 제철에 난 신선한 재료들로 만들어야 그 향과 맛이 좋기 때문에 연중계획표를 만들어 두면 다양한 계절별 장아찌를 담글 수 있다.

장아찌를 만들기 위해 재료들을 일부러 준비하기도 하지만 산야초·채소·과일 등의 효소액을 만들고 걸러 낸 건더기를 활용하면 의외로 맛 좋은 장아찌를 얻을 수 있어 경제적이다. 이러한 재료들 중 거친 줄기는 골라내고 염분을 보충한 뒤 숙성시키면 재료 특유의 거친 향이 줄어들고 짜지 않으면서도 은은하고 깊은 맛을 낸다.

장아찌는 나른하고 피곤할 때 피로를 풀어 주고 봄이나 여름철 입맛을 살려주며 겨울에는 부족하기 쉬운 영양소를 채워주는 역할도 한다. 또 연한 잎이나 열매, 뿌리를 식초에 절여 피클로 만들면 빵·피자·육류 등의 음식에 좋은 파트너가 된다.

장아찌는 고유의 짠맛 때문에 편하게 먹지 못해 염분을 줄이려는 현대인의 식탁에서 기피 대상이 되기도 하는데, 식탁에 올릴 땐 각자 기호에 맞게 염도를 조절하고 조미해서 먹으면 오히려 좋은 염분이 보충되어 건강에 도움이 된다. 장아찌를 다지거나 갈아서 음식의 양념으로도 사용하고 짠맛을 우려내 쌈이나 주먹밥요리 등에 맛내기 양념으로도 사용할 수도 있다.

여러 가지 장아찌 모음

장아찌를 응용한 소스

곰취장아찌를 이용한 소스 : 주먹밥·쌈·고기 등에 이용한다.

돼지감자(뚱딴지) 장아찌를 이용한 소스 : 잘게 잘라 김밥 등에 이용한다.

뽕잎 장아찌를 이용한 소스 : 잘게 잘라 비빔밥 등에 이용한다.

산초 장아찌를 이용한 소스 : 잘게 다져 생선요리 등에 이용한다.

새삼 장아찌를 이용한 소스 : 잘게 다져 육류요리 등에 이용한다.

아카시꽃 장아찌를 이용한 소스 : 잘게 다져 육류요리·비빔밥·샐러드 등에 이용한다.

어성초 장아찌를 이용한 소스 : 잘게 다져 쌈밥·비빔밥 등에 이용한다.

함초 장아찌를 이용한 소스 : 잘게 다져 육류요리·비빔밥·샐러드 등에 이용한다.

조기 젓갈 고추 장아찌를 이용한 소스 : 잘게 다져 비빔밥 등에 이용한다.

두부 장아찌를 이용한 소스 : 잘게 다져 쌈장 등에 이용한다.

곰취 장아찌

깊은 산골에 살던 어릴 적, 봄에는 나물 뜯는 일이 일과의 대부분이었다. 그 중 곰취는 그 당시에도 최고의 대우를 받던 나물이였던 걸로 기억하는데, 어머니는 곰취를 찾으려면 곰 발바닥 같이 생긴 이파리를 찾으라고 일러주시곤 했다. 어느 날, 곰취는 곰이 좋아해 곰취가 있는 곳에는 꼭 곰이 나타난다는 이야기를 우연히 듣게 되었고 그 후론 곰취 비슷한 잎사귀만 봐도 무서워했던 생각이 난다.

간장 장아찌 : 곰취 1kg, 물 1컵, 설탕 900g, 다진 파·다진 마늘·아카시아꽃 발효액·참깨 맛소금·참기름 약간
간장 소스 : 물 4컵, 다시마(5×5cm) 2개, 홍합 맛가루 1작은술, 건고추 3개, 양파 맛가루 1큰술, 마늘 10쪽, 통계피 5g, 발효 간장 1컵, 새우 액젓 1컵, 대나무잎 한 줌

1. 연한 곰취를 열매가 붙은 꼭지째 씻어 설탕 600g과 버무려 2~3일에 한 번씩 젓는다.
2. 설탕이 녹으면 설탕 300g을 추가로 넣어 가끔씩 저어 주면서 15~20일간 발효시켜 취의 발효액을 짜낸다.
3. 소쿠리에 발효액을 거르고 곰취 건더기를 항아리에 담는다.
4. 소금에 절인 댓잎을 곰취가 보이지 않게 깔고 무거운 것으로 누른 후, 끓여서 식힌 장물을 가득 붓는다. 7일부터 양념하여 먹을 수 있다.

   Tip 좀 더 부드럽게 먹으려면 양념하여 조금씩 중탕으로 쪄서 먹는다.

된장 장아찌 : 곰취 1kg, 물 1컵, 설탕 900g, 다진 파·다진 마늘·아카시아꽃 발효액·참깨 맛소금·참기름 약간
된장 소스 : 발효 된장 300g, 새우 액젓 1/2컵, 홍합 맛가루 1작은술, 당귀잎 맛가루 1/2작은술, 대나무잎 한줌
약수 : 물 4컵, 다시마(5×5cm) 2개, 건고추 3개, 양파 맛가루 1큰술, 마늘 10쪽, 통계피 5g

1. 곰취를 씻어 설탕 600g과 버무려서 2~3일에 한 번 저어 주고 설탕이 녹으면 300g 설탕을 추가로 넣어 가끔씩 저어 주면서 10~15일간 발효시켜 취의 발효액을 짜내고 만든다.
2. 소쿠리에 발효액을 거르고 곰취 건더기를 항아리에 담는다.
3. 소금에 절인 댓잎을 곰취가 보이지 않게 깔고 무거운 것으로 누른 다음, 끓여서 식힌 된장 물을 가득 붓는다. 7일부터 양념하여 먹을 수 있다.

곰취 장아찌를 만들 때 주의할 점

3%의 소금물에 대나무 잎을 3~4시간 정도 절인 후 장아찌 위를 덮어 주고, 깨끗한 돌이나 물을 가득 채운 무색투명한 물병 등 무거운 것을 올려주면 장아찌에 곰팡이가 생기는 것을 방지할 수 있다.

돼지감자(뚱단지) 장아찌

시골 개천가에 아무렇게나 쑥쑥 자란 키가 큰 노란 돼지감자꽃을 보고 조그만 아이가 소리친다. "야! 해바라기다!" 그러나 "아니야~" 할 수만은 없다. 돼지감자는 해바라기와 같은 국화과의 식물이며 해바라기의 한 종류라고 볼 수 있기 때문이다. 때문에 '돼지감자꽃'이라고 하는 것이 오히려 오답에 가까울 수도 있다. 돼지감자의 덩이뿌리가 감자 맛이 나긴 하지만 우리가 흔히 먹는 가지과의 감자와는 거리가 있기 때문이다.

고추장 장아찌 : 돼지감자 1kg, 황설탕 900g, 다진 파 · 다진 마늘 · 아카시아꽃 발효액 · 참깨 맛소금 · 참기름 약간
고추장 소스 : 고추장 1컵, 고춧가루 1컵, 새우 액젓 1컵, 갈치 액젓 1큰술, 돼지감자 발효액 2컵, 양파 맛가루 5큰술, 다진 마늘 5큰술

1. 깨끗이 씻은 돼지감자를 3mm정도 두께로 썰어 냉수에 한 번 씻은 후 설탕 600g과 버무려서 2~3일에 한 번 저어 주고 설탕이 녹으면 설탕 300g을 추가로 넣어 가끔씩 저어 주면서 15~20일가량 발효시킨다.
2. 건져 낸 돼지감자의 액을 완전히 빼서 채반에 하루 정도 꾸덕꾸덕하게 말린다.
3. 고추장과 고춧가루 · 혼합 맛가루 양념 · 양파와 다진 마늘을 혼합하여 용기에 눌러 담는다.
4. 2% 소금물에 3~4시간정도 절인 댓잎을 고추장이 보이지 않게 덮은 후, 무거운 것으로 눌러 준다. 7일부터 양념하여 먹을 수 있다.

피클 장아찌 : 돼지감자 500g, 발효액 2컵, 양파 1/2개, 홍고추 1개, 통후추 3~4알, 촛물(물 1.5컵, 매실 식초 1컵, 소금 1.5큰술)
채수 재료 : 촛물 1컵, 건표고버섯 1개, 통계피 3g
소스 : 채수 1컵, 다시마(5×5cm) 1개, 소금 1작은술

1. 돼지감자를 3mm 정도 두께로 썰어 씻어 촛물에 2~3시간 정도 절여 준다.
2. 절여진 돼지감자를 소쿠리에 건져 소독된 병에 넣는다.
3. 끓인 채수에 다시마와 소금을 넣어 다시 끓여 식힌 다음, 4등분한 양파와 통후추 5알 · 홍고추 1개를 넣고 발효액을 붓는다. 2~3일에 한 번씩 3회 정도 끓여 식혀 붓고 3~4일 후부터 먹는다.

돼지감자 장아찌를 만들 때 주의할 점

숙성되어 맛이 들면 저온 냉장고에 저장하며, 발효되는 동안 초파리가 들어가지 않게 한지를 씌워 봉한다.

뽕잎 장아찌

난 누에 냄새가 좋았다. 조그만 방 하나를 비워 겨우 몇 섶 기른 누에였지만 깨알만하던 녀석들이 무럭무럭 커 가는 모습이 재미있고 신기해 하루에도 몇 차례 들여다보곤 했고 어떤 날은 종일 누에방에서 나오질 않았다.

누에가 손마디만큼 크면 사각사각 소리를 내며 뽕잎을 갉아먹는데, 그 소리와 모양이 하도 예뻐서 배고픈 줄도 모르게 쳐다보곤 했다. 싱그럽던 뽕잎과 누에의 향기는 오랫동안 내 머릿속에서 출렁거린다.

간장 장아찌 : 뽕잎 1kg, 물 1컵, 설탕 900g, 다진 파 · 다진 마늘 · 아카시아꽃 발효액 · 참깨 맛소금 · 참기름 약간
간장 소스 : 물 4컵, 다시마(5×5cm) 2개, 홍합 맛가루 1작은술, 건고추 3개, 양파 맛가루 1큰술, 마늘 10쪽, 통계피 5g, 발효 간장 1컵, 새우 액젓 1컵, 대나무잎 한 줌

1 연한 뽕잎을 열매가 붙은 꼭지째 씻어 설탕 600g과 버무려 2~3일에 한 번 저어 주고 설탕이 녹으면 설탕 300g을 추가로 넣어 가끔씩 저어 주면서 15~20일간 발효시켜 뽕잎의 발효액을 짜낸다.
2 소쿠리에 발효액을 거르고 뽕잎을 항아리에 담는다.
3 소금에 절인 댓잎을 뽕잎이 보이지 않게 깔고 무거운 것으로 누르고, 끓여서 식힌 장물을 가득 붓는다. 7일부터 양념하여 먹을 수 있다.

> **Tip** 좀 더 부드럽게 먹으려면 양념하여 조금씩 중탕으로 쪄서 먹는다.

액젓 김치 : 연한 뽕잎 3kg, 액젓 200ml
고춧가루 소스 : 뽕잎 발효액 1컵, 찹쌀죽 1컵, 마늘 2/3컵, 생강청 1컵, 고춧가루 1컵, 표고버섯 맛가루 3큰술, 양파 맛가루 2큰술, 참깨 맛가루 3큰술, 쪽파 100g, 대나무잎 한 줌

1 연한 뽕잎을 열매와 꼭지째 씻어 10~20개씩 실로 다발을 묶어 소쿠리에 건져 물기를 완전히 빼준다.
2 뽕잎에 액젓을 부어 1시간가량 절인다.
3 뽕잎을 절인 액젓 2~3컵에 찹쌀죽 · 생강청 · 마늘 · 양파 맛가루 · 발효액 · 고춧가루 · 참깨 · 표고버섯 맛가루를 뽕잎 다발에 잘 버무려 차곡차곡 항아리에 넣고 쪽파를 가지런히 올린 후 남은 양념을 붓는다.
4 소금에 절인 댓잎을 뽕잎이 보이지 않게 깔고 뚜껑을 꼭 닫아준다. 7일 정도부터 먹을 수 있다.

산초 장아찌

추어탕 전문집에서 나오는 산초 가루를 보면 마치 먼 나라에서 온 이국의 향신료처럼 생각하는 사람이 있는데, 사실 우리나라에서도 초가을 야산을 다니다 보면 열매가 조롱조롱 열린 산초나무를 어렵지 않게 만날 수 있다.

약간의 지식과 관심만 가지면 쉽게 채취할 수 있는 재료들이지만 구입하려 하면 오히려 어렵다. 사람의 이름은 알았다가도 지워 버리고 싶은 경우가 있지만, 풀꽃과 나무의 이름은 한번 인사하고 알게 되면 영원히 지우기가 싫어진다.

액젓 장아찌 : 산초 1kg, 생수 2컵, 설탕 1kg, 실파·홍고추·양념 발효액·참깨·참기름 약간
액젓 소스 : 물 4컵, 다시마(5×5cm) 2개, 홍합 맛가루 1작은술, 건고추 3개, 양파 맛가루 1큰술, 마늘 10쪽, 통계피 5g, 갈치 액젓 1컵, 새우 액젓 1컵, 대나무잎 한 줌

1. 덜 여문 푸른 열매와 연한 순을 씻어서 설탕 700g과 버무려 2~3일에 한 번 저어 주고 설탕이 녹으면 설탕 300g을 추가로 넣어 가끔씩 저어 주면서 10~15일간 발효시켜 발효액을 만든다.
2. 소쿠리에 발효액을 거르고 발효된 산초 건더기를 항아리에 담는다.
3. 소금에 절인 댓잎을 산초가 보이지 않게 깔고 무거운 것으로 누른 뒤, 끓여 식힌 장물을 가득 붓는다. 15일부터 양념하여 먹을 수 있다.

산초 장아찌를 만들 때 주의할 점
장아찌가 숙성되어 맛이 들면 저온 냉장고에 저장하며, 발효되는 동안 초파리가 들어가지 않도록 한지를 씌워 봉해 준다.

새삼 장아찌

새삼은 겨우살이처럼 다른 식물에 붙어 기생하는 일 년생 식물이다. 잎이 퇴화하여 실처럼 붙어 있는 황색 줄기로 다른 식물을 감고 올라 살아간다. 조금은 굴욕적인 생존방식을 가지고 있지만, 이와는 달리 뛰어난 약성을 지니고 있어 귀하게 대접을 받는다.

특히 한방에서 '토사자' 라 부르는 새삼의 씨앗은 강장작용에 발군의 효과를 자랑한다. 식용으로 쓸 때는 줄기가 실처럼 가느다란 토종 실새삼이 좋다.

간장 장아찌 : 새삼 1kg, 칡꽃 발효액 1컵, 설탕 900g, 다진 파·다진 마늘·참깨소금·참기름 약간
채수 : 물 4컵, 다시마(5×5cm) 2개, 건표고버섯 2개, 건고추 2개
간장 소스 : 채수 4컵, 발효 간장 1컵, 새우 액젓 2/3컵, 양파 맛가루 1큰술, 마늘 5쪽, 생강 2쪽, 대나무잎 한 줌

1. 새삼 줄기를 10cm 정도로 잘라 씻어서 꽃 발효액, 설탕 700g과 버무려 2~3일에 한 번씩 저어 주고 설탕이 녹으면 설탕 200g을 추가로 넣어 가끔씩 저어 주면서 15~20일간 발효시킨다.
2. 소쿠리에 발효액을 거르고 항아리에 담는다.
3. 소금에 절인 댓잎을 발효된 새삼이 보이지 않게 깔고 무거운 것으로 누르고, 끓여서 식힌 장물을 가득 붓는다. 15일부터 양념하여 먹을 수 있다.

고추장 장아찌 : 새삼 1kg, 칡꽃 발효액 1컵, 황설탕 9kg, 다진 파·다진 마늘·참깨·참기름 적당량
채수 : 물 5컵, 다시마(5×5cm) 2개, 건표고버섯 2개, 건고추 2개
고추장 소스 : 채수 5컵, 고추장 1컵, 고춧가루 1컵, 새우 액젓 1큰술, 갈치 액젓 2큰술, 양파 맛가루 3큰술, 마늘 맛가루 2큰술

1. 새삼 줄기를 10cm 정도로 잘라 씻어서 꽃 발효액, 설탕 7kg과 버무려 2~3일에 한 번씩 저어 주고 설탕이 녹으면 설탕 2kg을 추가로 넣어 가끔씩 저어 주면서 15~20일간 발효시킨다.
2. 소쿠리에 발효액을 거르고 항아리에 담는다.
3. 고추장과 고춧가루·양파 맛가루·다진 마늘을 혼합하여 용기에 눌러 담고, 2% 소금물에 3~4시간 정도 절인 댓잎을 고추장이 보이지 않게 덮은 후 무거운 것으로 눌러 준다. 15~20일부터 양념하여 먹을 수 있다.

새삼 장아찌를 만들 때 주의할 점

장아찌가 숙성되어 맛이 들면 저온 냉장고에 저장하며, 발효되는 동안 초파리가 들어가지 않도록 한지를 씌워 봉해 준다.

아카시아꽃 장아찌

자주 산책 다니는 근교 야산엔 간벌작업이 한창이다. 잡목들을 모두 베어내고 사람에게 이롭다는 편백나무묘목을 심는 작업이다. 베어내는 잡목들 속에는 참나무 · 오리나무 · 진달래 · 찔레나무 뿐 아니라 수십 년 자란 커다란 아카시아나무들도 있다. 종류별로 구분해서 예쁘게 만드는 화단처럼 우리 모두의 정원인 산도 꼭 그리 사람의 손을 대야 하는지 안타까운 마음이 든다.

4월이면 진달래꽃이 피고, 오월이면 찔레꽃이 피고, 유월이면 아카시아꽃이 피고, 장마가 끝날 무렵이면 보랏빛 칡꽃이 피는 산길. 딸아이 손잡고 사시사철 걸어도 이야기가 끊이지 않을 그런 산길이 자연스럽지 않은가?

간장 장아찌 : 아카시아꽃 1kg, 설탕 900g, 소금 1큰술 다진 파 · 다진 마늘 · 꽃 발효액 · 참깨소금 · 참기름 약간
채수 : 물 4컵, 다시마(5×5cm) 2개, 건고추 2개
간장 소스 : 채수 4컵, 새우 발효액 1컵, 양파 맛가루 1큰술, 마늘 5쪽, 월계수잎 2장, 대나무잎 한 줌

1 아카시아 꽃송이를 씻어 설탕 700g과 버무린 뒤 소금을 뿌려 주고 2~3일에 한 번씩 저어 주어 설탕이 녹으면 설탕 200g을 추가로 넣어 가끔씩 저어 주면서 15~20일간 발효시킨다.
2 소쿠리에 발효액을 거르고 난 꽃의 건더기를 낱낱이 따서 항아리에 담는다.
3 소금에 절인 댓잎을 꽃이 보이지 않게 깔고 무거운 것으로 누른 뒤, 끓여서 식힌 장물을 가득 붓는다.
4 약 5일 후부터 양념하여 먹을 수 있다.

아카시아꽃 장아찌를 만들 때 주의할 점
아카시아꽃 장아찌는 일 년이 지나도 고유의 향이 남아 있다. 장아찌가 숙성되어 맛이 들면 저온 냉장고에 저장하며, 발효되는 동안 초파리가 들어가지 않도록 한지를 씌워 봉해 준다.

어성초 장아찌

풀에서 생선 비린내 같은 냄새가 난다해서 '어성초'라고 하며, 흔히 '약모밀'이라 부른다.
어성초는 특히 아토피 등 피부질환에 좋은 효능이 있어 화장품이나 비누를 만드는 데에 활용된다. 흔하게 보이는 풀은 아니지만, 발품을 팔다 보면 충분히 찾을 수 있고 옛 집터 같은 곳에서 무리지어 살기도 한다. 요즘은 재배하는 농가도 많아 어렵지 않게 구할 수 있다.

간장 장아찌 : 어성초 1kg, 물 1컵, 설탕 900g, 다진 파·다진 마늘·뽕잎 발효액·참깨 맛소금·참기름 약간
간장 소스 : 물 4컵, 다시마(5×5cm) 2개, 표고버섯 맛가루 1큰술, 홍합 맛가루 1작은술, 건고추 3개, 양파 맛가루 1큰술, 마늘 10쪽, 통계피 5g, 발효 간장 1컵, 갈치 액젓 1컵, 대나무잎 한 줌

1. 연한 어성초잎을 씻어 설탕 600g과 버무려 2~3일에 한 번씩 저어 주다가 설탕이 녹으면 설탕 300g을 추가로 넣어 가끔씩 저어 주면서 20~25일간 발효시켜 뽕잎의 발효액을 만든다.
2. 소쿠리에 발효액을 거르고 발효된 어성초 잎을 항아리에 담는다.
3. 소금에 절인 댓잎을 어성초 잎이 보이지 않게 깔고 무거운 것으로 누른 후, 끓여서 식힌 장물을 가득 붓는다. 10일부터 양념하여 먹으면 향이 좋은 장아찌 맛을 볼 수 있다.

어성초 장아찌를 만들 때 주의할 점
장아찌가 숙성되어 맛이 들면 저온 냉장고에 저장하며, 발효되는 동안 초파리가 들어가지 않도록 한지를 씌워 봉해 준다.

함초 장아찌

오래 전에 바닷가에서 휴가를 즐기고 있을 때 갯벌에 나온 할머니 한 분이 통통한 나물 같은 것을 조금 꺾어 주며 먹어보라고 했던 일이 생각난다. 순간 "짜요! 할머니~"라고 했지만 그 뒷맛은 은근히 개운했었다. 그때는 그것이 함초라는 것도 몰랐는데, 얼마 지나지 않아 함초가 생약으로 명성을 타기 시작한다는 것을 알았다. 이처럼 산이나 들판이 아닌 갯벌에서도 우리 몸에 유용한 식물들이 자라고 있다. 특히 우리나라의 갯벌은 세계적으로도 인정받는 생태계의 보고라고 하는데, 최근 그런 갯벌이 줄어들어 그 명성에 흠이 가기 시작하고 있다. 갯벌이 살아야 함초와 같이 유용한 생물들이 살아간다는 것을 다시 한번 상기해야 할 것이다.

간장 장아찌 : 함초 1kg, 설탕 950g, 다진 파·다진 마늘·함초 발효액·참깨소금·참기름 약간
간장 소스 : 물 4컵, 다시마(5×5cm) 2개, 건표고버섯 맛가루 1큰술, 북어 30g, 건고추 3개, 양파 맛가루 1큰술, 마늘 10쪽, 월계수잎 2장, 발효 간장 2/3컵, 갈치 액젓 1/3컵, 대나무잎 한 줌

1 6~7월 초에 채취한 연한 함초 줄기를 씻어서 설탕 600g과 버무려 2~3일에 한 번씩 저어 주다가 설탕이 녹으면 설탕 300g을 추가로 넣고 가끔씩 저어서 20~25일간 발효시켜 함초 발효액을 만든다.
2 소쿠리에 밭쳐 발효액을 거르고 발효된 함초 건더기를 항아리에 담는다.
3 소금에 절인 댓잎을 함초 잎이 보이지 않게 깔고 무거운 것으로 누른 후, 끓여서 식힌 장물을 가득 붓는다. 10일부터 양념하여 먹을 수 있다.

액젓 장아찌 : 함초 500g, 물 3컵, 소금 1큰술, 참깨·다진 파·참기름 약간
채수 : 함초 맛간장 2컵, 생수 1컵, 북어 20g, 다시마(5×5cm) 1장, 월계수잎 2장
소금 소스 : 갈치 액젓 2/3컵, 표고버섯 맛가루 1/2큰술, 양파 맛가루 2/3큰술

1 6~7월경의 함초를 부드러운 연한 부분만 손질해서 씻은 후, 소금물에 절여서 무거운 것으로 누르고 10일 정도 발효킨다.
2 노랗게 삭으면 소금물을 받고 함초는 한나절 널어서 물기를 말린다.
3 함초를 절인 소금물에 채수 재료를 넣어 끓으면 맑은 액을 걸러 준다.
4 채수와 소스를 함께 끓여 약수를 만들고 식힌다.
5 소금에 절인 댓잎을 함초가 보이지 않게 깔고 무거운 것으로 누른 후, 끓여서 식힌 장물을 가득 붓는다.
6 3~4일에 한 번씩 장물을 따라내고 다시 끓여 붓는 것을 2~3회 반복한다.

Tip 함초 절인 물에 다시마와 표고버섯을 넣어 1/3 정도로 졸이면 짜지 않은 함초 맛간장이 된다.

조기 젓갈 고추 장아찌

들판이 기름지고 해산물이 풍부한 남도지역은 음식문화도 그만큼 발달되었는데, 그 중 빠지지 않는 밑반찬 중 하나가 젓갈 고추이다. 잘 삭은 황석어 젓갈에 소금에 절인 풋고추를 박아 발효시키면 풋고추의 싱싱한 맛과 젓갈의 깊은 맛이 동시에 살아 있는 좋은 반찬이 된다. 고추 장아찌에는 다른 젓갈에 비해 비리지 않고 담백하면서도 깊은 맛을 내는 조기 종류의 젓갈을 주로 쓴다.

젓갈 장아찌 : 삭힌 고추 20개, 조기젓 2마리, 참깨·다진 파·물엿 약간
소스 : 오곡 조청 1큰술, 고운 고춧씨 가루 1큰술, 다진 마늘 1작은술, 생강 발효액 1/2컵, 청주 2큰술, 양파 맛가루 2작은술

1 풋고추는 고추 끝을 이쑤시개로 구멍을 내어 3%의 소금물에 노랗게 삭힌다.
2 조기젓을 잘게 토막낸다.
3 1과 2를 혼합하여 소스에 버무려서 항아리에 꾹꾹 눌러 넣고, 댓잎을 깐 다음 무거운 것으로 눌러 주고 벌레가 들어 가지 않도록 망을 씌워 뚜껑을 덮어 준다.
4 조금씩 양념에 무쳐 먹는다.

Tip 숙성되어 맛이 들면 냉장고에 저온 저장한다.

 **조기 젓갈 고추 장아찌를 만들 때 주의할 점**
곰팡이가 생기지 않도록 뚜껑을 꼭 닫아 밀봉한다.

두부 장아찌

두부장은 소화흡수율은 높고 칼로리는 낮으며 칼슘이 풍부하다. 사찰에서는 쌈장을 대용하던 발효식품으로, 육류에 버금가는 영양소를 가지고 있으며 발효를 시키면 치즈 맛이 나고 부드럽다.
두부장은 주로 겨울에 만드는데, 냉장 보관하면 사계절 내내 먹을 수 있다. 신선하고 좋은 두부를 선택해야 그 맛과 향이 유지된다.

된장 장아찌 : 큰두부 4모, 된장 2큰술, 볶은 소금 1/2큰술, 메주 가루 100g

1. 두부에 소금을 넣고 으깬 후 베 보자기에 싸서 물기를 뺀다.
2. 두부에 된장 1큰술과 메주 가루를 넣고 반죽한 후 치댄다.
3. 반죽한 두부를 베 보자기를 깐 사각용기에 꾹꾹 눌러 담고 위를 평편하게 한다.
4. 된장으로 얇게 덮어준 다음 뚜껑을 꼭 닫아 시원한 곳에서 15일간 숙성시킨다.

   Tip 숙성되어 맛이 들면 냉장고에 저온 저장하며, 곰팡이가 생기지 않도록 뚜껑을 꼭 닫아 밀봉한다.

* 완성된 두부 장아찌는 쌈장이나 밑반찬으로 사용하고 채소비빔밥에도 이용한다.
* 간장을 담글 때는 넣어 두었던 두부를 꺼내 두부장을 만들기도 한다.

● 사단법인 수향(秀香) 자연식생활 문화원

수향 자연식생활 문화원 산야초 발효 및 자연음식 연중 학기별 정기 강좌, 학원·단체·기업체 등 맞춤 특강

교육문의 : 김현희 010-7309-1393 / 팩스 (063) 231-1393

- 지역농산물 및 산야초 활용 음식문화 개선 교육
- 농산물 및 산야초 발효 기능성 식품 개발
- 농산물 및 산야초 발효식품 전문 인력 양성
- 도시와 농촌을 연계한 향토자원 체험 사업
- 농가레스토랑·소상공 창업 컨설팅

● 그릇 협찬

장자요 (구)운도예

부부 도예작가 : 방호식·유신아

전북 전주시 완산구 삼천동 2가 655 장자마을

연락처 010-4131-4342, (063) 236-4342

이메일 bhsik4342@hanmail.net